中央民族大学"985工程"建设项目

中国少数民族教育研究创新基地文库

国家出版基金项目
NATIONAL PUBLICATION FOUNDATION

中国少数民族教育政策研究丛书

苏 德 主编

民族教育政策文化分析

——以民族预科教育政策为线

敖俊梅 著

教育科学出版社

·北 京·

丛书编委会

顾　问

　　顾明远　　哈经雄　　阿布都　　张　强　　陈中永

　　钟海青　　郑新蓉　　曾天山　　王嘉毅　　刘贵华

主　编

　　苏　德

编　　委（按姓氏拼音排序）

　　敖俊梅　　常永才　　董　艳　　海　路　　胡迪雅

　　江凤娟　　李　剑　　吕佩臣　　陶格斯　　滕　星

　　吴合文　　吴明海　　夏仕武　　袁　梅　　钟志勇

　　Min Bahadur Bista　　Robert Rhoads

　　Ulla Ambrosius Madsen

丛 书 总 序

　　我国是一个统一的多民族社会主义国家，民族教育是我国教育事业重要的组成部分，民族教育的发展是促进各民族共同团结进步、共同繁荣发展的重要基础。《国家中长期教育改革和发展规划纲要（2010—2020 年）》中专门对民族教育做出全面的规划和部署，这无疑为民族教育学科的跨越式发展提供了大好机遇。

　　中央民族大学作为党和国家为解决中国民族问题、培养少数民族干部和高级专门人才而创建的高等学校，在我国民族事务与民族教育事业中具有举足轻重的地位。该校是一所汇聚了 56 个民族师生的国家 "985 工程" 和 "211 工程" 重点建设大学。中央民族大学教育学院一直致力于我国民族教育的田野调查和理论研究，是我国民族教育研究领域的 "带头人"。通过 "211 工程" 和 "985 工程" 三期建设项目及其他项目的积累，教育学院形成了以少数民族教育为特色和优势的学科，凝聚了一支在国内外有影响、团结协作并有奉献精神的少数民族教育创新研究团队，在少数民族教育的理论与实践方面取得了丰硕成果。

为贯彻落实《国家中长期教育改革和发展规划纲要（2010—2020年）》精神，进一步提高民族教育科学研究的质量和水平，促进我国民族教育科学事业的繁荣和发展，为新时期国家民族教育改革决策和实践服务，教育学院专门成立了"中国少数民族教育政策研究丛书"编委会，以科学发展观为指导，围绕民族教育改革发展的重要理论和重大现实问题，邀请国内外民族教育研究的优秀专家学者开展了一系列基础研究和应用研究，撰写和出版了中国少数民族教育的系列专业教材和学术著作。

"中国少数民族教育政策研究丛书"以中央民族大学"211工程"和"985工程"三期建设项目为研究平台，在中央民族大学教育学院院长苏德教授主持的联合国教科文组织西班牙千年发展目标促进基金"中国文化与发展伙伴关系"项目"中国少数民族基础教育政策研究"课题（2008—2011），以及国家社会科学基金教育学重点招标课题"民族教育质量保障和特色发展研究"的系列研究成果的基础上形成。该项目研究者历时五年，主要在我国西南地区的云南省、贵州省和西北地区的青海省进行多次田野调查，收集了大量的一手资料。研究者从教育政策的不同角度对我国的民族教育政策做了实践上的梳理和理论上的提升，最终形成了此套丛书，即《民族教育政策：质性研究与案例分析》《民族教育政策：文化思考与本土建构》《民族教育政策：行动反思与理论分析》《民族基础教育质量的政策研究》《民族教育政策：基层官员政策再制定行为研究》《民族教育质性研究方法：理论、策略与实例》《民族教育政策文化分析——以民族预科教育政策为线》等。

该丛书在理论和实践层面，对我国民族教育发展过程中存在的实际问题进行了深度描写和梳理，并从当地的生态环境、独特的语言文化出发，提出了有针对性的、有意义的对策和建议，是中央民族大学民族教育学学科建设的标志性成果之一，为中国少数民族教育学科与民族教育事业的发展做出了重要贡献。

顾明远
2013年2月

目　录

第一部分

第一章　导论／3

第一节　新时期民族教育政策面临的挑战／3

一、问题的现实性／4

二、问题的社会性／9

三、问题的特殊性／12

第二节　民族教育政策研究动态／16

一、单一叙述到多元分析：民族教育政策研究现状／16

二、附属内容到独立议题：民族预科教育研究现状／18

第三节　以"民族预科教育政策"为主线的研究选择／19

一、民族教育政策研究的要求／20

二、预科教育政策选择的合理性／21

第四节　研究思考及意义／26

一、研究思考／26

二、研究意义／27

第二章 民族教育政策及其价值取向 / 31

第一节 民族政策、教育政策与民族教育政策 / 31

一、民族 / 31

二、民族教育、教育政策与民族教育政策 / 34

三、教育政策、民族政策与民族教育政策之间的关联 / 37

第二节 平等——民族教育政策价值取向 / 42

一、实质与形式平等 / 46

二、个体与群体平等 / 47

第三章 民族教育政策与文化分析 / 49

第一节 政策研究与社会理论的契合 / 49

第二节 民族教育政策与文化分析范式 / 53

一、文化内涵 / 54

二、政策文化分析范式 / 56

第四章 研究方法论及方法 / 62

第一节 政策研究方法论概述 / 62

第二节 具体研究方法的抉择 / 65

一、文献分析法 / 66

二、问卷法 / 67

三、访谈法 / 67

四、非参与观察法 / 68

五、个案法 / 68

六、统计分析 / 69

第三节 研究场域 / 69

一、研究场域的选择 / 69

二、研究者的进入 / 75

第二部分

第五章　预科教育政策受益者状况 / 79

　第一节　如何评判教育政策效果——政策目标群体受益状况 / 79

　第二节　受益者状况分析 / 80

　　一、受益者社会构成分析的指标项 / 80

　　二、受益者分析的维度 / 82

　　三、受益者社会构成状况分析及结果 / 84

　思　考 / 98

第六章　国家情境下的预科教育政策 / 101

　第一节　社会变迁下的预科教育政策 / 102

　　一、变化中的预科教育培养目标和任务 / 103

　　二、招生对象范围边界的变化 / 111

　　三、不同时期预科教育制度设置的变化 / 116

　第二节　理念与现实：影响预科教育政策文本的因素分析 / 120

　　一、预科教育政策平等取向的形成与定位 / 121

　　二、预科教育政策文本的政策环境及其变化 / 130

　反　思 / 139

第七章　学校场景中预科教育政策相关主体及其行为 / 141

　第一节　学校场景中相关主体行为分析的合理性 / 141

　第二节　学校场景下预科招生活动中相关主体及其行为 / 145

　　一、最高权威——教育部及其行为 / 146

　　二、权威执行者与身份模糊者——国家民委和各省（区、市）民委及其行为 / 147

　　三、具体执行者——高等院校及其行为 / 150

　　四、利害相关者——各省（区、市）政府与招生办及其行为 / 159

　　　　五、目标群体——少数民族群体及其行为／161

　　第三节　重新阐释和界定：预科教育政策相关主体行为／162

　　　　一、高等院校对预科教育政策的表层化、扩大化解释／164

　　　　二、省（区、市）政府及教育主管部门对预科教育政策的

　　　　　　替代式解释／166

　　难解的困惑／171

第八章　目标群体选择和行为阐述／173

　　第一节　目标群体的选择及认识／173

　　　　一、目标群体的选择／174

　　　　二、目标群体的认识／179

　　第二节　受益群体的行为／181

　　　　一、预科教育教学管理规定／182

　　　　二、受益群体的行为描述／185

　　第三节　学校的中介作用：影响目标群体选择和受益群体行为的原

　　　　　　因分析／194

　　　　一、学校对目标群体选择和行为的影响／194

　　　　二、学校对受益者个体行为的影响／196

　　需要探讨的话题／199

第九章　政策过程中的价值取向、行为选择与实施结果／202

　　第一节　演绎中的预科教育政策平等取向／202

　　　　一、以平等取向为主导，多种职能并存／203

　　　　二、政策过程中的多种行为选择／210

　　　　三、目标群体的多重认识和行为表现／212

　　第二节　完善预科教育政策的路径思考／215

　　　　一、强调政策定位：阐释预科教育政策的特殊性以发挥其

　　　　　　多种效能／215

二、完善政策内容：增加办学资格、评估与监督等方面的规定 / 215

三、改进招生机制：协调精英式选拔与教育机会平等之间的关系 / 216

四、关注过程平等：鼓励、支持预科教育教学改革和预科教育研究以提高教育质量 / 216

五、加强民族团结教育：开展好民族政策教育和文化理解教育 / 217

总　结 / 218

第三部分

第十章　延伸的探究——文化分析视野下的民族教育政策 / 223

第一节　民族教育政策面临的现实挑战 / 223

一、关于政策平等取向合法性与合理性的争论 / 223

二、社会转型对政策及其实施提出了挑战 / 226

三、关于政策效果评判的争议 / 229

第二节　关于完善民族教育政策的几点思考 / 231

一、理念：澄清平等的迷思 / 232

二、实践：寻求"变"与"不变"的平衡 / 235

结束语 / 238

参考文献 / 240

索　引 / 248

后　记 / 252

第一部分

第一章 导 论

第一节 新时期民族教育政策面临的挑战

关于如何促进和保障弱势群体平等享受教育机会的议题一直是人们关注的焦点。平等被认为是中国民族教育政策的主要取向。由于社会历史、自然条件等原因，中国少数民族在经济、政治、文化等领域的发展水平相对滞后；同样，他们在教育领域特别是在高等教育领域也处于相对弱势的地位。因此，中国政府制定了一系列扶持民族地区和少数民族教育发展的政策措施，致力于发展少数民族教育事业，使原本一穷二白的少数民族教育获得极大的发展，促进建立稳定、和谐的社会主义民族关系。

可见，推动民族地区和少数民族教育的发展，是关涉新时期国家统一稳定发展的关键问题。因此，制定与少数民族教育发展需要相适应的政策条文是非常必要的，而将这些政策具体落实则是更为重要的。然而，人们更多关注的是国家政府采取什么样的政策来扶持和促进民族地区、少数民族教育发展，很少关注这些政策实施的情况、结果如何。"政策制定得再好，也比不上政策落实得好。"民族教育政策一直被神圣化或被神秘化，其实施状况近乎为一个"闷罐"。对其实施效果也缺乏相应的关注和评估，因为有时候将民族教育政策简单地定位为优惠政策或将其置于教育政策框架内，忽视其特殊性和实施结果的多元性效应。

不仅如此，在当前社会转型时期，随着政策运行环境的变化，民族教育政策实施过程中还出现了一些未预期的行为和后果。笔者在就民族教育或民族教育政策议题深入少数民族地区调查时发现存在以下现象：民族教

育政策中的一些条文在内容上发生了一定的变化；有些政策条文在实施中偏离了最初目的；教育政策执行中忽视民族教育的特殊性；一些从事民族教育工作的人员认为民族教育政策有些条文规定在具体贯彻、落实方面还存在一定的问题和困难；等等。而且，目前民族教育政策所面临的挑战，不仅表现在社会转型时期对民族教育政策制定、执行等实践的质疑；更为重要的是从 2000 年起出现了对民族教育政策学理上的质疑和争论①。这些问题、质疑及争论的出现和存在，意味着当前急需对民族教育政策及其实施进行研究和反思。

一、问题的现实性

民族教育是中国教育体制中的重要组成部分，它一直是我国教育工作的一大重点。由于民族教育发展的相对滞后和特殊性，新中国成立不久，中国共产党和政府制定了一系列政策来扶持和发展民族教育，使民族教育在几十年里获得了极大的发展。但是，正如李岚清同志指出的，"由于社会历史、自然条件等多方面的原因，当前我国民族教育的整体水平还不高，与民族地区经济和社会发展的需求相比还有较大差距"②。如"我国现阶段的贫困问题呈现为结构性贫困、区域性贫困和阶层性贫困。其中结构性贫困表现为少数民族的贫困问题，在 8000 万农村绝对贫困人口中，少数民族人口占了不恰当的比例。区域性贫困问题也是如此，绝大部分贫困地区是少数民族人口居住的地区。目前，在国家重点扶持的 592 个贫困县中，少数民族贫困县（旗）有 257 个，占全国贫困县总数的 43.3%"③。可见，少数民族地区的发展需要开发少数民族地区的人力资源。同时，其经济发展水平高低也影响着对教育的投入和扶持。

---

① 指的是有些学者从平等、法学等理论层面对民族教育政策存在、实施的价值取向、合法性、合理性等方面所做的讨论。

② 李岚清. 加快民族教育事业发展　促进各民族团结进步与共同繁荣的讲话 [Z/OL]. [2012-09-16]. http://www.seac.gov.cn/art/2004/6/29/art_635_6416.html.

③ 胡鞍钢. 中国地区差距报告 [M]. 沈阳：辽宁人民出版社，1995：393-394.

　　新时期民族教育在其发展过程中面临一些困难和问题需要解决，以少数民族高等教育发展状况为例，虽然少数民族在校生数量整体趋于上升，但自 1998 年少数民族在校生比率开始下降，至 2000 年下降为 5.70%，下降了 1.30%（见图 1 -1），这与少数民族人口比重与成年型、年轻型的人口年龄结构状况不符。而且，不同少数民族在校生比重之间的差异并没有趋于平衡。有些少数民族高等教育发展水平已超过了全国高等教育平均发展水平，如蒙古族、回族和满族；有些人口较多的少数民族高等教育发展程度不高，如彝族、傈僳族和佤族，他们的每万人拥有大专以上教育程度的人数不超过百人；有些刚超出 10 万人口的少数民族高等教育程度很低，如景颇族；而有些少数民族高等教育发展非常缓慢或呈下降趋势，如拉祜族和东乡族。（1990 年人口普查数据表明拉祜族每万人拥有大专以上教育程度的人数是 44 人，2000 年人口普查数据表明每万人拥有大专以上教育程度的人数是 47 人，而人口由原来的 107744 人增至 453705 人①。）20 世纪 80 年代后，我国高等教育不断发展壮大，但全国高校分布并不均衡，

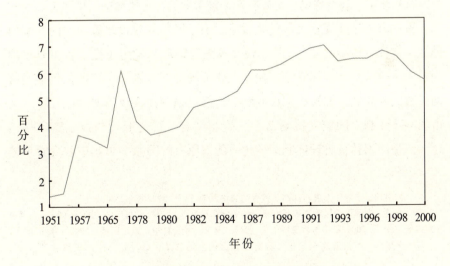

图 1 - 1　全国高等学校少数民族学生在校生比重变化

　　① 敖俊梅. 少数民族高等教育招生政策探讨 [D]. 北京：中央民族大学，2004：26.

突出表现为东西部高等教育发展差距大。我国少数民族主要分布在西北、西南地区，绝大多数的少数民族人口比重大的省份都在西部地区（除广西壮族自治区外）①。基础教育方面，少数民族地区基础教育发展和基础教育资源配置不均衡仍然非常突出。全国虽已在85%的地区实现了普及义务教育，但少数民族地区只有49%已实现普及九年义务教育，在有些少数民族地区实现五年义务教育也有一定的困难②。而民族教育政策是对教育资源配置、对不同群体利益的一种协调方式。

21世纪对加快民族教育发展既是机遇又是挑战。一方面，民族教育面临着加快发展的重要历史契机，一是实施科教兴国战略的机遇，二是实施西部大开发战略的机遇。为此，国家民委主任李德洙在全国第五次民族教育工作会议上提出，现阶段要发展民族教育，需要实现四个突破，其中要在政策措施上有新突破，即"要根据少数民族和民族地区的特殊情况，研究政策措施。民族教育有自身的特殊性，不同于普通国民教育。有区别，就要有政策；有差距，就要有政策；有特点，就要有政策。没有政策，就是'一刀切'，就是一般化。所以，我们必须研究差异、研究差距、研究特点，从而研究新的政策，该特殊的一定要特殊，该帮助的一定要帮助"③。

另一方面，要完善民族教育政策，须正视民族教育政策面临的一系列挑战。在社会转型时期④，民族教育政策运行环境发生了变化，主要表现为：一是政策实施导向发生了变化。在市场经济体制下，国家虽仍强调帮助少数民族发展，照顾少数民族利益，但更强调民族政策要适应社会主义市场经济体制、国家支援与自力更生相结合、帮助照顾与鼓励竞争相结合。二是国家教育管理体制的变化。随着原有的国家中央集中教育管理体

---

① 王根顺，李静. 发展西部高等教育的战略思考［J］. 教育研究，2001（9）.

② 唐滢. 中国少数民族高等教育机会均等问题探究［J］. 教育与经济，2003（2）；国家教育发展研究中心. 2001年中国教育绿皮书［M］. 北京：社会科学文献出版社，2002：46.

③ 李德洙. 在第五次全国民族教育工作会议上的总结讲话［J］. 中国民族教育，2002（5）.

④ 所谓社会转型是指社会结构和社会运行机制从一种形式向另一种形式转换的过程，转型社会则是指在这一转换过程中的一种特殊社会运行状态，我们所谓的社会转型是指从传统社会向现代社会转化的过程。参见郑杭生. 中国社会转型中的社会问题［M］. 北京：中国人民大学出版社，1996：1.

制发生了改变，中央的教育规划功能性质也由指令性向趋势性、指导性规划转变。从纵向上将基础教育的决策权和管理权下放到地方各级政府，地方各级政府原则上也具有地方中等教育和高等教育发展的决策权和管理权，经费也由地方政府自筹；从横向上是从教育领域向社会领域和市场领域扩展。因此，民族教育政策的实施在某种程度上更多地取决于地方各级政府的努力。三是高等教育领域改革的直接影响。新中国成立以来，教育领域不断革新以适应社会发展的需要。以高等教育为例，在适应市场经济体制的改革中，高等院校获得了一定的自主权，如"决定学校招生计划和来源计划、决定录取方式、决定录取标准、判定不同专业录取何种水平的考生、决定收费标准等等方面"①。随着高等院校自主权的提高，高等院校作为或不作为对具体落实民族教育政策的影响尤为明显。

同时，就民族教育政策本身而言，"市场经济体制的建立要求民族政策转换机制，以适应社会主义市场经济体制。在政治领域继承的内容相对多一些，而经济文化领域发展变化的内容相对多一些。虽民族政策的基本政策没有变化，但具体政策条文有了很大的发展变化，有的或已停止，或已淡化，或已修改，或新的政策条文出现"②。一是以往制定的民族政策及民族教育政策有些条文规定的继续执行性减弱了。以云南省为例，据统计分析，新中国成立以来中央和云南省政府制定的 144 项民族特殊优惠政策，到 1995 年，能继续执行的只有 50% 左右，另外 50% 的优惠政策已经停止或难以执行，而在继续执行的政策的功能也大大减弱了③。二是民族教育政策实施中出现了偏离。民族教育政策一些具体条文在实施中出现了部分失效和偏离的现象；"有些政策虽然制定，但很难真正落实，如民族教育经费投入"④。在一些地区也存在民族政策实施过程中不能很好尊重

---

① 参见初育国，董德刚. 论扩大高校招生工作自主权与完善自我约束机制 [J]. 中国高教研究，2002（9）.

② 参见王铁志. 新时期民族政策的理论与实践 [M]. 北京：民族出版社，2001：3.

③ 民族地区特殊政策调研组. 云南民族地区特殊政策演变情况综述（下）[J]. 民族工作，1997（8）.

④ 金东海. 少数民族教育政策研究 [M]. 兰州：甘肃教育出版社，2002：119.

客观事实（特别是少数民族的风俗习惯），进而导致民族政策执行失效的现象。以笔者 2010 年在少数民族地区的调查为例，虽然地方政策规定"自治州内以招收少数民族学生为主的民族小学，应当推行双语或者双文教学。普通中学和中等专业学校的民族班可以开设民族语文课程"，但有些地方教育行政官员及校长认为"少数民族语言无用，少数民族语言是学校教学成绩低下的原因，提高学校教学质量就要完全用普通话授课，少数民族学生已经没有语言障碍"等，忽视了这些儿童特别是低年级学龄儿童在学习中存在双语过渡的需要，从而成为小学高年级阶段甚至初中阶段师生冲突、教学质量下降、学生厌学和逃学等问题的主要原因之一。三是随着市场机制的建立及它对公平竞争的要求，人们日益重视维护自身权益，关注和重新审视社会公正和平等等相关议题，对社会公共利益的标准看法发生变化。主要表现为：首先，有些人对民族教育政策由原来视为"补偿"和理所当然开始转向不以为然或审视。以少数民族高等教育招生政策为例，2003 年在中央民族大学做的调查显示，在调查中有 24% 的人认为少数民族高等教育招生政策是对汉族学生的一种不公平对待，71% 的人认为不是（见图 1 - 2）。其中，大部分受调查者反对从小生长在北京、上海

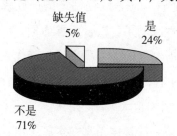

缺失值 5%
是 24%
不是 71%

图 1 - 2　中央民族大学学生对少数民族高等教育招生政策的态度

等大城市的少数民族学生享受"同等条件、优先录取"的政策，但同意对处于边疆地区和边远地区的少数民族赋予政策。其次，也有些学者从不同学科、理念的视角对"加分招生"民族教育政策进行了学理上的讨论，并提出了质疑，如有些学者认为对于一个或几个族群在教育、就业、税收等方面实行优惠政策，事实上是对其他民族的不平等①。虽然讨论拓展了对民族教育政策思考的视野，但由于目前的这种讨论存在着对中国民族教育政策条文内容了解不足、单一置于西方理念框架下刻板分析、脱离中国民族形成发

---

① 参见马戎. 民族与社会发展 [M]. 北京：民族出版社，2001：24 - 25.

展的社会历史土壤、缺乏少数民族基础教育资源配置现状认识、有些分析论断缺乏客观调查信息支持等种种问题，导致对民族教育政策理念基础、实施现状及其实施效果等形成偏颇的结论和评价，从而对社会客观了解、认识民族教育政策本质、实施意义及其受众即少数民族群体形成不良影响或偏颇的导向。因此，新时期发展民族教育就迫切要求把民族教育政策纳入分析、研究的视野。

新旧体制转换引起的冲突、矛盾导致民族教育政策运行中出现问题和偏差。那么，如何认识这些改变？它们是否是对当前民族教育问题和要求的真实反映？是否体现了不同时期对民族教育政策认识、理解的变化？又是如何介于合理性、合法性边缘，这其中又隐含着什么样的权力、利益、资源分配和身份等的冲突、妥协和纷争？这必然触及今后民族教育政策的发展趋势是什么、采用什么样的形式是适当的、应该如何认识和界定民族教育政策及其所秉持的理念等一系列问题。这些是研究民族教育政策面临的首要问题，这些问题的解决有助于民族教育政策的突破，推动民族教育政策研究，从而为新时期加快民族教育发展目标的实现奠定理论基础。

由此可见，新时期要实现民族教育的跨越式发展，必须不断完善民族教育政策，需要对民族教育政策进行反思、重新认识和定位，而要做到这点，必须着眼于民族教育政策实践中的问题和困境。

二、问题的社会性

在现代社会，个体要取得相对稳定的社会地位，必须满足社会所要求的条件，具有一定的特征，而教育是取得稳定社会地位的一个不可缺少的因素和特征。教育不仅代表着个体过去所接受的教育程度、知识和技能，而且还代表将来不断获得知识和技能的能力。一般认为，个体受教育程度越高，在社会的向上流动性就越强，获得的社会资源就越多。少数民族受教育权益能否得到保障，不仅是他们在社会中是否受到平等对待的问题，也涉及他们在社会中处于什么样的地位和能否向上流动的问题。对少数民族而言，教育是他们改变社会地位，实现社会流动的最理想的途径。因此，教育尤其是高等教育不仅是党和政府培养少数民族干部和少数民族人才的重要途径，也是少数民族成员实现再次社会化①的主要途径，还是少数民族群体整体水平的提升和少数民族成员个体实现社会流动（而这一点以往却是被忽略的）的重要途径，更是进行多元文化整合、建构和谐社会的重要途径。

新中国成立前，少数民族个体在社会中的流动，无论是区域流动②还是社会阶层流动③都是较缓慢的。这与不同民族之间历史上形成的矛盾和冲突、社会阶级等社会矛盾在民族问题上的体现、居住地域分布偏离核心地区以及交通不便、信息封闭等相关。新中国成立后，党和政府首先从政治上保障各民族享有平等民主的权利，并通过各项法律政策及相应的优惠措施切实保证少数民族享有各项权利，如大量培养少数民族干部和少数民族人才，使少数民族个体有了很好的社会流动的机会。然而，在市场经济体制下，虽然国家通过制定各项政策措施保障少数民族个体社会流动的机会，但社会上个体的流动主要是通过选拔制度即通过各项考试制度、资格制度等一系列形式来实现的，表现为个体竞争。其中，个体的教育经历、学历状况表现为他们竞争的优势，从而影响个体社会职业和地位等其他生活资本的获得。当前各种职业对于就业所需的教育条件日趋提高——不仅英才职业需要越来越高的教育条件，而且最底层的职业也需要相应的教育条件。虽然职业的流动并不意味着经济等级的流动或身份的流动，但某些情况下，某些职业的获得或流动意味着经济等级和/或身份等级的流动。

---

① 再次社会化是相对少数民族个体从出生起在其所属群体内的文化化、社会化而言的。少数民族个体在接受基础教育时，一般都是在本民族聚居地区，主要还处于原来文化氛围；接受高等教育后，他能进一步社会化，并获得决定社会流动的重要因素，如后天能力、教育程度等，从而能相应地占有一定的社会资源和社会地位。使少数民族个体接受高等教育，有利于促进少数民族社会变迁，使少数民族个体能够正视自己的文化，从而更好地继承传统文化和进行文化创新，并能以较为客观的态度对待主流文化和现代文明。一个个体通过接受高等教育可以改变他的状况，他的态度行为也能在一定程度上影响到整个民族群体。这些都有助于少数民族的发展，否则，有可能导致他们被边缘化。

② 指的是地域间的迁移。

③ 社会阶层流动是指个体或团体从一定的等级或一系列等级的一定地位，到同一等级同一系列等级的另一地位的运动。参见张人杰. 国外教育社会学基本文选［M］. 上海：华东师范大学出版社，1989：79.

然而，大部分少数民族地区特别是边远地区现代学校教育起步晚、教育资源配置不均衡、经济生产方式落后等的客观存在，影响了这些地区少数民族成员接受高等教育的机会；且很多职业的获得需要具备一定教育条件和通过竞争性考核，这又影响了他们获得社会上某些职业的机会。反过来，这不仅影响这些群体接受教育的热情和其社会流动，易形成恶性循环现象，出现阶层差异与民族群体身份重叠甚至是不同群体之间的结构性差异，同时，对于少数民族群体而言，群体的整体发展相对滞后影响着个体的发展，从而使得这种个体的竞争力低下表现为群体性的特征。

"社会各部分的整合取决于其社会成员之间的实际交往和不同群体、等级阶层的人们的社会交往，而不仅仅取决于共享价值或功能依赖。"①当前由于计划经济体制的残余和影响、少数民族地区自身发展水平等原因，少数民族地区市场经济发展不足，人们经济生产、生活活动仍局限于一定的地域范围内；并由于语言等原因，出来打工、经商的人相对要少，人们流动的机会相对要少一些（但与计划经济时期相比区域流动增多）；接受教育仍是实现少数民族个体区域流动的主要方式。

在现代社会中，"不同的身份团体的文化之间存在着以阶级和种族为背景的差异。教育作为文化选择的手段，可使雇佣者通过教育来选择已经接受了主导文化的人：对于进入管理阶层的人教育是使他们具有精英文化；对于低阶层次的人，通过教育形成他们尊重主导文化的态度"②。个体通过教育这一活动，接受社会主导文化的价值观和使行为规范化，并获得社会生产生活所需要的知识和技能，从而为社会所认同并参与社会活动。因此，教育对于少数民族成员而言具有社会化的功能，教育使其掌握社会通行的规范和准则，能够易于融入社会中而免于被边缘化。若这些群体被边缘化，会影响他们真正平等地行使他们的权利，容易导致"不平等

---

① 彼特·布劳. 不平等和异质性 [M]. 王春光，谢圣赞，译. 北京：中国社会科学出版社，1990：3.

② 张人杰. 国外教育社会学基本文选 [M]. 上海：华东师范大学出版社，1989：56－57.

陷阱"①, 从而影响到社会安定和国家统一。

因此, 教育机制能否发挥促进不同社会阶层、不同群体实现社会流动、转变身份、融入主流的作用, 对于维护社会稳定和推动社会发展具有重要的意义。而民族教育政策是基于民族教育的特殊性对少数民族实行"扶持发展"和"补偿教育"的措施。它力图通过策略性地确定教育资源分配的标准、多寡和分配的程序等, 以实现资源的合理分配, 协调各方面的利益, 实现对实践运作的指导和规范。因此, 民族教育政策是否落到实处, 关涉各民族平等、团结的实现, 而和睦、友爱、互助的民族关系的确立, 有利于区域发展的协调、和谐社会的构建以及国家的稳定和发展。

三、问题的特殊性

不可否认, 民族教育问题集教育问题、民族问题、社会问题和政治问题于一身, 同时它还涉及文化的选择; 这使得民族教育问题"与众不同", 使民族教育政策具有其特殊性。因此, 民族教育政策实施预期中不仅包括解决、协调当前具体问题的短期结果, 还包括如何通过协调教育资源在不同群体之间的配置以确保利益结构平衡和社会弱势群体教育资源的获得, 从而实现构建平等和谐民族关系的长期效应。因而, 不同时期民族教育政策某些条文的实施具有很强的政治象征性。

"教育对文化来说, 有着传承、选择、创新的功能; 同时又有融合各民族文化的功能, 使不同文化的接触成为可能。"② 从文化选择的视角看, 文化的传承主要是通过教育来实现的, 那么, 谁掌握了教育活动的决定权, 谁就能决定教育活动中的一系列选择, 就间接地决定了传承谁的文化, 也就决定了谁在社会占主流地位。在现代社会, 学校教育制度被广泛采用, 成为具有普遍性的、主导性的教育形式。学校教育制度通过教学语

---

① 世界银行. 2006 年世界发展报告: 公平与发展 [M]. 北京: 清华大学出版社, 2006: 20.

② 钱民辉. 文化变迁与双语教育: 在文化多样性中寻求教育意义 [N]. 中国教育报, 2001 – 09 – 27.

言文字的采用、课程设置内容的文化选择、教材渗透的文化价值取向、兼顾不同民族背景学生文化差异的教育评价设置等,成为选择、传承文化的机制。而教育政策是通过合法的程序将文化选择的行动制度化、权威化。民族教育政策是针对少数民族语言、文字、环境等特殊状况而采取的措施,它使少数民族能在学校设置、课程安排、教师配备、学生升学及招生等方面享有一定的自主性、特殊性的规定。可见,民族教育政策将学校教育制度作为少数民族文化传递和传播的工具纳入制度层面中。但由于民族教育政策的多重属性,导致文化选择问题有时会与资源配置、政治权力、群体身份和文化发展权等联系在一起。

新中国成立以后,形成完整的民文授课教育体系,包括民族初等教育、民族中等教育、民族预科教育、民族高等教育等多个层次。民族教育成为少数民族文化传递和传播的重要途径。国家通过宪法和法律保障了民族教育这一职能,并通过民族教育政策条文规定予以支持和规范。然而,随着市场机制的建立,市场本身无限地扩展,要求消除阻碍其流动的任何壁垒,包括语言、文字。同时,随着教育领域内管理主义①的兴起,人们更为关注竞争、效率,正如有位学者所言,"管理主义以技术性的话语,取代了人们关于教育政策中的政治基础,或者说,使人们对教育政策争论从目的合理性转向了手段合理性"②。在这样的背景下,关于民族教育政策的争论不仅集中表现为手段是否合理,更是波及其目的是否合理与合法,还波及其政治基础和意识形态取向。

有学者提出两种阶段民族教育模式,即传统民族教育模式和现代民族

---

① 管理主义思想在漫长的发展过程中不断地积累、嬗变,形成了行政学最为重要的一个途径。它主要包含以下内容:(1)一般的管理取向。即假定管理是一种普遍的行为;管理理论是一种普适的理论;私部门管理的技术和方法可以在公共部门中加以应用;行政管理本质上是一种管理行为而非政治行为。(2)对工具理性的追求。管理主义以"效率、经济、效能"作为核心价值。虽然新公共管理将顾客回应性作为基本理念之一,但长期对公平、公益等价值的忽视是其基本特征。(3)理性 – 科学主义。管理主义重视实证分析和经验观察,希望通过价值中立的方式得出科学的结论,通过改进行政技术方法来提高行政效率。参见李瑞.管理主义与宪政主义——对西方行政学的一种认知角度 [J].中南财经政法大学研究生学报,2006 (2).

② 斯蒂芬·J.鲍尔.教育改革——批判和后结构主义的视角 [M].侯定凯,译.上海:华东师范大学出版社,2002:5.

教育模式（见表1-1），暂且不论其区分定义及阐释是否客观合理，但从中可以看出不同时期人们对民族教育的认识发生了变化，尤其是市场经济体制建立以后的变化是较大的，这在培养目标、办学模式、办学条件等方

表1-1　不同阶段的民族教育模式

具体内容	传统民族教育观	现代民族教育观
实施范围	少数民族人口呈现大分散、小聚居的特点。民族教育集中分布在少数民族居住聚集的山区、牧区、边疆和农村	少数民族聚集人口减少，散居人口增多。民族教育的分布逐渐从农村转移到城镇，由过去分散、小规模办学变成集中、大规模办学
培养目标	强调民族教育的特殊性，强调民族语文教学，忽视汉语文和外语教学	民族教育的特殊性逐渐淡化，培养目标趋于多样化，强调"三语兼通""双语兼通"，既要使学生学好本民族语言文字，还要学好普通话、外语
办学模式	独立设置民族学校，各级教育机构分离，办学形式单一，无灵活性，束缚了民族教育的全面发展，限制了民族教育的范围，使散居地区很多民族学生失去了接受民族教育的机会	既可以在聚居区办民族独立学校，也可以在民族混居地区办民族联合学校，专设民族班。民族学生生源极少的地区可以各民族混合编班，设民族语文课程。也可以实行寄宿制、走读制和通勤制多种就读方式
教学模式	民族语言授课，加授汉语的模式占主流，这是最正统的民族教育体制	民族教育无固定的教学模式，主要有：民族语文为主型，加授汉语；汉语为主型，加授民族语文；双向双语型
教师结构	民族学校的教师队伍结构单一化、民族化	以民族教师队伍为主体，其他民族教师为辅，教师队伍结构多民族化
办学条件	民族学校依赖政府的投入和支持，因规模小、造血功能低，办学条件普遍差于汉族学校	民族学校不仅需要政府的投入和各方的支持，还需要加强自我造血功能

资料来源：郑树山. 中国教育年鉴 [M]. 北京：人民教育出版社，2003：279-281.

面表现得较为明显，其可能会导致为追求效率、关注竞争而淡化民族教育政策的特殊性。

中国民族教育政策基于和践行马克思主义民族平等理论，因而，它是以平等为主要取向。民族政策价值取向实质上是政策主体价值取向的外在表现。民族政策是否成功，一般取决于两个因素：一个是民族政策的合理性；另一个是民族政策是否得到有效的实施。新时期民族教育发展要求实现突破，不仅表现为要制定新的政策条文来扶持民族教育，还需要对现有的民族教育政策进行反思，厘清民族教育政策实施过程中遇到的种种问题，从而推进民族教育政策平等取向更好地在实践中落实。然而，当前对民族教育政策从政策视角进行的分析、研究近乎空白，这在一定程度上与民族教育政策被归于"敏感性"和"碰不得"相关。

特别值得注意的是，长期以来，民族教育政策不断出台，但对其实施的具体过程和实际效果却缺乏严谨的评价。为此，笔者试图探究以平等为主要取向的民族教育政策在实践中是否贯彻、如何贯彻它所秉承的理念，以什么样的具体途径运行，在其运行过程中存在什么样的矛盾、冲突，它的执行结果如何，对目标群体的生活有什么样的影响，如何建构着人们对它的认识和态度（即人们是如何做出选择和行为）等方面的问题，以从中揭示不同时期民族教育政策所蕴含的平等、权益等核心问题是如何在不断地被阐释，探究如何加强政策和机构能力，为厘清民族教育政策遇到的问题和困境提供一些启示。但由于民族教育政策内容庞大，从宏观上很难把握，因此，笔者以民族教育政策具体条文——预科教育政策[①]为线索进行研究，力图做到窥一叶而知秋。

---

① 中国民族预科教育政策一般被简称为预科教育政策，本研究行文中将民族预科教育政策简称为预科教育政策。

第二节 民族教育政策研究动态

一、单一叙述到多元分析：民族教育政策研究现状

无论是在民族政策还是教育政策领域中，民族教育政策都是重要的组成内容。但从当前笔者所涉猎的文献资料来看，它在教育政策研究中一直处于边缘地位，即使有所涉及，大多也是将少数民族简约为社会弱势群体，以表明其研究所涉及的内容全面性或理论模式具有普遍性。在民族政策研究中，它也处于边缘境地。它在民族政策研究中往往被简单地归纳为民族政策教育方面优惠规定或归类于教育政策，一带而过。因而，国内有关民族教育政策的研究一直比较薄弱。关于民族教育政策的研究文献寥寥无几，只是近几年特别是自 2005 年开始相关议题的研究文献稍微增多。

民族教育政策研究文献内容具有以下类别及特点。首先，历时性描述和解释。具体为对历代民族教育政策的梳理和描述，如《论清朝少数民族教育政策》（2003）；或对民族教育政策历史发展演变的论述，如《十一届三中全会以来党和国家的少数民族教育政策综述》（2005）。其次，现时性概述和分析。具体为对现行民族教育政策条文内容的概述，如《民族教育文件汇编（1991—2001 年）》（2004）、《新时期民族教育工作手册》（1991）等；或就民族教育的特殊性提出补充、完善民族教育政策条文内容，如《论我国民族教育自主管理政策的实践与完善》（2004）；或在国家发展战略视野下探讨完善民族教育政策，如《西部大开发背景下的民族教育政策问题》（2003）；或对民族教育政策进行理论探讨，如《民族教育政策与民族教育法的关系》（2003）；或对民族教育中存在的具体问题进行分析和提出相应政策建议，如《我国义务教育阶段少数民族文字教材调查研究》（2004）。或对国外民族教育政策进行介绍、评价，比较中外民族教育政策，如《澳大利亚的少数民族教育政策及对中国的启示研究》

（2013）。20 世纪 90 年代以前关于民族教育政策的文献大多属于这两类。再次，基于政策学科视角的探究，这类文献始现于 90 年代末，如《我国民族教育政策基础理论研究问题探析》（2010）、《我国民族教育政策体系探讨》（2003）、《少数民族教育政策研究》（2002）、《民族政策研究范式的转换——兼论民族政策评估的必要性》（2010）。最后，探讨视角多元化。近几年，关于民族教育政策研究的视角多元化且更为深入，探讨内容涉及现行民族教育政策实施价值取向、理论基础和具体政策条文的合法性和合理性；甚至出现两种近乎对立的论点。但争论点主要聚焦于高等教育招生"优惠"政策：一种观点反对基于群体身份给予"优惠"政策；另一种观点认为现行"优惠"政策实施意义重大，在现阶段有实施的必要性；另外一种观点认为，现行"优惠"政策随着社会政治、经济和文化环境等政策变化及社会大环境的变迁，应由强调民族群体身份转向强调地区和阶层、由"优惠性"转向特殊性等。学者们试图通过中外比较或叙古论今等多种方式来佐证其观点。

由以上所述可知，民族教育政策研究在近几年明显发生转变。这种转变主要源于民族政策研究的范式、内容及视角等发生的变化（即始于中国民族问题"文化化、去政治化""族群识别""民族区域自治"等议题讨论①）。当前相关研究对于进行民族教育政策研究提供了一定启迪，但也存在着一些不足。第一，研究范围虽扩展，但关注的议题仍旧较为单一，主要聚焦于少数民族教育政策中"优惠"招生政策是否合法、是否必要等，缺乏关于民族教育政策是否、如何体现少数民族教育特殊性及其需要的探讨。第二，研究范式虽呈现多元化倾向，体现多维思考，但主要是引用西方平等话语体系来"套现"，脱离中国各民族形成和发展的历史性、本土性和现实性，因而带有碎片化和断裂性特征。第三，虽尝试民族教育政策本体论思考，但存在单一化和简约化倾向。在本体论建构中，有学者

---

① 马戎. 关于民族研究几个问题 [J]. 北京大学学报：哲学社会科学版, 2000（4）；马戎. 理解民族关系的新思路：少数族群问题"去政治化" [J]. 北京大学学报：哲学社会科学版, 2004（6）.

将民族教育政策分类为"优惠性"和"特殊性",这有助于人们了解到民族教育政策并不仅是一种"优惠",也涉及少数民族发展权利、文化传承等方面。但由于现有研究未将其置于民族政策与理论探讨的框架内来思考,而单一地从政策条文内容分类入手,或将民族教育政策简单化为教育平等、社会公平等话题,切断了与该命题相关的资源配置、政治权利、文化发展权利等多种因素,忽视了其复杂性和综合性。第四,虽提出要适应当前政策实施环境变化来调整民族教育政策具体条文规定,但当前的探讨并不是以少数民族教育现存的问题和发展需要为出发点,也并非以民族教育政策受众的需要为基点,而是就平等、公正等概念或地方政策条文的变化来论述其调整倾向,对市场经济化、城乡差异、阶层分化、就业体制变化等社会大环境给少数民族地区和少数民族群体发展特别是教育事业发展所带来的挑战和机遇缺乏关注,从而容易以地区性需要代替群体性需要,以普适性政策替代特殊性需要。第五,试图以政策理论和方法来关注民族教育政策的制定、执行及监督评估,但缺乏对民族教育政策实施及其效果状况的调查研究。另外,政策分析逻辑容易将民族教育政策简化为线式的几个相连环节,忽视其丰富性。第六,强调工具理性,缺乏人文关怀。在论及政策实施效果及评估时,并没有关注到政策受众及其政策的影响。

二、附属内容到独立议题:民族预科教育研究现状

当笔者于 2007 年撰写博士论文《民族预科教育政策文化分析》时,就发现与民族预科教育相关的研究文献为数不多;以往的研究中,民族预科教育政策往往被作为"优惠"招生政策的一部分内容被介绍,很少作为单独的议题被研究,但近几年的关注度略有提升。

目前关于民族预科教育政策的研究主要聚焦于以下方面:首先,发展历程叙述。具体为描述全国或地区民族预科教育形成发展历程,如《预科教育 50 年》(2003)、《新疆高校民族预科教育研究》(2004)。其次,现实问题分析。具体为对办学模式、教学管理、课程设置和学生思想政治管

理等的研究，如《论广西民族预科的办学特色及其基本经验》（2002）、《民族预科教育课程体系改革的思路与举措》（2007）；或对学生学习困难、学习策略、心理状况和生活适应等的探讨，如《高校民族预科生英语学习困难的研究》（2010）。再次，基本属性及理念的探讨。具体为对民族预科教育的属性探讨，如《民族预科教育基本定位、基本属性及其研究》（2004）；或对其的价值取向、合理性及有效性等进行探讨，如《高等学校民族预科教育政策的价值与选择》（2011）。最后，在高等教育少数民族"优惠"招生政策探讨中涉及民族预科教育，如《个体平等，抑或群体平等——少数民族高等教育招生政策理论探讨》（2006）。

综上所述，民族预科教育研究特点表现为：由民族"优惠"招生政策附属内容到作为独立议题探讨，从宏观层面转向对微观层面（如学生认同、师生关系等）的关注，由历史性表述到对现实问题的关注，从实践性问题转向对本质属性的思考。当前民族预科教育研究主要关注其实践中教学管理、学生学习等具体问题，缺少整体性、理论性的探讨。已有的民族预科教育研究为相关研究进一步开展提供了一定的启迪，但也存在一定的不足。民族预科教育有着一套自上而下实施的教育模式，其办学模式、教学管理和课程设置等都是基于政策条文规定；对其研究须置于社会动态发展背景下，不然，研究容易脱离其社会脉络或出现偏颇解读。

第三节 以"民族预科教育政策"为主线的研究选择

选择预科教育为主线来探究民族教育政策，并非一时兴起，而是长期思考和研究的结果。选择预科教育政策为主线来研究，是有坚实依据的，主要是从教育政策研究要求、民族预科教育①特点和民族预科教育在民族教育体系中的地位等方面来思考的。

---

① 后面行文中将民族预科教育简称为预科教育。

一、民族教育政策研究的要求

对民族教育政策进行分析和研究，很难把民族教育政策整体作为研究的对象。主要有如下原因。

首先，民族教育政策内容丰富，不仅包括单项的政策，还包括配套的综合性政策；它既包括中央政府制定的民族教育政策条文，还包括各自治区和各省市根据实际需要所制定的民族教育政策条文；其具体内容又可以分为教育经费、课程设置、教师聘任和培训、办学形式等多个方面。而且，有些条文是交织在一起的，不同时期不同条文有很大的变化，如删减或增加或取消或被替代。因此，很难把民族教育政策整体作为研究的对象。其次，民族教育政策实施过程比较复杂。因为民族教育政策内容复杂，民族教育政策运行过程也较为繁杂。政策运行要依靠一套行政管理体系。民族教育政策在政策体系中的地位和作用，使它有两个"婆婆"——民族事务管理部门和教育部门（见图1－3）。国家民族事务委员会作为国务院管理民族事务的行政机构，在少数民族教育事务方面，国家民委在国家教育改革发展的总体规划下，研究民族教育改革发展的重大问题，参与研究与制定民族教育的有关政策法规和规划，提出民族教育发展的特殊意见和建议；配合教育主管部门承担对民族地区的教育援助和国家对民族教育扶持的有关事宜。除去职权范围和行政级别，地方民委具有相同的职能。因而，国家民委和地方民委也是少数民族教育政策制定、运行机制中的重要组织机构，主要发挥参与、建议与咨询的作用。民族政策中关于民族事务的规定，约束着民族教育政策的内容和范围，如教育活动使用何种教学语言；而民族教育在行政管理等方面从属于教育机制，并不是独立的

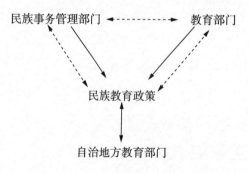

图1－3　民族教育政策行政关系

20

部分，民族教育政策也要遵循教育政策的规范和导向。

　　然而，各自治区由于具有发展民族教育自治权，也会成为民族教育政策制定的主体。民族教育政策实施过程中形成的特定运行机制必然涉及一些机构和组织，如民族事务委员会和各教育厅、局中设立的民族教育司、科等。同时，民族教育内容的复杂性，使得相关政策的制定不仅涉及等级权威序列中的垂直机构，还涉及同级其他部门的协助和参与。这种机制有利于保证少数民族教育政策执行顺畅，但是在后期也显现出这种运行机制的缺陷：由于目标定位、问题关注点、部门利益等方面的原因，各部门各司其职，使具体制定全国性基础教育方面政策的部门与专司少数民族教育事务部门之间出现一定程度上的隔阂，这些使得民族教育政策实施呈现为多种关系复杂交织，很难一时之间将它们厘清，所以，对民族教育政策整体内容进行深入研究是不现实的，存在着一定的难度。

　　可见，若要在错综复杂的关系中分析内容极其丰富的民族教育政策，只能选取其中的具体条文规定进行研究，以达到窥一斑见全貌的目的。因此，本研究选取预科教育政策为主线进行研究。

二、预科教育政策选择的合理性

（一）预科教育以及预科教育政策概述

　　预科教育形式存在已久，国内外都曾采用，当前仍有些国家在采用。目前预科教育是指为准备进入高一层级学校学习但尚不完全符合标准的学生提供一定时间的补充教育，以便其可直接进入高一层级学校学习的预备性教育①。当前预科教育按照不同标准可分为不同类型：按照层次分类，可分为初等教育阶段、中等教育阶段、高等教育阶段和研究生阶段预科教育；按照教育服务目标分类，可分为留学预科教育、华侨预科教育和民族预科教育。本书的预科教育特指为少数民族学生进入普通本专科学习之前

---

① 参见顾明远. 教育大辞典：第4卷 ［M］. 上海：上海教育出版社，1992：1378.

的预备期。它与其他的预科教育（国外的预科教育和中国其他的预科教育）是不同的，最主要的区别在于它实施的对象是少数民族群体，而其他的预科教育是没有明确的群体身份界定的。目前，有些地区仍在中等教育阶段设立预科教育。预科是只为大学和学院培养新生的一种教育机构，或单独设立，或为大学和学院的组成部分。

中国 1902 年的壬寅学制和 1912—1913 年的壬子癸丑学制，曾设独立的预科。1907 年在北京设立满蒙文高等学堂，"本堂于设满蒙文科之外，并附设藏文科"；"本堂预科两年毕业，正科三年毕业；学生习完预科后始得升入正科"①。1909 年贵胄法政学堂设预备科，"本学堂以造就贵胄法政通才为宗旨，分设正科、简易科、预备科等，预备科二年毕业"。招收的学员主要为满族、蒙古族、汉族的贵胄子弟②。1912—1913 年的学制，预科设在大学内。1922 年的学制，不设立预科③。1911 年，在北京开办蒙藏学堂。学校设置高校预备班，双语双文教学，招生分配均实行定向④。1941 年 9 月，中国共产党建立延安民族学院，设置研究班、普通班和文化班，文化班主要是补习文化，按民族分为回民班和蒙族班，相当于大学预科。

新中国成立后，1950 年 11 月，中央人民政府政务院批准了《培养少数民族干部试行方案》和《筹办中央民族学院试行方案》。《筹办中央民族学院试行方案》规定，中央民族学院的任务是为了国内各少数民族实行区域自治以及发展政治、经济、文化建设培养高级和中级的干部，提出目前先行设立军政干部训练班、本科政治系和语文系，本科政治系一年时间培养各民族的革命骨干，其中水平⑤较差者先入预科学习半年或一年。1953 年 1 月，正式举办预科教育，并把它列入当年的工作重点⑥。它的具

① 舒新城. 中国近代教育史资料：下册 ［M］. 北京：人民教育出版社，1961：823.
② 叶志如. 清末筹办贵胄法政学堂史料选载 ［J］. 历史档案，1987 (4).
③ 但曾为边疆学生设立补习班，类似于预科班。参见朱家骅. 边疆教育概况 ［M］. ［出版地不详］：教育部边疆教育司，1947：13 - 60.
④ 铁木曲西. 少数民族传统教育学 ［M］. 北京：民族出版社，2007：248.
⑤ 水平低是指基础文化水平低和汉语水平低。
⑥ 宋太成. 民族预科教育简述 ［J］. 民族教育研究，2002 (4).

体名称后来有所变化，1974 年前被称作文化补习班，1974 后正式改名为预科。自此之后，预科教育一般专指为少数民族学生设立的教育形式。而预科教育政策是指关于预科教育的目标、接受预科教育的资格条件、预科教育的招生方式以及预科教育的教学内容、教材和教学时段长短等具体内容的规定，不同时期的相关规定略有变化。

民族预科教育是从民族地区特点和民族特点出发，培养和造就我国少数民族各类人才（不同时期侧重点略有不同）而采取的一项特殊措施和办学形式。它的主要任务是帮助少数民族学生补习中学以上的基础课。预科班主要有三种形式：一年制预科班、多年制预科班和民族班或专业预科班。一般而言，一年制预科班为全国班，招收对象为中学接受汉语授课的少数民族学生；多年制预科班招收中学接受民文授课的少数民族学生。民族班是指利用一般学校在师资、设备等方面较为先进的条件，专门招收少数民族学生进行特殊形式的培养，是发展少数民族高等教育的一项特殊措施①。民族班②一般分为三个层次，即预科、专科、本科，民族班的学生（除了北京大学民族班③直接读本科、2000 年后清华大学民族班直接读本科外）都要接受一年或两年的预科阶段学习。在早期，预科班、民族班并没有被明显区分，只是民族班学生被录取时已经确定了专业，而直接预科招生的学生在预科结业后根据学校和自己意愿的双向选择来确定专业；但到了 2005 年后，教育主管部门提出，与预科班不同，民族班是本科层次的；并明确应在录取分数线上有所差别，预科班降分最多为 80 分，民族班降分最多为 40 分。然而，因民族班学生必须接受一年或两年的预科教育，本专科阶段与普通本专科没有区别，其独特性在于预科阶段，所以，它一般仍是被归于预科教育阶段，仍受预科教育政策的规范。

（二） 预科教育政策的特性

对民族教育政策的分析，之所以选取预科教育政策为线索，原因在于

---

① 吴仕民. 中国民族政策读本 [M]. 北京：中央民族大学出版社，1998：46.
② 指 1980 年开始在重点大学设置的招收少数民族学生的班级。
③ 不包括新疆委托培养。

以下方面。

首先，预科教育政策价值取向体现了民族教育政策的宗旨。

价值取向的确认和选择是公共政策的决定性因素之一。教育政策作为一定利益关系调整、一定社会关系协调的规范，必然要以一定的价值取向为指导。我国民族教育政策基于马克思主义民族平等理论，从少数民族因后天社会因素所导致群体性差异的现实出发，以实现各民族在教育领域的事实上的平等为目标，最终实现各民族事实上平等的历史任务。中国共产党的十二大报告再次强调，民族团结、民族平等和各民族的共同繁荣，对于我们这个多民族国家来说，是一个关系到国家命运的重大问题。平等发展教育是少数民族各项平等权益之一，也是不可忽视的各民族发展的重要途径。具体来看，目前少数民族教育平等问题主要表现为教育机会平等。教育平等包括教育机会平等、教育过程平等和教育结果平等；其中教育机会平等是实现教育过程平等和教育结果平等的前提。基于此，民族教育政策主要致力于少数民族教育机会平等，而预科教育政策正是为少数民族提供了获得高等教育的机会。

预科教育是中国民族教育的特色之一，也是中国教育体制中一种特殊的办学形式。预科教育政策主要是为了增加少数民族接受高等教育的机会和让降分录取的少数民族学生通过一段时间的学习能够跟上和适应大学阶段学习进度而实施的补偿教育措施。因此，预科教育政策不仅是保障少数民族平等接受高等教育的机会，也是为了保证教育过程的平等，从而最终实现事实上的结果平等。可以说，它贯彻和体现了民族教育政策的宗旨。

其次，预科教育政策内容衔接和体现了民族教育政策的其他规定。

预科教育政策作为衔接不同教育阶段的规定，其内容必然衔接和体现民族教育政策的其他规定。以民族教育政策的文化性为例，预科教育政策体现了民族教育政策的文化性。民族教育政策的文化性是指将少数民族文化传承和传播纳入学校教育制度中。新中国成立后，在少数民族聚居区，根据少数民族的实际情况和要求，国家建立了民族语文授课的自小学到大学的教育体系，在民族院校和少数民族地区的一些院校开设了民族语文授课的专业；但因师资、教材等多种客观原因，普通①高等院校无法开设民族语文授课的专业。随着社会的发展，一方面国家要培养少数民族地区所急需的专业人才，另一方面少数民族个体有多种选择的需要。而民族院校和少数民族地区的一些院校开设的民族语文授课专业不能满足这些需求，这就需要使民族语文授课中学的少数民族学生能够进入普通高等院校学习。然而，民族语文授课中学主要用民族语文授课，学生的汉语水平和外语水平（大多民文学校没有开设外语课）不高，使得他们在大学阶段的学习面临困难，这就需要一个过渡机制。

而预科教育成为民文授课与汉文授课两个体系之间的桥梁，它既满足少数民族通过学校教育制度传承和传播民族文化的需要，也能满足个体选择的需要。民族教育政策在一定程度上解决了教育领域内如何传承和发展各民族文化的问题，如语言、文字等。与其他规定相比较，预科教育政策最能够体现和贯彻民族教育政策的文化性。从这个视角看，预科教育政策是对少数民族自主发展文化权利的维护，它不能单纯地被视为是一种"照顾"。

最后，预科教育政策具有延续性。

预科教育政策具有历时性和共时性。自 1953 年开始实施，至今仍持续发展，其具体内容虽在不同时期略有变化，但基本能够体现出民族教育政策的发展历程。

另外，预科教育政策运行机制能够反映民族教育政策的实施逻辑和轨迹，能够呈现民族教育政策相关利益群体的参与情况与行为选择状况。

综上所述，本研究将预科教育政策作为探究民族教育政策的线索。

---

① 相对于民族院校和开设民族语文授课专业的院校而言。

第四节　研究思考及意义

一、研究思考

由以上叙述可知，本书以最能体现民族教育政策本质和特性的预科教育政策为线索，通过对预科教育政策的研究来达到探究民族教育政策的目的。因为预科教育政策是对少数民族进行"扶持发展"和"补偿教育"的集合，平等取向是它的基点。

本书试图探究以平等取向为指导的预科教育政策是否、如何实现其宗旨的整个运行过程。首先从政策实施的结果入手，审视政策实施的结果是否与该政策最初的预期目标一致：若不一致，表现在哪儿；若一致，又是如何做到的。在此基础上，溯源政策运行过程中发生了什么，怎么发生的，为什么会发生，其中隐含的利益冲突、权力转移、资源配置方式、身份塑造及文化冲撞等是如何表现的。作为预科教育政策的目标群体又是如何在这一过程中不断地被界定、解释，他们的选择和行为又是如何受到影响的。也可以说，在这个过程中，特定文化背景下形成的政策平等取向与政策参与者、政策相关者立足于自身立场、代表其各自利益的取向之间有着怎样的斗争和协调。这种博弈过程也是形成主导性的对目标群体定位、解释的过程，从而形成对目标群体行为和选择的影响。而整个过程中这些细节也确实是非常微妙、不易捕捉的，为此，本研究选取了一所具有代表性的高等院校作为研究场域进行探究。

要明确政策实施结果，关键在于了解其受益者的情况：谁是受益者？具有什么特征？不同时期又有什么样的变化？为此，本研究通过实证调查所获得的数据进行统计分析。为探究导致政策结果的原因，对政策运行过程进行分析。在政策运行过程中，存在着垂直的预科教育政策运行机制的权威性行为，同时也存在着水平维度不同的政策参与者的参与行为，而学校作为具体实施和落实的机构，成为这两个维度交集的横截面。为此，本研究立足于开设预科班的学校这一研究场域进行如下探析。首先，从分析不同时期国家预科教育政策具体条文内容入手，进行文本分析。因为政策文本的状况不仅是描述、对照政策运行过程中相关利益群体行为及行为策略，检测政策实施效果的依据，也是勾画政策规范变化轨迹的根据，从中可以清晰地明了它要向人们传递什么样的观念，如何影响人们按照它所预定的方式来理解和解释政策。其次，从预科教育招生和教学管理两方面分析学校场景中各政策参与者或政策相关者的行为。预科教育招生中的相关行为活动，揭示了学校在具体落实预科教育政策过程中，它与学校外部政策参与者、利益相关者之间的博弈；而预科教育教学管理体现了学校采取一系列的措施以实现、完成预科教育活动，这也反映出学校内不同部门之间在教育资源分配过程的纷争中对预科教育的定位。这样基本能勾勒出预科教育政策运行轨迹及特点，揭示政策参与者、利益相关者的行为如何在规范界定范围内对预科教育政策不断地阐释以保证各自利益，从而概括出到底有哪些因素的合力作用促成了政策实施的结果。然而，在政策运行过程中和政策实施结果的形成过程中，政策的目标群体又是如何行为的，是被动的还是主动的？在以往的政策分析中，很少涉及政策受众的选择和行为，但这并不意味着我们可以忽略。因为政策实施的结果离不开他们的选择和行为，他们是政策实施的受众，政策实施的目标正是要改善他们的状况。那么，他们如何获得政策的相关信息，如何理解该政策？政策对他们的定位是否、如何影响他们？在这样的定位下是否影响人们对他们的看法？等等。这些因素又是否、如何影响着他们的选择和行为？为此，本研究为获得相关信息，采取对目标群体进行访谈和走进他们的日常生活中去的方法。基于这种探究结果，试图为厘清、完善预科教育政策和思考中国民族教育政策遇到的问题和困境提供一些启迪。

二、研究意义

（一）构建和谐社会的需要

胡锦涛同志指出，"根据马克思主义基本原理和我国社会主义建设的实践经验，根据新世纪新阶段我国经济社会发展的新要求和我国社会出现的新趋势新特点，我们所要建设的社会主义和谐社会，应该是民主法治、公平正义、诚信友爱、充满活力、安定有序、人与自然和谐相处的社会。中国是多民族的国家，处理好民族关系、解决好民族问题是建立和谐社会的前提。当前，发展是解决民族问题的根本，而发展民族教育是实现各民族共同发展繁荣的基本保障"①。而且，发展民族教育也是实现各民族平等、团结的根本保障。

由于少数民族地区教育起步晚、经济发展水平低等原因，民族教育呈现为区域发展不平衡、不同民族之间发展水平差异较大，其中民族之间的差异主要表现为少数民族教育整体发展水平相对滞后。而忽略这些差异、忽视民族教育的特殊性，照搬其他地区的做法是行不通的，是有失公正的。正如"对于一个多年戴着脚镣的人，你不会仅仅解开他的脚镣，将他领到起跑线上并对他说，你自由了，可以与别人比赛了，你怎么会相信你所做的是完全公正的呢?"② 改革开放之后，社会结构发生变化，但呈现为迟滞性、特殊性和不平衡性，易导致民族地区社会转型中出现地区、阶层差异等，进而影响社会资源合理、公正配置③。可见，如何发展民族教育涉及教育领域内如何认识、实现公正的问题，也必然涉及如何协调社会各方面利益的问题，从而影响社会中人与人之间、不同群体之间关系的和谐。

政策实际上是把社会各阶层和各群体利益要求输入社会政治系统后，政策主体再从特定的价值取向出发对各种利益要求进行整合的措施。可见，"政策是通过权威性的价值分配形式集中反映社会利益关系，这同时也就决定了它作为社会利益关系调节器的功能"④。民族教育涉及教育问题、社会问题、民族问题等多重复杂的问题，因此，民族教育政策是在教

---

① 金炳镐，王铁. 中国共产党民族纲领政策通论 ［M］. 哈尔滨：黑龙江教育出版社，2001：37.

② 华涛. 约翰逊总统与美国"肯定性行动计划"的确立 ［J］. 世界历史，1999 (4).

③ 赵少智. 小康进程中民族地区社会结构变化问题初探 ［M］. 甘肃社会科学，2004 (3).

④ 参见王春福. 和谐社会与公共政策的利益协调机制 ［J］. 学术交流，2006 (1).

育领域内对各群体、各阶层利益关系的协调，它是以社会上处于相对劣势的群体为对象，通过调整教育资源、协调社会各方面的利益，避免其被边缘化，促其融入社会主流；并以明确的政策条文内容来调节、规范、指导民族教育实践为少数民族提供发展的机会，保障其发展的要求和权益。因此，本研究基于中国民族教育政策实施来探讨民族教育政策在不同时期是以什么样的路径和方式发挥作用，又产生了怎样的效果——这些又是如何对推动少数民族发展、构建和谐平等的民族关系发挥着作用。

（二） 提升民族教育政策研究的要求

在马克思主义民族理论的指导下，中国共产党和政府把实现各民族平等、团结和各民族共同繁荣作为处理民族事务的原则。在这一原则指导下，实施的一系列优惠政策和特殊政策有力地保障了少数民族权益，促进了少数民族各方面的发展。可以说，新中国成立后，中国少数民族社会、经济等方面在短短时间内所取得的成就是举世瞩目的。民族教育政策是这一原则在教育领域的具体体现和落实。民族教育政策的实施极大地促进了民族教育的发展，也积累了很多宝贵的经验，创建了中国特色的民族教育制度。然而，正如前面所提到的，目前缺乏对民族教育政策实践经验的概括和提升，尚未将经验上升为理论。而新时期民族教育政策面临着许多新问题和一些质疑，民族教育政策的完善和发展需要这种反思和提升。

当前缺乏民族教育及政策研究的本土化理论建构。任何国家多民族格局的形成都具有自己的历史行程，它们所采用的民族教育政策各具有其政治经济、社会文化、历史传统等的烙印和逻辑。中国教育政策研究起步比较晚，研究理论和方法基本上移植了西方的政策学相关理论和方法。当前对民族教育政策的研究多关注内容分析，以文献和思辨为主，缺少对政策实施过程和政策实施现状的实证研究。近几年出现了从政策学、教育学、社会学、经济学等众多学科的理论或方法来理解、解释和探究民族教育及民族教育政策的研究。但由于有些学者缺乏或忽视对中华民族形成的历史轨迹，民族教育政策制定、发生的特定社会背景，少数民族地区教育发展现状等的观照，因而，他们往往倾向于：或用教育发展的地区差异性来替代民族教育发展的特殊性和差异性；或对民族教育政策仅停留于字面的理解，单一化、孤立性地分析民族教育政策；或简单地以西方平等、公平等理念从应然视角来论述、评价民族教育政策。因而当前民族教育政策研究理论非常薄弱，不能满足当前民族教育发展的需要。因此，本研究试图通过以民族教育政策具体条文为研究对象，将其置于动态发展的社会背景中，探究其实施变化路径，以窥见民族教育发展的取向和趋向，明晰民族教育研究的目标和任务；也力图立足于中国民族教育政策实践经验，尝试构建对中国民族教育政策实践及实施过程具有深刻解释力的理论或分析框架。

第二章　民族教育政策及其价值取向

民族教育是中国教育的重要组成部分，也是民族政策的重要内容。因此，谈及民族教育政策不能避开它与教育政策、民族政策的关系。

第一节　民族政策、教育政策与民族教育政策

民族概念是人们了解和认识民族现象的首要问题，也是人们思考民族现象的结果。民族概念是民族政策的核心，其概念内涵界定在一定程度上反映了特定社会人们形成的对民族所代表群体的认识，也会实际作用于政府处理民族事务的立场和相关规范的制定。

一、民族

民族不仅是一个历史性概念，也是不断被社会性建构的概念，不同时期对民族概念的阐释也有所不同。

关于汉语中"民族"一词的来源存在着"舶来说"和"本土说"的争论。古代汉语中"民"是指"百姓"，"族"是指"群体"。《说文解字》对"族"的阐释是："族，矢锋也，束之族族也，从矢，从族也。"一般认为"民"与"族"两个字合成一个词，是近代以后的事；也有学者认为"民族"一词并非是外来词，早在中国唐代就已经出现。然而，中国古代对"民""族"与"民族"的表述，更多的是表示地域、经济生活和居住情况以及风俗差异，如"中国、夷、蛮、戎、狄，皆有安居、和味、宜服、利用、备器。五方之民，语言不通，嗜欲同……"（《礼记·

王制》）；也有学者认为，古代汉语中的"民族"一词主要用来表示社会大众、黎民百姓或者某一社会群体，比较侧重于社会等级划分，如"倾宗社，灭民族"（《太白阴经》）。

现代意义的"民族"一词是19世纪传入中国的。从康有为、梁启超等为代表的知识分子提出的"爱国保种"、主张中国所有人"合群"到孙中山告别"五族共和"、构建中华民族并提出"国族"概念，"民族"概念是基于民族—国家的形成，它注重领土和国家诉求并具有排他性的共同文化特征。现代国际政治格局把民族—国家作为建设现代国家的最基本单位和获得合法性的依据。20世纪20年代，斯大林的"民族"概念和定义传入中国，并逐渐成为国内民族研究的核心概念。新中国成立后，中国参照斯大林提出的民族概念对国内各民族进行识别和界定。这一概念依据历史唯物主义的社会发展阶段论来定义处于各个历史阶段的民族，实际上是用社会制度来推演民族的含义和性质。有学者认为对民族的定位存在着民族国家与少数民族群体阐释的混乱。20世纪70年代末，中国学术界开始引进西方"族群"概念，该概念强调各民族群体文化性，引发了"民族"和"族群"概念的争论。但近期有学者提出，中国民族状况具有独特性，中国民族概念要尊重自身独特性并实现本土化。

可以说，关于民族概念的纷争由来已久。虽有学者认为关于民族概念的纷争是四次，但周传斌先生认为主要有三次（见表2-1）。这些纷争表明，关于民族概念的界定和阐释，经历了由原来立足于西方的民族主义、民族—国家到将民族与国内少数民族相联系，由绝对强调民族的政治性到认识民族文化等其他的基本属性，从尊崇斯大林的民族概念到立足于中国实际对民族概念的反思和完善等不同阶段。在这一过程中，不同学者基于对民族概念的不同理解，纷纷提出自己认为最能体现内涵的名称来进行概念表述，不同的民族概念从不同视角强调民族属性。目前主要存在三种说法：第一种是要停用"民族"一词，由族群代替，英文即Ethnic Group，这一民族概念强调民族的文化性；第二种是认为不能用族群代替民族，族群是民族这个集合体的文化属性，而民族是政治属性，主张用Minority；第三种认为用Minzu，以体现中国民族状况的独特性。

表2-1　中国"民族"概念探讨的三个时期

时　期	关键词	译　名	定　义	理　论
1949年以前	民族、国族	Nation	孙中山（1924）：血统、生活、语言、宗教、风俗习惯	民族主义（nationalism）、民族-国家（nation-state）
1949—1989年	民族、部族	Nationality	斯大林（1913）：语言、地域、经济生活、心理素质	民族的产生、发展和消亡
1989年至今	民族、族群、Minzu	Nationality, Ethnic Group, Minzu	存在强调民族政治性、"去政治"的文化性以及中国民族本土性之争	对民族概念的结构和多元反思

最近，中共中央、国务院将民族问题理论政策概括为"十二条"，标志着马克思主义民族理论中国化达到了一个新的境界。"十二条"中的第一条，是党中央、国务院对民族概念的表述："民族是在一定的历史发展阶段形成的稳定的人们共同体。一般来说，民族在历史渊源、生产方式、语言、文化、风俗习惯以及心理认同等方面具有共同特征。有的民族在其形成和发展过程中，宗教起着重要作用。"[①] 这一表述比较完整地阐述了民族所蕴含的特性。与其他民族概念界定相较，本研究认同这一对民族概念的阐述。

对民族概念的不同阐释体现了对民族政策的不同诉求。当前民族概念的"去政治性"与"文化化之争"引发了学者们对民族政策进行重新思考和解读的风潮。在中国古代汉语中，"政"和"策"两个字极少合成一个词用。"政"的原意就是政治上的策略和谋略，如"天下有道，则政不在大夫"（《论语·季氏》）。"策"的原意则是"马鞭"，如"君车将驾，则仆执策立于马前"（《礼记·曲礼上》）。由此延伸，"策"还有谋术的意

---

① 龚永辉.民族概念：话语权与学理性 [J].广西社会主义学院学报，2006（1）.

思。而当今"政策"却是一个外来概念。一些学者在翻译西文中的"Policy"时，取汉语中的"政"和"策"两字，译成了"政策"。顾名思义，政策就是政治上的策略和谋略。这里的"政"就是指"政府""政权"等。

当前，民族政策一般被界定为政府就民族事务而制定的各种方针策略，包括与民族事务有关的体现在立法机关和政府机构各种文件中的决定、决议、原则、方针等。从字面上看，这一概念似乎很容易理解，但无论任何国家的民族政策，无论是层次上还是内容上，其构成都是相当复杂的。民族政策不仅涉及不同群体之间的利益配置协调，也涉及不同群体的生存、发展方面的权力和权利的规定与设置。民族现象是复杂的社会现象，它会牵涉社会各个方面。因此，民族政策具有极强的综合性和敏感性，它更强调灵活性与稳定性的统一，其内容具有高度的统一性和多面性。其规定内容涉及政治、文化、教育等各个领域，民族政策从而成为各个领域就民族事务形成规定条文的基点。

二、民族教育、教育政策与民族教育政策

关于民族教育的界定众说纷纭，有学者认为关于民族教育概念的界定存在以下论争：广义和狭义的民族教育概念论争、民族教育是指民族地区教育还是指对民族成员实施的教育的论争以及民族教育是"跨文化教育"还是"复合教育"的论争①。

民族教育具有广义和狭义之分，但在中国，民族教育多指少数民族教育。广义的是指整个中华民族的教育，狭义的是指中国除汉族以外55个少数民族的教育。《教育大辞典》中的界定是："民族教育是中国少数民族教育的简称，特指除汉族以外，对其他55个民族实施的教育。"② 关于民族教育是民族地区教育还是对民族成员的教育的论争中，持"民族教育是指民族地区教育"的学者认为少数民族聚居区的特点决定了民族教育的

---

① 王鉴. 民族教育学 [M]. 兰州：甘肃教育出版社，2001：21-23.
② 顾明远. 教育大辞典：第4卷 [M]. 上海：上海教育出版社，1992：2602.

特殊性①；而持后一种观念的学者认为民族教育之所以不同于普通教育，是因为教育对象——少数民族学生的特殊性。对于民族教育是"跨文化教育"还是"复合教育"，学者们是根据受教育者是否具有不同文化背景、接受的教育是否具有跨文化的性质来确定的。笔者认为，民族教育是以少数民族为教育对象的社会活动。因为，教育的对象是人，民族教育与普通教育不同，正在于各自的教育对象不同，少数民族学生所处的历史环境、教育发展水平和文化因素等使他们对教育提出了一些特殊需求，并在教育活动中呈现一定的特殊性。因此，要基于接受教育的少数民族学生的具体情况来判定教育内容应归于哪一类型。

民族教育政策虽是在民族政策框架内形成，但就运行机制来看，它在行政管理方面归属于教育管理机制，而不是相对独立的部分。而关于教育政策的界定有多种说法，在中国一般认为，教育政策是指党和政府在一定历史时期为发展教育事业制定的基本要求和行动准则②。但随着对教育政策研究的深入，不同学者从教育政策主体、客体、运行形态等不同方面切入，对教育政策进行界定，力图在界定教育政策时体现教育政策实施主体多层级、运行过程的动态性以及政策运行形式和方式。其中有学者认为，"教育政策是一种有目的、有组织的动态发展过程，是政党政府等政治实体在一定历史时期，为实现一定教育目标和任务而协调教育的内外关系所规定的行动依据和准则"。还有学者提出，"教育政策是指国家在一定时期为实现教育目标、完成教育任务而协调教育内外关系所做出的战略性和准则性的规定及其运行过程"③。前者的界定反映了教育政策实施主体的多元性；后者的界定体现了教育政策运行的动态性。但是，教育政策不仅是一种准则，也是一种价值取向的选择、一定意识形态的指导。"国家制定教育方针的依据，除了要在一定程度上考虑到教育规律的制约之外，主要

① 参见胡德海. 关于我国民族教育的几个问题 [J]. 西北师大学报：社会科学版，1990 (4).

② 张焕庭. 教育辞典 [M]. 南京：江苏教育出版社，1988：763.

③ 孙绵涛. 教育政策学 [M]. 武汉：武汉工业大学出版社，1997：10.

考虑国家现行的体制、政策和政治目标。"① 可见，教育政策的实施总是遵循一定的原则。立足于以往学者对教育政策的界定，本研究将教育政策界定为：政党政府等实体在一定历史时期，在一定原则的指导下，为实现教育目标和完成任务而协调教育内外关系所做出的战略性、准则性的规定及其运行过程。

民族教育政策的概念是从教育政策的界定中推衍出来的。虽然民族教育政策的实施主体呈现多元化的倾向，但民族教育政策是由国家主导的，依靠党和政府得以实施和保障。一般而言，民族教育政策是指国家、政党为了实现民族教育事业发展目标和任务所制定的行动准则②。但是，这一定义忽视了政策过程中各相关主体的行为，它们可以根据被赋予的职责和权力，在一定范围内对政策进行解释。因此，本研究认为，民族教育政策是指国家、政党等政治实体在一定原则的指导下，为实现民族教育发展目标和任务而制定的行为准则及其运行过程。民族教育政策在内容上包括党和国家制定、发布的发展少数民族教育的方针、法律、纲要、决定、通知、规划、规定、意见、办法、条例、规则、细则、纪要等各种成文文件，还包括党和政府领导人的相关讲话。按不同的分类标准，它可分为不同的类型：若按级别，可分为少数民族各级各类教育；若按地区，可分为散杂居、聚居区或发达地区和少数民族地区民族教育；若按教育构成，可分为课程、学生、教师、管理等方面。而民族预科教育政策是民族教育政策中的重要内容。第一章已经讲到，预科教育政策是指关于预科教育的目标、接受预科教育的资格条件、预科教育的招生方式以及预科教育的教学内容、教材和教学时段长短等具体内容的规定，不同时期的相关规定略有变化。此处不再做过多阐述。

---

① 马凤岐. 教育政治学 [M]. 北京：人民出版社，2003：47.
② 金东海. 少数民族教育政策研究 [M]. 兰州：甘肃教育出版社，2002：2.

三、教育政策、民族政策与民族教育政策之间的关联

民族教育政策与教育政策、民族政策之间的关联是一项比较复杂的议题。一个国家的政策体系是一个系统，按照政策结构层次，政策可分为：元政策、基本政策、方面政策、具体政策。其中，元政策是指用以指导和规范政府政策行为的一套理念和方法的总称，涉及国家主导性意识形态、思想和理念等。基本政策是指指导方面政策的政治信仰和社会价值观，是元政策的具体体现和落实。中国共产党在马克思主义民族理论指导下形成处理民族事务和民族关系的原则："实现各民族平等、团结、和谐和各民族共同繁荣。"这一原则成为法律和政策制定的基石。方面政策主要是指针对某方面问题做出的政策规定，如民族政策和教育政策。具体政策是指对某一方面特定且具体的规定。

民族教育政策在此政策结构中处于一个"微妙"的层次。民族教育政策是针对少数民族教育的特殊性而制定的，相较于其他教育政策规定，它具有特殊性。民族教育政策是基于民族政策框架而形成的，但行政管理归属于教育机制。具体表现为：

首先，从其践行的政治信仰和社会价值观来看，政策是国家意志的体现，民族政策、教育政策和民族教育政策都是服务于社会主义国家建设。但是，教育政策关注面向全国的普遍适用性；民族政策是为了保障社会上各方面发展相对滞后特定群体的权益并促进其发展，贯彻实施民族区域自治制度，贯彻落实国家对少数民族的各项优惠政策，增强民族团结，最终目的是为了"实现民族平等、民族团结和各民族共同繁荣"。

民族教育政策是在教育领域落实民族政策宗旨。早期文件或文献一般把民族教育政策归类于民族政策，但20世纪80年代之后就将其归于教育政策。如《全国人民政治协商会议共同纲领》（1949年9月29日）中将民族教育归于民族政策章节，而不是文化教育章节。同时，民族教育政策的有些规定是为了更好地落实民族政策或源于民族政策实施中遇到的问题。如以民族政策中培养少数民族干部为例，新中国成立之后首要确立的

是各民族政治平等，而这就需要通过一定的制度和培养少数民族干部，以实现各民族能够当家做主，为此设立民族院校、大量培养少数民族干部。《培养少数民族干部试行方案》（1950 年 11 月 24 日）规定："为了国家建设、民族区域自治与实现共同纲领民族政策的需要，从中央至有关省、县，应根据新民主主义的教育方针，普遍而大量地培养各少数民族干部。""为此目的，在北京设立中央民族学院，并在西北、西南、中南各设中央民族学院，必要时还要增设。……有关各级人民政府并应有计划地逐步整理或设立少数民族的中小学，整理少数民族的高等教育。""为了鼓励与帮助少数民族学生受各种高等教育，凡考入高等学校（包括少数民族高等学校）的少数民族学生一律公费待遇。……为了照顾目前少数民族学生的文化水平，对投考高等学校与一般中学的学生应适当规定一个入学成绩标准；入学后，又给以适当补习条件。"① 由以上文本可见，当前民族教育体系、民族院校、少数民族学生招生优惠和文化补习规定等是民族教育政策特有的内容。因此，不能把民族教育政策简单地看作教育政策的内容和补充。

其次，从其运行机制来看，政策运行要依靠一套机构行政管理体系，在民族教育政策最初的决策和执行方面有特定的机构和组织；但随着社会发展，原有的运行机制发生了变化。

为了更好地实施民族政策和处理民族事务，中央人民政府于 1949 年设立民族事务委员会。当前国家民族事务委员会作为国务院管理民族事务的行政机构，在少数民族教育事务方面的职能表现为：在国家教育改革发展的总体规划下，研究民族教育改革发展的重大问题，参与研究与制定民族教育的有关政策法规和规划，提出民族教育发展的特殊意见和建议；配合教育主管部门承担对民族地区的教育援助和国家对民族教育扶持的有关事宜。除去职权范围和行政级别，地方民委（不同地区组织机构名称有所不同）具有相同的职能。因而，国家民委和地方民委也是少数民族教育政策制定、运行机制中的重要组织机构，主要发挥参与、建议与咨询的作用。

---

① 人民出版社. 民族政策汇编：第一编［M］. 北京：人民出版社，1960：12－18.

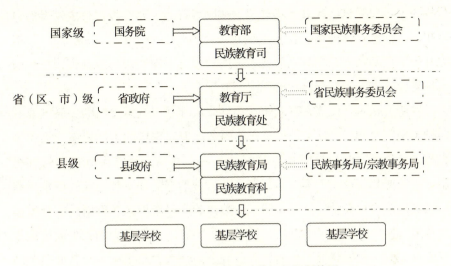

图 2 - 1　少数民族教育政策运行机制简图

　　基于民族政策及理论框架生成的民族教育政策，在其早期的运行机制中，中央和地方民族事务委员会如同教育行政部门是其中重要的行政管理机构。现在中央和地方民族事务委员会关于少数民族教育事务的职能已发生变化，由原来包揽一切局面转变为为教育行政部门提供建议和与之协商；有些特定民族地区的地方民委在少数民族教育事务及相关政策实施方面的作用略有不同。即使是现在，少数民族教育虽然被纳入普通教育行政管理体系中，但因其特殊性和重要性，通常在教育行政部门中专设民族教育部门或者在有关处（科）设专职人员处理少数民族教育事务①（见图2 -1），形成国家—省（区、市）—市（地、州）—县—乡线性的政策运行机制，因而又不同于普通基础教育的行政管理。另外，在教育制定和执

---

　　① 1952 年政务院做出《关于建立民族教育行政机构的决定》，决定在教育部增设民族教育司，各大行政区教育部增设民族教育处（科），或在有关处（科）内设专职人员。各有关省、市、专署、县人民政府教育厅、局、处、科根据该地区少数民族人口多寡，分别增设适当的行政机构或专职人员以加强民族教育管理工作。上述决定在"文革"时期被取消。1980 年教育部、国家民委颁发的《关于加强民族教育工作的意见》重申了 1952 年政务院的决定，要求各民族自治地方的教育机构应把发展民族教育作为主要任务，少数民族人口较多的省、地、县，应在教育行政部门内设置民族教育机构，调配热心为少数民族教育事业服务的同志专司其事。目前，在教育部内设民族教育司，在国家民委内设教育司；在一些少数民族人口较多的省、区的教育厅内设民族教育处或民族教育科，在民族事务委员会内设文教处。

行权限上，民族自治区自治法规定少数民族自治区具有教育自主发展的自治权。目前教育管理体制发生了变化，随着"分级办学，分级管理"，权力开始下放到地方，少数民族自治区的教育自主发展权与教育管理权力与其他省市这方面的权限已没有很大的差别①。

本研究认为，民族教育政策、民族政策和教育政策之间的关联主要有四种类型（见图 2-2），是三者在不同条件下表现出的不同形态。第一种类型是民族教育政策置于民族政策体系内，并纳入民族事务行政管理机制，与普通教育分属于不同运行路径。这种形态是基于各民族发展水平差异大而采取的相对独立体系、涵盖少数民族和民族地区各方面的综合型民族政策，民族教育方面的规定是其重要的内容。以教育为例，少数民族教育起点不一、发展状况不平衡，不适宜全国性教育政策——因其面向全国教育活动而强调其规定具有普遍适用性，不可能兼顾到少数民族和民族地区的特殊情况。同时，在各民族各方面差异较大、国家意识和认同薄弱等情况下，民族教育要承载更多的功能。为了保障处于相对弱势的少数民族平等权益和促进其发展，建立和谐的民族关系和促进国家的稳定发展，要求基于少数民族及民族地区实际及需要，规定和设计与此相应的形态。第二种形态是指民族教育规定并非是独立的政策，而是作为普通教育政策的补充部分被置于教育政策体系内，并纳入普通教育行政管理机制，与民族政策分归于不同运行路径。这种形态一般是基于否认少数民族教育发展水平存在差距或否认其教育特殊性。例如"文革"时期，教育方面否认民族教育差距和特殊要求，很多民族教育政策停止实施。第三种形态是民族教育政策基于民族政策框架而形成，行政管理上归属于教育政策运行机制，被纳入普通教育行政管理体系，但与普通教育运行机制略有不同。中国当前民族教育政策、教育政策、民族政策之间的关联属于第三种类型。第四种类型是指民族教育政策、民族政策与教育政策被纳入同一个体系和运行机制内，这是基于各民族差异不显著，无须有差异的政策规定。

由此可见，中国民族教育政策既是民族政策在教育领域的具体落实，

---

① 参见金东海. 少数民族教育政策研究［M］. 兰州：甘肃教育出版社，2002：120-121.

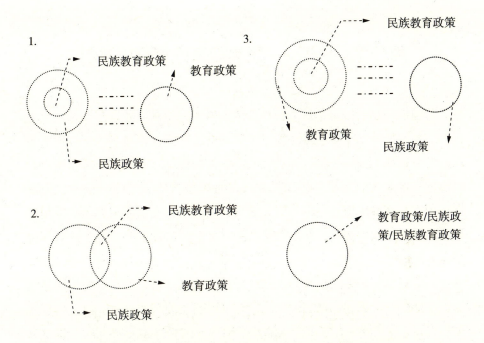

图2-2　民族教育政策、民族政策与教育政策之间的关联形态

也是教育政策内容的重要组成部分。因此，它不仅要遵循教育政策的基本内容和原则，还要落实民族政策的方针和原则。一项政策基于哪种政策体系和理论框架或者以何种运行机制似乎没有很大差异，其实不然，若民族教育政策生成于民族政策框架内，比较注重所面向群体的特定需要和特殊性，政策实施条件易倾向于按照身份资格来定位，实践中打造不同于普通教育的少数民族教育体系；但如果它基于普通教育政策框架，因普通教育政策比较注重政策实施的普适性，关于少数民族教育的政策规定更多偏重于推行全国性政策，政策实施条件倾向于用地区代替群体身份，从而易出现缺乏对特殊性需求的关注和忽视群体文化性的情形。

第二节　平等——民族教育政策价值取向

价值取向是指一定主体基于自己的价值观在面对或处理各种矛盾、冲突、关系时所持的基本价值立场、价值态度以及所表现出来的基本价值倾向。它对行为主体的价值选择具有决定、支配作用。政策作为国家意志和行为的文本及规范表现，体现一种或多种价值选择，呈现一定的价值取向；因而，某些价值观作为一定文化所选择的优势观念形态成为政策制定和实施的优先价值选择。在现代社会中，平等作为最重要的政治价值，始终是政策的价值基础之一。

一般而言，平等是指人们在社会地位、权利和利益等方面的相同的状态，主要是一个表述性概念，是人们对一种事实关系的表述。但正如德沃金所说，"平等是个有争议的概念，准确地表述平等本身就是一个哲学难题"[①]，它在不同的社会脉络和语境中被赋予不同的含义和意义。不同理论学派对平等的论述有所不同。古典自由主义强调绝对平等。它认为，人人都应享有自由、平等，在法律及政治地位上平等互利；人与人之间不应该存在特权与不平等，要求绝对禁止身份的差别。除了古典自由主义之外，当前还有罗尔斯的"民主的平等"、诺奇克的"机会平等"、德沃金的"资源平等"以及哈耶克的"新自由主义"和社群主义的平等论述。罗尔斯认为，人类的不平等是由社会基本结构的分配不公平所造成的，因此要通过确立正义原则达到分配上的平等。他在"无知之幕"的设想下提出实现正义的两个原则：第一个原则是每个人对与所有人所拥有的最广泛平等的基本自由体系兼容的类似自由体系都应有一种平等的权利。第二个原则是对于社会和经济的不平等，应通过安排使它们："一是在与正义的原则相一致的情况下，适合于最少受惠者的最大利益；二是依系于在机会

---

① 德沃金. 至上的美德：平等的理论与实践 [M]. 冯克利，译. 南京：江苏人民出版社，2003：2.

公平平等的条件下，职务和地位向所有人开放。"① 诺齐克基于权利来论述平等，他认为，个人仅仅在权利上是平等的，即平等地享有某些权利，包括生命权、自由权和财产权，但不能为了改变不平等而牺牲权利。要在国家权力有限的基础上提出每个人在法定权利上是平等的。个人也没有义务为他人而牺牲自己的权利。德沃金则认为，所有的人都应该享有同样的自由。权利的强势意义决定了人必须要求被平等对待，平等的关切是政府至上的美德，而这种平等关切要求政府致力于某种形式的物质平等，即资源平等②。哈耶克反对机会平等，"在这个世界上，平等地对待人们与试图使他们变得平等这二者之间始终存在着重大的区别"③。他认为最高价值是自由，法律面前人人平等，是有助于自由的唯一平等，也是唯一不会损害自由的平等。社群主义对平等做了论述但不同意以上基于权利建构的平等理论，它反对新自由主义把自我和个人当作理解及分析社会政治现象和政治制度的基本变量，而认为社群才是政治分析的基本变量，个人及其自我最终由他或他所在的社群决定。由以上可知，关于平等的论述存在绝对平等与相对平等、实质平等与形式平等、个体平等与群体平等之争，关涉如何定位权利及权利与平等的关系。

教育政策作为国家政府行为，必然具有其价值基础。所谓教育政策的价值基础，主要有两方面的含义：一是指教育政策的价值取向模式，由一系列价值观念和价值原则构成；二是指价值取向模式赖以存在和确立的理论依据和假设④。在现代社会，教育平等是教育政策制定、实施的价值基础和追求目标之一。一般将教育平等界定为：它是指教育领域的一种平等状态，是指建立在人格平等和政治权利平等基础上的受教育权利平等和教育机会均等。教育平等立足于个体平等。

---

① 罗尔斯. 正义论 [M]. 何怀宏，等，译. 北京：中国社会科学出版社，1988：60 - 61.

② 德沃金. 认真对待权利 [M]. 信春鹰，译. 北京：中国大百科全书出版社，2002：3，8，262.

③ 哈耶克. 个人主义与经济秩序 [M]. 邓正来，译. 北京：生活·读书·新知三联书店，2003：22.

④ 劳凯声，刘复兴. 论教育政策的价值基础 [J]. 北京师范大学学报：人文社会科学版，2000（6）.

政策的制定、实施都有其特定期望。这种期望形成于特定政治理论和意识形态体系，呈现为一定的政策理想；这种预期决定了政策动机、政策目标和实施内容等。中国民族教育政策也不例外。中国民族教育政策生成于民族政策框架内，基于马克思主义民族观制定和实施。民族平等是马克思主义民族理论中的重要内容之一。马克思、恩格斯基于阶级斗争来论述民族矛盾、民族关系及民族平等。他们认为，民族问题和矛盾及民族关系取决于民族内部的生产力和生产关系，要消除民族对立，就必须消灭现存的资本主义所有制。鉴于此，他们主张，各民族平等地联合，反对民族歧视和民族压迫，是解决民族问题的根本原则。如在《神圣家族》中提出，"古往今来每个民族都在某些方面优越于其他民族……任何一个民族都永远不会优越于其他民族"[①]。他们号召无产阶级起来斗争以支持被压迫民族获得解放，强调被压迫民族"享有独立的政治生存权利"。如恩格斯在《波兰宣言》中说："波兰是扼杀不了的，它在欧洲各民族大家庭中独立生存的权利是不容争辩的。"[②]

列宁在揭露资产阶级民族平等的阶级实质的基础之上，总结和发展了马克思主义的民族平等理论，系统阐述了马克思主义的民族平等原则。列宁主张各民族要实现形式上的平等，更应该在事实上达到平等。首先，列宁强调无论民族大小都享有平等的政治权利，反对任何民族享有任何特权。实现真正的民族平等，是无产阶级政党领导人民群众进行革命斗争的历史任务，也是各族人民根本利益所在。在马克思、恩格斯相关论述基础上，列宁结合俄国实际提出"民族自决权"，民族自决权后来成为苏联采取民族自治政策的理论依据。但他也认为，"我们无条件地承认争取民族自决自由的斗争，但是并不一定要支持任何的民族自决的要求。社会民主党作为无产阶级的政党，其积极的和主要的任务不是促进各民族的自决，而是促进各民族的无产阶级的自决。我们应当经常地、无条件地力求各民

---

① 中国社会科学院民族研究所. 马克思恩格斯论民族问题：上下册 [M]. 北京：民族出版社，1987：47.

② 马克思恩格斯全集：第18卷 [M]. 北京：人民出版社，1964：577.

族的无产阶级最紧密地联合起来。只有在个别的、特殊的情况下，我们才能提出并积极支持建立新的阶级国家的要求，或者用比较涣散的联邦统一代替一个国家政治上完全的统一等等要求"①。其次，列宁提出各民族要实现事实上的平等。他在1921年俄共（布）十大通过的《论党在民族问题方面的迫切任务》决议中提出，要将"消灭各民族间的事实上的不平等"作为俄共的一项迫切任务。作为达到事实上平等的基本前提，各民族在政治上要实现完全平等。列宁还提出如何实现各民族事实上的平等，例如，他主张除了要从财政上、技术上和人力上援助与支持少数民族地区之外，大民族的工人阶级还必须对少数民族做出某些让步，以对待自己的不平等或让步来抵偿他们在过去历史上给少数民族带来的不信任、猜疑和侮辱。同时还要在文化教育方面帮助少数民族加快发展。斯大林在列宁之后领导苏维埃多民族国家的建设过程中，对于如何消除民族间事实上不平等的问题同样作了系统的论述②。

中国共产党把马列主义民族理论创造性地运用于解决中国民族问题的实践。基于中国实际，为实现少数民族自己管理自己事务的民族自治，中国共产党将民族区域自治作为解决国内民族问题的基本形式和基本政策。《中国人民政治协商会议共同纲领》中提出，"各少数民族聚居的地区，应实行民族的区域自治，按照民族聚居的人口多少和区域大小，分别建立各种民族自治机关。凡各民族杂居的地方及民族自治区内，各民族在当地政权机关中均应有相当名额的代表"。民族区域自治制度确定了民族教育政策基于群体身份实施以实现各民族之间事实上平等的价值取向。

虽然民族教育政策有很多职能和任务，但生成于民族政策框架内的民族教育政策实施的立足点和核心是马克思主义民族平等原则。这一原则并非与教育平等原则相背离，而是殊途同归，最终目的都是为了实现各民族成员能够在事实真正平等。美国心理学家罗克奇（Rokeach）在《人类价

---

① 中央民族学院民族研究所民族理论和民族政策教研室. 马克思恩格斯列宁斯大林民族问题著作选［Z］.［内部发行］, 1985：195.

② 孙军. 马克思主义民族理论中国化早期进程研究［D］. 北京：中央民族大学, 2011：41.

值观的本质》(*The Nature of Human Values*, 1973) 一书中把价值取向分为两大类: 终极价值和工具价值。终极价值指的是反映人们有关最终想要达到目标的信念; 工具价值则反映了人们对实现既定目标手段的看法。这一政策价值取向并不是赋予某些群体以特权身份来凌驾于或侵害其他群体或个体平等权利, 而是力图通过特殊政策达到和保障个体平等权利, 是实现终极价值的工具手段。

如何认识民族教育政策价值取向所涉及的实质与形式平等、个体与群体平等的问题呢? 下面, 本研究立足于马克思主义民族平等理论和中国实际对此进行阐释。

一、实质与形式平等①

马克思主义民族理论是实施民族政策的指导方针。首先, 它科学论述了民族平等。民族平等是指不同民族在社会生活和交往联系的相互关系中处在同等的地位, 具有同样的权利; 它是指各民族在社会生活各方面的地位、待遇和权益的平等。民族只有发展水平上的先进和落后之分, 并无优等与劣等之别, 各民族应该是一律平等的。马克思主义者始终把民族平等观作为观察和处理民族问题的根本原则。其次, 它的民族平等理论科学解释了机会平等与结果平等以及形式平等与事实平等之间的辩证关系。马克思主义认为, 民族间的不平等在生产资料所有制和阶级对立消灭后即会消失, 但民族间事实上的不平等作为社会的残余仍然会存在, 并有可能成为民族间新的冲突的根源; 民族间事实上的不平等一旦消失, 民族间的对抗和冲突就会消失。马克思主义还主张为各民族提供平等地获得各种政治、经济和文化发展的机会, 而且主张通过各种措施努力消除历史上遗留下来的或者是在竞争发展中形成的各民族间的差距, 把最终取得民族间事实上

---

① 参见中共中央马克思恩格斯列宁斯大林著作编译局. 马克思恩格斯选集: 第一卷 [M]. 北京: 人民出版社, 1995: 291-309; 中共中央马克思恩格斯列宁斯大林著作编译局. 马克思恩格斯全集: 第二十二卷 [M]. 北京: 人民出版社, 1965: 472.

的平等作为解决民族问题的根本目标。斯大林对此进一步谈道："我们已宣布了法律上的平等，并且在实现这种平等……但它毕竟同事实上的平等还相差得很远。"① 并认为，"俄罗斯苏维埃社会主义联邦共和国的民族问题的实质就是要消灭过去遗留下来的某些民族的事实上的落后性（经济的、政治的、文化的），使各落后民族有可能在政治、经济、文化各方面赶上俄国中部"②。

可见，马克思主义民族理论认为民族平等不只是在形式上的和法律上的平等，重要的是要实现事实上的平等。法律规定的权利平等是实现事实平等的前提，而要实现事实上的平等，需正视各民族客观存在的不平等，并通过提供种种条件以实现各民族事实上的平等。这在教育领域就表现为采取种种措施保证各民族平等享受教育资源以及实现教育机会均等。

二、个体与群体平等③

教育平等是指每个人都享有平等的受教育权利，不能以其出身、财富和宗教等原因被剥夺教育权利。而民族教育政策却要求在教育领域对特定群体予以特殊的照顾，这是否违背了教育平等？答案是否定的，因为民族教育政策虽是具有群体差异色彩的一项政策，但它是为了更好地落实平等原则而给予少数民族群体特殊规定。

平等原则作为一种价值规范，在实际实行中，为了达到事实上的平等，可能要违反形式上的平等。民族教育政策对特定群体施以一定的特殊条件，并不是要这一群体作为特殊的群体凌驾于其他群体，凌驾于平等的一般原则；恰恰相反，其制定是基于我国少数民族教育发展的历史性、现实性和文化特殊性所导致的少数民族与汉族在高等教育发展水平上客观存在的群体差异。它是为特定的群体提供优惠措施以补救其在公平竞争中所

---

① 斯大林全集：第五卷［M］. 北京：人民出版社，1957：200.
② 斯大林全集：第五卷［M］. 北京：人民出版社，1957：31.
③ 敖俊梅. 个体平等，抑或群体平等？［J］. 清华大学教育研究，2006（6）.

处的不利位置，是为了更好地实现平等的一般原则。正如罗尔斯在《正义论》中提出的"坚持公正平等的机会原则优先的前提下实施差别原则对弱势群体实行补偿，这会更好地实现公正平等的原则"①。一定限度内的差别对待是为了实现平等对待，这会涉及如何限定衡量差别的标准，若超过了一定的限度，差别对待会成为不平等。而且，这种举措具有一定的时效性。只要各少数民族教育发展到一定水平，这一补偿措施就会因失去其意义而消失。

从个体和群体的关系看，个体是群体的组成部分，个体自由和权利的实现，是不能离开群体而实现的。"文化与个人自由的关系说明恰当的群体权利的存在与个人自由的维护还可能是相辅相成的，个人的自由的实现其实有赖于其所属文化的保持。"② 群体之间的发展不均衡是客观存在的，要实现个体的平等，不能忽视群体间的差距；因为群体间较大的差距，会极大地影响个体平等的实现。在这种情况下，缩小群体间的差距，才能更好地、真正地实现个体的平等，才不会导致某群体至上或受歧视的情况出现。因此，个体平等和群体平等之间并不是对立的，在一定条件下二者是相辅相成的。

综上所述，民族教育政策是坚持了教育平等原则的。它是针对群体间客观存在的差异，立足于实现群体平等而实施的政策，最终目的是为了实现个体的平等。

---

① 罗尔斯. 正义论 [M]. 何怀宏，等，译. 北京：中国社会科学出版社，1988：288 – 292.

② Judith Baker . Group rights [M]. Toronto ；Buffalo ：University of Toronto Press，1994：34 – 58.

第三章　民族教育政策与文化分析

第一节　政策研究与社会理论的契合

随着工业时代的到来，社会问题愈加复杂，政策研究开始兴起。邓恩等人认为政策科学的发展主要是当代社会问题的复杂化以及为处理这些问题的政府组织开展的结果①。政策研究初期以量化分析为主导，追求政策制定的科学性和效率。第二次世界大战后，运筹学、经济学和管理科学等学科的方法进入政策研究领域，使得政策的方法呈现出多样化和跨学科的特点，但极少运用社会学等人文社会学科的方法进行分析。有学者基于对政策研究与政策分析的区分，将以往的政策分析归纳为广义的、次广义的和狭义的三种类型。一是对政策分析做最广义的理解，以那格尔和戴伊为代表，基本上是把政策分析等同于政策科学："政策科学是一个综合地运用各种知识和方法来研究政策系统和政策过程，探求公共政策的实质、原因和结果的学科，它的目的是提供政策相关知识，改善公共决策系统，提高公共政策质量。"② 二是对政策分析做次广义的理解，以夸德和邓恩为代表，把政策分析看作一门使用科学研究方法解决社会问题的应用性的社会学科。三是对政策分析做狭义的理解，以小麦克雷和巴顿为代表，认为政策分析主要是研究备选政策方案的评估和选择③。由此可见，以往这些政策分析和研究主要注重实际问题的解决，把政策的整个过程看作流程式或程序式或分段式，把政策简化为决策、执行和效果评价三段，力图寻找

①　陈振明. 政策科学——公共政策分析导论［M］. 北京：中国人民大学出版社，2003：6.
②　陈振明. 政策科学——公共政策分析导论［M］. 北京：中国人民大学出版社，2003：16.
③　刘复兴. 教育政策的价值分析［M］. 北京：教育科学出版社，2003：3.

提高政策制定、执行有效性的方法。

不能否认，这有助于改善政策实施和政策研究，但由于它是偏重理性主义的研究范式和技术主义的分析路径，不易发现政策的复杂性、丰富性和冲突性。政策绝不是仅仅发生于决策或实施中的哪一环节，或者如同系统论所言的，其执行、效果仅对政策改善其反馈交流信息具有作用。若就具体政策从其制定、实施过程看，它要经历问题建构、预测、建议、监控和评估等程序，但要把它作为分析、研究的对象，是无法把它从其所处的不断变动的环境中抽离出来的。虽然有时政策可能以一项决策的形式表现出来，却很难将政策视为一种具体的现象，或一个环节中的行为；而更多的是被认作一系列的决定或被看作一种价值取向。政策的制定并不意味着相关的利益需求、权力分配等被完全确定下来，这些是始终贯穿于、体现于政策实施过程中。因而政策内涵可以被理解为它不单是一项决定，而是"政府、政党、统治者、政治家和利益相关者等采取或追求的一系列行动：所采取的任何有价值的行动系列"①；它是一系列行为，从决策到执行，甚至其实施效果及对特定群体的影响。因为，政策并不是一种简单的自上而下的实施，而是一种过程，具有时空性，它是在不同的时空情境下历经不同价值取向选择、不同利益相关者在不同时间不同程度参与、不同场景下产生不同效应等过程，并在这过程中发生、形成和发挥作用。如果不把政策视为一个过程，运行于一定的社会环境中，就易将其事实与价值、目的与手段、文本与实践、结构与行为、应然与实然等割裂开来，导致政策研究中出现简约化、本质化的倾向。有些学者主张政策研究要从政策背景、政策实践情境及政策社会效果等多维度来研究（Stephen J. Ball, 1999；Catherine Marshall and Douglas Mitchell, 1989；Sandra J. Stein, 2004）。

个人和社会之间的关系或行动和社会结构之间的关系，是社会理论和社会哲学的一个核心问题。以往社会理论更为关注一系列制度安排的社会行动的意义，强调社会对个体的作用、社会结构对行动的影响，相对忽视

① 参见米切尔·黑尧. 现代国家的政策过程［M］. 赵成根，译. 北京：中国青年出版社，2004：6.

行为主体的主观能动性及行为选择。如帕森斯认为，"在一个社会体系的制度结构就是精神上准予的地位和角色的全体，这些地位和角色通过将人们'定位'在结构中，以及明确人们态度和行为的合法期望，从而管理人们相互之间的关系"①。在后现代主义理论以及人类学、语言学、文化理论等的影响下，现代社会学发展出意象结构（embodied structure）。社会结构内涵被阐释为制度结构②、关系结构③和意象结构④三个方面。社会结构是由人类的行动建构起来的，同时又是人类行动得以建构的条件和中介⑤。社会结构依靠着作为行动和执行媒介的人类的存在而存在，但社会结构不能概括为这些结构；行为不能从社会分析中消除。同时，个体的行动始终和必然地在它们出现的社会背景中组织起来。没有结构，就没有行动⑥。而意象结构是指在制度结构和关系结构所构成的场景中，人们的行动在日常生活中形成社会结构化特征；同时，人们在感知、反思规范和程序过程中构建知识、观念、经验和行为模式并发生作用，从而生产、再生产和改变社会结构及关系结构。它重新解释个体与社会之间的关系、行动与社会结构之间的关系，力图消除二元对立，体现行动者的主观能动性及其作用。这使得以社会理论分析、解释和反思政策成为可能和必须。

如以上所言，社会理论能够在以往偏重理性主义的政策研究范式之外提供新的视角，丰富政策研究理论，拓展政策分析路径。社会理论将政策

① Parsons T. Propaganda and social control [M]. in T. Parsons, Essays in sociological theory. Second Edition. New York, NY: The Free Press, 1954.

② 制度结构被看作由那些定义人们行为期望的文化或规范模式所组成，通过这些期望，行动者能把握彼此的行为并且组织起相互之间的持久关系。参见杰西·洛佩兹，约翰·斯科特. 社会结构 [M]. 允春喜，译. 长春：吉林人民出版社，2007：4.

③ 关系结构被看作由社会关系自身所组成，也就是理解为行动者和他们的行动之间的因果联系和相互独立性以及他们所占据位置的模式。参见杰西·洛佩兹，约翰·斯科特. 社会结构 [M]. 允春喜，译. 长春：吉林人民出版社，2007：4.

④ 意象结构铭刻于人类身体和思想中的习惯和技能中，这些习惯和技能使人们生产、再生产和改变制度结构及关系结构成为可能。不同学者从不同方面阐释了意象结构。参见杰西·洛佩兹，约翰·斯科特. 社会结构 [M]. 允春喜，译. 长春：吉林人民出版社，2007：4.

⑤ 安东尼·吉登斯. 社会的构成：结构化理论大纲 [M]. 李康，李猛，译. 北京：生活·读书·新知三联书店，1998：28.

⑥ Archer, M S. Realist social theory: The morphogenetic approach [M]. Cambridge: Cambridge University Press, 1995.

纳入社会发展历史脉络中进行分析和解释，有助于阐明其整体性、阐释其复杂性和揭示各种冲突。政策作为社会事实，它是一种政策过程，是一种社会过程①。它是指一项政策在社会变迁过程中的运行逻辑变化，以及在此背景下一系列相关行为者以决策、再制定、重新解释和参与等微观行为介入政策实施过程中从而导致政策变迁、目标达成与工具手段等变化的过程。首先，政策处于一个动态社会中。政策是在特定时期为实现特定目标、解决一定问题、协调不同群体之间利益等而制定的行为规范。它发生与运作于特定社会环境，不能脱离其形成、运行的特定社会脉络和文化背景；同时，政策作为一种社会力量对社会个体行为发挥约束作用。因而，"将外部环境更好地理解为塑造内在决策过程的价值、信仰和假设的镜子或者投射器，可能是恰当的。在任何政策过程中影响行动的一系列障碍或要素，贯穿着整个政策过程。社会变迁是一个动态的过程，在这个动态过程中，结构影响着行动，而同时又由行动加以改变。政策过程在社会变迁的动态过程中，一直发挥着重要的作用"②。其次，政策是通过确立博弈的规则来使得不同利益相关主体行为连续性互动并塑造社会关系的过程，这也是重构政策的过程。作为一种过程，其必然发生和历经于充满博弈行为的不同社会空间和日常场景中。在不同场域中，相关主体因其所处的社会层级和社会位置不同而获得政策相关信息多寡不一，各自在日常生活中形成对政策及对政策所指向物的知识体系和观念感知；并遵循和利用规则与程序，基于其利益需求和所用的资本选择行为模式或采取不同方式以进入或介于其中来谋求最大的利益；从而能够在规范约束下又作用于政策实践。可以说，政策相关主体"在受制约中创造了一个制约他们的世界"③。再次，政策是生产与再生产的过程。政策后果不能简单地以文本或指标项来解读，而是以协调与解决现实问题的程度来衡量；政策实施既会带来直

---

① 社会过程内涵被界定为：一是纵向动态关系，即社会组织和文化模式的变化演绎；二是横向动态关系，即人与人之间、团体与团体之间发生关系的活动方式。

② 米切尔·黑尧. 现代国家的政策过程 [M]. 赵成根，译. 北京：中国青年出版社，2004：58.

③ 杨善华. 当代西方社会学理论 [M]. 北京：北京大学出版社，1999：222-223.

接的、显性的结果，也会产生间接的、隐性的效果。政策作为现实和潜在利益的分配，它是对一定利益关系的协调和确定或维持一定的社会秩序。为此，它通过规定其实施条件和程序或资格身份等来确定协调内容或协调范围的边界；塑造与此相关事务或群体等事宜特有的行为惯习和逻辑，使之成为潜在的再生产机制，生产和再生产社会位置及社会关系。它一般是通过构建外在集体表象如话语体系、符号象征等方式来进行。

　　基于上述理解，面对政策研究的多重复杂性，要寻找简化复杂情形的方法，就需要预设分析框架。根据研究对象的特性、对国内外相关理论的总结，以及自己研究的需要，本研究构建和选择文化分析作为预设分析框架。

第二节　民族教育政策与文化分析范式

　　当前，中国民族教育政策研究一般采用政策理论和分析技术。正如前面所述，它不可避免地会遇到偏重理性主义的研究范式和技术主义分析所带来的不足。而民族教育政策不同于其他社会规范，具有其特殊性。因民族教育政策涉及教育领域中不同民族的权利，它所涉及的不仅是教育资源在不同民族之间的制度化分配，也关涉通过身份资格、文化选择、知识生产等合法性途径如何来进行社会整合，以确立（或维护）一种社会秩序和社会关系，从而强化现实国家凝聚力和达到或实现构建理想型社会形态的目标。因而，民族教育政策与其相关制度设计即使包含有平衡理想价值和现实价值的考量，也必然是基于强烈的政治理念和意识形态。可以说，文化是民族教育政策变动中价值取向的来源，民族教育政策也是传递某种观念和取向的最有效的途径，是构造文化的重要机制。

　　鉴于民族教育政策的这一特性，文化分析成为适当的分析工具选择。文化分析基于将文化界定为观念层面而推衍出的探究政策价值取向发展变化的轨迹，能够探究和揭示政策背后潜藏的利益冲突、权力转移、资源配置方式、身份塑造以及文化冲撞等矛盾和冲突，乃至其实施对社会关系和社会秩序所带来的影响。

一、文化内涵

目前，文化研究成为当代学术研究的热潮之一，它在不同层面得到探讨。广义的文化研究一般是指凡是以文化问题为研究对象的理论阐述，无论是源自某一学科还是某一思想流派，都是文化研究的组成部分。狭义的文化研究指的是以英国伯明翰大学的当代文化研究中心为源头的文化研究。20世纪70年代以来，不同形式的文化研究传统综合了社会理论、文化批判、史学、哲学分析以及政治分析等领域中的有用成分，形成了形形色色的文化理论……①不同文化理论对文化形成不同的看法，因此，文化也是当今最难界定的概念之一。

文化概念似乎是一个筐，你装什么都可以——可以是观念和意识形态、日常生活实践和生活经验、精致的生活和固定的生活方式，也可以是阳春白雪和下里巴人、大众文化和小众文化等②。不同的理论从不同视角给予它不同的内涵界定。人类学家视野中的文化，是指整体生活方式，或个体在社会中生存必须了解的知识，或是可以由个体在社会中习得并传承下去的事物。社会学虽然与人类学一样，都认为文化是人类群体或社会的共享成果，这些共有产物不仅仅包括价值观、语言、知识，而且包括物质对象。但社会学还认为社会是指共享文化的人的相互交流，而文化指这种交流的产物。社会学家对文化的研究主要是将文化作为一个整体来分析考虑，涉及的主要问题是确定其主流价值观和标准，观察文化是如何在社会行为中得到体现的……③因此，可以说社会学是把文化作为提供社会角色

---

① 参见萧俊明. 文化转向的由来 [M]. 北京：社会科学文献出版社，2004：24 – 26.
② 戴维·英格利斯. 文化与日常生活 [M]. 张秋月，周雷亚，译. 北京：中央编译出版社，2010：4.
③ 戴维·波普诺. 社会学 [M]. 10版. 李强，等，译. 北京：中国人民大学出版社，2001：63，73.

行动的价值和规范①。文化学中对文化的论述分为广义和狭义两种。广义的文化指物质、制度和精神等所有的人为事物，并认为物质文化、制度文化与精神文化之间是不断转换的，而制度文化是二者的中介。狭义的文化是指精神层面②。而狭义的文化研究把文化从经济、政治的附属物地位解放出来。然而，有的学者认为文化是认知方式或知识或文本的东西，也有的学派把文化作为一个独立的精神，一旦产生就成了世界的灵魂，并成了一切的根源，如符号论学派。

综上所述，无论人们怎样从不同的学科定义文化，任何文化的研究、分析都无法绕开文化的观念层面，因为观念是文化的核心。文化"既不是社会，又不是集体，也不是移动的物体。它们也不是那种在不可见意义上的灵魂或精神，这种力量存在于行为规范的背后，并决定着它们。……而基本观念是文化核心"③。因而，本研究对文化的界定并不是传统意义上的含义，即整个生活模式，而是界定为自 20 世纪 50 年代许多人类学和文化学者所欣赏的"观念的文化概念"，它所关注的是推动政策系统的参与者及方式所具有的文化观点和文化意义④。"观念的文化概念"认为文化本身是由某种知识、规范、行为准则、价值观等人们精神或观念中的存在所构成。文化影响并形塑人们的行为，但文化并不就是人们的行为本身；文化外化为种种社会秩序，但文化本身并不构成各种秩序；文化对象化、物化或者说彰显在人所创造的各种器物、社会组织机构之上，但文化概念所涵指的对象性并不就是各种人造器物和社会组织机构⑤。"文化含义的结构筑成了所有行为体系的基础。"⑥ 这就是说，文化由较普通的价值观

---

① 参见约翰·R. 霍尔，玛丽·乔·尼茨. 文化：社会学的视野 [M]. 周晓虹，徐彬，译. 北京：商务印书馆，2001：14 – 41.

② 参见萧扬. 文化学导论 [M]. 石家庄：河北教育出版社，1989：68 – 107.

③ 菲利普·巴格比. 文化：历史的投影——比较文明研究 [M]. 夏克，等，译. 上海：上海人民出版社，1987：140.

④ 参见 Catherine Marshall, Douglas Mitchell, Frederick Wirt. Culture and education policy in the American States [M]. New York：Falmer Press, 1989：4.

⑤ 萧俊明. 文化转向的由来 [M]. 北京：社会科学文献出版社，2004：15.

⑥ 塔尔科特·帕森斯. 社会行动的结构 [M]. 张明德，夏遇南，彭刚，译. 南京：译林出版社，2012：1963.

组成，由此产生具体的行为规范，这些规范反过来指导人们，以期产生与更为宽泛的社会结构的"需要"相协调的方式行动①。当然，这种协调方式并不是简单的"驯服"。

二、政策文化分析范式

政策文化分析范式假设，政策从制定到实施是一个观念流转过程，该过程生产出主导性的政策文化。这一过程及结果是政策制定、实施当中潜藏着、发生的各种需求、博弈和妥协等矛盾和冲突的表现，并作为具有导向性、普遍性的价值取向在日常生活中转化为话语体系、符号象征、行为规范、制度程序等作用于人们的观念倾向和行为选择，从而形成对政策实施绩效、政策所指向的事物或群体等的直接或间接影响，甚至直接关涉社会关系与秩序。

政策文化范式主要由以下几部分构成：首先，关注关于某事物、事件和某一议题的意识形态如何进入政策制定和制度层面，并作为观念层面的文化通过机制和政策参与者被制度化为社会规范进入实践层面。它旨在获得关于文化如何被整合进政策体系成为政策的一般规律，即探究文化通过哪些方式、怎样影响政策的取向、选择和内容，并寻求文化价值转变为政策行动的具有可操作性方式，即如何通过行为的、书面的或非书面的符号表现出来；以获得理解政策行动的模式。同时，它认为，由于社会处于动态发展中，因社会变迁带来的改革、创新和重新建构而出现的新的政策价值选择，会马上变为价值背景和历史关系中的一部分，这种变化必然为政策实施带来新的挑战。

前面提到，民族教育政策必然基于一定的政治理念和意识形态。针对特定群体的政策是立足于对该群体及其权利的认识和定位，但其根本还在于意识形态，它决定了少数民族群体及其权利如何被确认和定位。在一个

---

① 戴维·英格利斯. 文化与日常生活［M］. 张秋月，周雷亚，译. 北京：中央编译出版社，2009：20.

多民族的国家，如何看待和处理少数民族关系的观点沉淀为社会文化的重要组成部分，形成特定的惯性。"像管理者职位、执行机构、政党制度等这些文化发展阶段中的设置是由政策参与者基于对文化以前和现在的理解所建构的"①，文化通过机制影响政策，因为这些机制是文化的产物；也就是文化要通过机制和政策参与者被制度化为社会规范②，从而进入到实践层面。具体表现为，政策参与者的社会化是在他们所处的文化中实现的，因此，它束缚着政策参与者们的行为和限定着他们的信仰。当政策参与者作为社会精英制定教育政策时，凭借他们所获得的权力和权威，他们在关注问题、进行政策选择、抉择政策实施形式、确定政策条文内容等方面采用在他们所处文化中被认为重要的价值取向，并将其整合到教育政策中，成为政策的指导取向，从而进入实践运行层面。同时，其采取的宣言和组织方式，提供的形式和途径形成政策文化的基点。"政策是一种观念，贯穿于我们筹划生活的所有方法之中：应用于公共生活的广泛参与之中，应用于他们尝试着塑造一种组织公共生活的方法之中。""政策是一种给思想贴上标签的方式，也就是我们理解世界是什么和世界应该是什么的方式，以及证明实践和组织安排的正当性的方式，这其中还包括那些统治过程中寻求通过政策来表达利害关系的人，政策也是证明他们的正当性的一种方式。"③ 中国民族教育政策以平等为主导，它是马克思主义民族理论与中国实际相结合的产物，这就要探究这一平等取向是如何在特定文化背景中形成、被阐释和被什么样的机制实施等。因为该平等取向的形成、被阐释和实施首先要坚持马克思主义民族理论的主导，而且要基于中国历史形成的民族现状，还要能够为社会所普遍认可和支持，即要取得合理性；因此，作为一项政策的取向，它要融合甚至要融进中国历史文化中形成的民族观、处理民族事务的方式以及民族教育功能定位等观念。

---

① Catherine Marshall, Douglas Mitchell, Frederick Wirt. Culture and education policy in the American States [M]. New York：Falmer Press, 1989：5.

② H. K. 科尔巴齐. 政策 [M]. 张毅，韩志明，译. 长春：吉林人民出版社, 2005：1, 10.

③ H. K. 科尔巴齐. 政策 [M]. 张毅，韩志明，译. 长春：吉林人民出版社, 2005：1, 10.

"文化是人为的，文化是为人的"①，这句话形象地概括了文化与社会经济条件的关系。文化是源于人类的需要，人类的需要包括个体的最基本的普遍需要和社会的高度精细的专门需要两大类②。这种需要的变动和满足最终取决于经济基础，即生产方式和生产关系。经济发展不断推动文化变化、新观念的构建，因而在社会的不同发展时期，社会上主导的文化发生变化，人们对一些观念的理解和解释也会随之变化；同时，文化也在反作用于经济基础。文化先以观念形态通过已有的社会制度进入政策规范层面，再逐渐改变现有的社会制度以适应经济发展变化的需要；这些会使得政策取向落实的倾向性、具体形式和途径等发生变化。民族教育政策自新中国成立起实施至今，不断持续发展。不同时期的社会发展变化必然带来对民族教育政策平等取向的不同解读，影响它的实施。

其次，政策实施过程是生产政策文化的一个过程。政策是传递某种观念和价值取向的最有效途径，也是构造社会文化的重要机制。它要探讨的是政策参与者、利益相关者的活动是如何介入政策实施当中，又是如何作用于政策来实现其不同要求的。这主要表现为两方面：一方面，政策本身在传递和构建社会文化。政策制定与实施过程也是一个国家推行与此相适应的观念、范畴等的社会过程，这一过程推动社会按照政府所期望的维度和方式来理解政策问题、政策目标和政策内容，使社会能够认可政府的教育资源的分配比例、分配方式和提供形式等。另一方面，文化能够进入政策层面，是与政策参与者的行为分不开的。不仅社会的主流文化能够通过政策参与者进入政策制度层面，处于非主流的文化也能够进入政策层面，它也是通过政策参与者的行为进入的。二者不同在于：前者主要是通过政策制定过程进入的，而后者主要是通过对政策运行过程施加影响进入的。

现代社会存在着不同的群体和组织，他们在社会中处于不同的地位、不同的阶层，同时，基于资源争夺、利益纷争等源于自身的存在和发展的

---

① 费孝通. 中华民族的多元一体格局（修订本）[M]. 北京：中央民族大学出版社，1999.
② 黄淑娉，龚佩华. 文化人类学理论方法研究 [M]. 广州：广东高等教育出版社，1998：114.

需要，他们之间要进行各种各样的社会活动和交往，塑造各自在利益关系中的位置和作用，并在这一过程中，形成属于群体和组织的特定文化。正如前面所提到的，政策参与者是在他们所处的文化中实现社会化的，他们所属群体、组织的文化对政策参与者理解和解释政策取向是有重大影响的。在政策过程中，不同个体通过身份——角色中间环节①介入进来。不同个体在社会和群体中占据一定的地位，它具有多种角色，其行为也会表现出多样性。作为政策参与者一方面要遵从甚至推行社会主导的价值取向，另一方面他们又不可避免地用在自己所属文化中形成的方式或视角对政策取向进行解读，但往往转化为社会普遍接受的方式来表达自己的立场。因为政策是对利益的一种协调和分配，在政策制定过程中，他们希望代表他们利益的观念能够成为政策的价值取向，能够进入政策规范层面，被宣传、实践，成为主导的取向，从而通过这种制度化行为保障其利益的实现。而在政策运行过程中，不同群体和组织成员在规范许可的范围内或根据自己所获得的权限，从其自身的立场出发，对政策进行重新解释或者采取相应的策略行为来争取自己的利益或者抗拒对自己不利的方面。民族教育政策平等取向的实现过程也是政策相关者的行为过程，他们的看法和行为是影响民族教育政策平等取向实现的重要因素。要确保民族教育政策平等取向，就要了解政策相关者的看法和态度如何转化为他们在政策运行中的策略行为。而文化分析范式为揭开这一过程提供了良好的视角。

最后，政策文化所带来的普遍观念在不同场域中具体化为语言、仪式和习惯，从而使其日常化，形成社会民众中关于该政策和政策目标群体的具体认知、态度和看法等。教育政策实施结果所构建的文化通过语言和仪式等形式阻碍着人们对政策及其问题的理解，同时又为解决相关问题提供途径。政策文化分析探讨教育政策文化如何从政府社会问题与解决方法建构的预设开始，并与为实施政策而安排的制度设置相互作用而形成，即政府机构和组织从界定问题、确定提供服务形式、确认目标群体身份资格到实施过程中政策参与者在对这些的重新定位过程中形成的由一系列态度和

---

① 参见韦森. 文化与制序［M］. 上海：上海人民出版社，2003：42.

认识等交织而成的主导型的政策文化，这种文化影响着教育政策的实施结果、人们对目标群体的定位以及对目标群体生活的影响等方面。而目标群体在学校教育中以日常语言、仪式等形式来顺从和抵制这种教育政策的文化①。萨德拉·J. 斯坦的研究关注政策所产生的文化。他认为，教育政策文化关注的是由政策塑造的日常语言、仪式和制度惯习（institution habit）；实践中政策的象征、语言和日常事务逐渐形成文化表现（cultural manifestations），问题在于政策采取的促进措施如何看待个体和怎样提供帮助组织他们的生活；并在此基础上进一步追问：那些提供服务的人如何看待享受政策规定给予帮助的人的资格条件？根据相关的政策条文规定，制度组织提供了什么样的帮助？哪些人具备接受政策提供的帮助所要求的资格条件，哪些人不具备，二者是如何被区别开来的？政策条文如何提出和建构关于政策受益者的偏见？政策推动产生的身份指的是什么，是"福利母亲"（welfare mother），还是"接受资助的学生"（Title I student）？② 斯氏的研究结论认为，平等取向的教育政策在其建构和执行过程中最终突破了这种政策文化。而民族教育政策是为改善特定群体教育状况而实施的，它的内容包含着对该群体的界定、政策实施的途径和方式等，这些影响着该群体成员的社会形象以及他们的选择和行为；同时，这些也影响着社会群体关系的和谐。民族教育政策平等取向的实现离不开目标群体的行为。因此，目标群体对该政策的理解以及相应的选择和行为如何是政策实施中的重中之重。

由政策文化分析范式内容阐述可知，政策文化分析范式较适合分析价值指向性强烈、面向特定社会群体的政策。它强调将政策置于社会框架中，尤为强调政策实施过程及结果对政策绩效及相关群体的影响。它基于将文化界定为观念层面而推衍出探究教育政策价值取向发展变化的范式，其分析逻辑为：政策价值取向如何由文化进入政策规范层面，在政策运行

---

① 参见 Sandra J. Stein. The culture of education policy ［M］. New York ：Teachers College Press，2004：1 - 25.

② Sandra J. Stein. The culture of education policy ［M］. New York ：Teachers College Press，2004：130 - 144.

中又不断变化，并在此过程中形成主导文化影响人们的认识和反应（见图
3－1）。

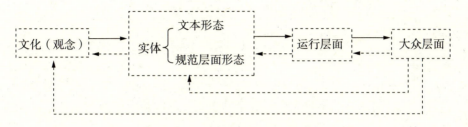

图3－1　教育政策文化分析范式

第四章　研究方法论及方法

　　研究方法是否科学、适宜，直接影响到研究以及研究结论是否具有可信性。因为研究方法不仅是资料收集的主要工具，也是组织研究活动逻辑的途径，更重要的是它体现了研究者的立场，即支撑着研究的方式或范式。"在政策分析中，方法论占主导地位。"① 民族教育政策研究同样不能避开研究方法的问题。

第一节　政策研究方法论概述

　　自20世纪50年代以来，拉斯威尔（Harold D. Lasswell）倡导的政策科学理论成为政策研究的主要范式，它是以实证主义为认识论基础、以科学合理性为方法论基石、以政策过程阶段论为主流分析方法的政策分析途径。但从70年代末起，它就不断受到质疑和批评，特别是90年代以来，关于政策研究的范式、方法和途径不断涌现，多元纷呈。因此，量的研究在政策研究中一直占据主导地位，而质的研究范式在政策研究中运用得较少；但从20世纪80年代以来，越来越多的学者开始运用质性研究范式研究政策，尤其是在教育政策研究方面。

　　如果就政策程序而言，教育政策与其他政策的制定、执行相比较，似乎没有特殊性，但教育的本质、功能等方面的特殊性决定了教育政策与其他政策是不同的。首先，教育本质是追求人的自我发展和完善，这决定了教育政策不仅是要解决实际教育问题，为社会提供合格的劳动者，也要强

―――――――――――――

① 刘复兴. 教育政策的价值分析 ［M］. 北京：教育科学出版社，2003：3.

调追求精神教育的目的，最终目的要达到受教育个体的自我实现，从政策层面上说，要保证教育个体自我实现，就要求教育政策遵循平等、公平的原则。其次，教育的功能不仅是培养合格的劳动者，也要培养合格的公民；教育政策是国家意志的体现，它能够传播政治意识和精神，因此，教育政策是实现个体社会化的总则。最后，教育活动的影响不是短暂的，而是长久的。无论成败，教育政策执行结果影响的范围不仅是教育领域，还可能会涉及整个社会，影响的时间不会是短期而有可能波及几代人，也有可能改变或塑造一定时期的对某一事物或事件的看法和认识。

除了以人为本特征外，教育还具有文化性特征。从教育的内容看，教育是传承文化的载体。不同时期选择文化内容的导向是不同的；教育政策在一定意义上是对文化选择进行合法化的机制，在不同时期它的导向会发生变化。

"教育政策在调整社会关系与进行利益分配方面具有不同于一般公共政策的特征。由于教育价值是通过人（即教育政策的利益主体）的发展而体现出来的，因此教育价值的实现不仅取决于外部条件，同时还取决于受教育者个人的才能和努力，是才能与机会、努力与报偿相统一的过程。这一特征使它显然不同于一般的经济、政治或文化政策。"[①] 因此，教育政策会更多地涉及个体的观念选择、行为形成和成长历程等主观能动性的方面；而这些并不是政策科学研究方法论和分析技术所能完全揭示的。

一般而言，量的研究被认为是采用自然科学研究模式，运用变量设置、统计分析等数学工具收集、研究资料，检验某些假设的研究方法。它被认为适合宏观层面的大规模调查和预测，能够提供社会现象的总体情况，资料客观可靠；但它又被认为分析僵化、缺乏对研究过程变化的把握。质的研究是以研究者本人作为研究工具，在自然情境下采用多种资料收集方法对社会现象进行整体性探究，使用归纳法分析资料和形成理论，通过与研究对象互动对其行为和意义建构获得解释性理解的一种活动[②]。它被认为适合微观层面对个别事物或特殊现象进行分析，重视对研究过程

①　刘复兴. 教育政策的价值分析［M］. 北京：教育科学出版社，2003：101.
②　陈向明. 质的研究方法与社会科学研究［M］. 北京：教育科学出版社，2003：12.

和结果的反思，能够提供生动、翔实的、动态的描述；但它被认为存在缺乏普适性，不具有推广性，无法确保效度和信度等不足。

政策科学的研究是基于实证主义范式，因此，以往政策研究一直强调和运用量的研究方法。不可否认，量的研究方法在政策研究中发挥着重要作用，但也存在一些问题需要反思和解决。政策研究运用量的研究固然有其自身的优势，但也有其局限性，"而质的研究恰好能够弥补量的研究的不足之处"①。

首先，量的研究能够提供关于事实的客观数据，但因服务于预先的假设，它会局限在一定的活动范围内，调查的数据偏向于书面的和文本的，而排斥行为和态度。其次，量的研究很难发展政策相关理论，因为它将理论看作需被检测的理论而不是资料。再次，由于所要收集的资料被提前详细指定，量的研究不可能察觉和表现变化，从而使收集到的资料缺乏关于这一变化的条件和环境的信息；量的研究更为关注源自统计相互关系的事实因果解释，但是不能处理行动的社会意义。最后，量的研究可以以概括化的形式记载政策和行为的结果，却不能说明产生这些结果的过程。

然而从质的研究方面而言，首先，质的研究具有弹性，在自然环境中研究社会生活，不仅关注结果，还关注过程，并反映参与者的想法和态度；它适合研究一定时间内的现实和政策执行的变化过程。其次，质的研究通过获得了解社会的第一手资料，能够对复杂社会进行详细的描写和解释，强调资料的三角互证（triangulation of data），注重在研究中发展理论。詹姆斯（James）认为，"民族志的写作能够为政策研究提供视角、洞察力和可理解的描述"②。再次，质的研究通过提供详细的描述，能够帮助阐明社会政策对目标群体的影响，也有助于反过来评价政策决定中潜在的假设。最后，质的研究注重微观的、个案式的研究，但在教育政策分析中运用质的研究方法，就要求在一个完整的时间段内、在一个整体脉络中进

---

① Janet Finch. Research and policy：The uses of qualitative methods in social and educational research [M]. London；Philadephia：Falmer Press，1986：159.

② Janet Finch. Research and policy：The uses of qualitative methods in social and educational research [M]. London；Philadephia：Falmer Press，1986：162.

行，因此，经常会涉及一个组织和特别的社会环境。当然，政策研究运用质的研究方法也存在着一些不足，如缺乏推广性等。

由此可见，没有任何研究方法是完美无缺的，但研究方法之间也不是水火不容的。采用何种研究方法的关键在于它是否与研究问题、研究者的研究目的相适宜。在这样的前提下，根据研究问题、研究者收集资料的需要，可以使用不同的研究方法，各展其长，互补其短。尤其是本研究既要分析政策结果，又要分析政策过程，就需要在研究中能够将定性分析和定量分析有机结合。正如一位学者所提到的，"政策过程研究可能是案例研究，所使用的主要是定性方法。定量方法则主要用于分析政策结果，而对政策后果的分析又可以用来推演政策过程。这里的理想可能是将对政策过程的定性分析与对政策后果的定量分析，以一定的方式结合起来"①。

第二节　具体研究方法的抉择

政策不仅是政府的行为，也是所涉及的不同层级政策实施机构及政策参与者理解政策问题和解释政策的过程。可见，政策有两个维度，一个是"垂直的"，即政府实施政策的自上而下的组织机制；另一个是"水平的"，指的是政策参与者对政策的理解和解释所形成的"行动的构建过程"②。对于明确了价值取向的政策而言，它在这样复杂的过程中是否、如何能够贯彻其所秉承的理念呢？以往对政策实施结果，我们一般都是将目光锁定在统计数字上，很少考虑到政策对目标群体的影响以及目标群体对这一政策的看法——这些是不可能从公布的公文和数据中看到的。

本研究要研究的对象是具有平等取向的民族教育政策，要探究其取向形成、运行及其结果，而这些是处于隐性场景中的权力角逐、利益博弈、

---

① 米切尔·黑尧. 现代国家的政策过程 [M]. 赵成根, 译. 北京: 中国青年出版社, 2004: 22.

② 参见 H. K. 科尔巴齐. 政策 [M]. 张毅, 韩志明, 译. 长春: 吉林人民出版社, 2005: 32.

身份资格和认同等微妙活动和关系中。若要把握它，必须将研究置于具体的场景中。因此，本研究选取预科教育政策实施行为发生、进行的最为典型的地点为场域进行研究；并力图将量的研究和质的研究有机相结合进行探究，因为本研究不仅涉及政策参与者的行为及其取向、政策文本内容分析等，还涉及政策实施结果分析，而政策结果分析必然要用到量的研究方法。为此，基于收集、分析资料的需要，本研究采用以下几种研究方法。

一、文献分析法

本研究收集了国家层面关于预科、民族班教育政策的法规、条例、规定、会议报告等以及 W 院校层面与预科、民族班教育相关的规定和教学管理、招生总结等文件，共 310 份。其中，国家层面的预科教育政策文件一部分来自国家公布的，一部分来自 W 院校档案室存档文件。学校层面的文件主要分为两部分，第一部分是关于预科招生行为的相关文件、信函等存档资料，第二部分是预科班教育教学考核、教材使用和管理规范等方面的存档资料。第一部分主要由三方面内容构成：一是学校关于预科教育招生的实施行为的资料，如学校关于预科招生的规划、招生简章、请示及历年的招生总结；二是上级关于招生具体实施的规范性文件、批示以及传达其他部门和相关群体的意见；三是各省（区、市）政府、招生办、民委和人们就预科教育招生方面的建议、要求等，以及学校与其他相关部门、群体协商互动的信函。第二部分包括两部分：一是国家关于预科教育、管理方面下发的文件，相关文件数量并不多；二是学校层面的各项教学、管理等方面的规定。从收集资料的年份看，国家层面的相关文件涵盖从 1950年到 2006 年，学校层面的是从 1950 年到 2000 年，且不同年份的资料构成比重不同，其中，八九十年代的资料所占比重最大，其他年份所占的比重从大到小依次为 2000 年以及以后的、70 年代的、60 年代和 50 年代的资料。为了使资料更全面和具有对照性，除了主要收集 W 院校的存档资料外，同时还收集以 K 区为主的其他省份颁布的预科教育相关文件资料。

本研究对文件内容进行分析的目的在于两个方面：一是通过分析国家

政府不同时期关于预科教育政策条文规定以勾勒其发展变化的轨迹；二是透过学校层面中各相关政策参与者的行为，揭示他们如何立足于自己的利益等方面的立场以及所形成的取向，来对预科教育进行理解和不断解释。

二、问卷法

问卷调查是以书面提出问题的方式搜集资料的一种方法[①]。文献资料更多的是反映了政府、学者等的声音和想法，缺少人们尤其是少数民族群体关于民族教育政策的态度和看法，无法明了他们的态度是否具有年龄、阶层、身份和生活环境地域等方面的差异。而要把握政策的文化如何微妙地作用于人们、影响着他们的教育选择，需要获知他们的想法，明确他们的观点是什么，且不同时期是否有变化，有什么样的变化。为此，本研究运用问卷调查的目的是获得预科教育政策的目标群体对预科教育政策的了解程度和看法的信息，并为以后进一步深入调查，即访谈等奠定基础。

问卷内容主要采用封闭式问题，并设置几道开放式问题。问卷共发放300份，分两次发放：第一次是2003年，发放80份，第二次是2005年，发放220份。问卷发放对象主要为W院校的预科生，还有少量发放给K区某所高等院校的预科生。第一次发放回收率为100%，第二次发放回收率为96%。对问卷的结果采用SPSS统计软件进行分析。

三、访谈法

访谈就是研究者"寻访""访问"被研究者并且与其进行"交谈"和"询问"的一种活动。访谈是一种研究性交谈，是研究者通过口头谈话的方式从被研究者那里收集（或者说"建构"）第一手资料的一种研究方法[②]。在访谈过程中，访谈者主导整个访谈方向，并根据需要，对被访者

---

① 裴娣娜. 教育研究方法导论［M］. 合肥：安徽教育出版社，2002：167.
② 陈向明. 质的研究方法与社会科学研究［M］. 北京：教育科学出版社，2003：165.

就相关议题进行追问。

本研究采用访谈法主要有两个目的：一是为了与关于预科教育政策实施、执行文本分析结果相印证，对预科教育政策参与者进行访谈。但这部分的访谈资料因尊重访谈者的意愿，并没有在本书中呈现。二是为了获得预科教育政策对预科教育、目标群体影响的第一手资料，如预科学生对预科教育政策的看法以及他们在预科教育阶段的行为和表现，预科领导人员、教师、学校领导以及非预科生等不同人对预科教育和预科生的态度及看法等。

四、非参与观察法

非参与观察是指不要求观察者直接进入被研究者的日常活动。观察者通常置身于被观察的世界之外，作为旁观者了解事情的发展动态。本研究采用非参与观察法是为了了解预科生的日常生活的安排、上课状态等行为，以再现和了解预科生在预科教育活动中的行为。

五、个案法

一般而言，个案研究是针对单独的个人、群体或社会所进行的案例式考察①，是对单一的研究对象进行深入而具体的研究的方法。通过个案研究，不仅可把握个别对象具体的情况，也可以揭示出同类事物的一般规律。我们不能否认，在面对庞大的、复杂的研究对象时，需要选取具有代表性的典型对象进行分析。然而，一般认为个案研究的不足之处在于其研究成果不易推广，但其研究成果能否被推广，取决于我们如何运用这一方法。本研究之所以选取 W 院校作为探究民族教育政策平等取向演绎变化的场所，因为它是最具代表性的；并且，在研究时将其置于社会发展脉络中，在分析资料时注意与其他场所中获得的资料进行比较分析。

---

① 艾尔·巴比. 社会研究方法 [M]. 邱泽奇，译. 北京：华夏出版社，2000：357.

六、统计分析

本研究通过对预科教育政策受益群体的状况进行量化分析，以了解预科教育政策实施的结果，把握不同时期它会呈现什么样的变化。为此，本研究根据受益群体的属性，设立了指标项进行分析。

本研究主要采用了文本分析、问卷调查、访谈等多种方法来收集资料，但在运用这些研究方法时，注意交叉使用。如为获得较为全面的关于预科教育政策运行过程中相关主体的行为和表现的资料，同时采用了文本分析和访谈法，以相互补充、相互印证。

第三节　研究场域

一、研究场域的选择

目前，承办预科教育的实体主要有三个：一是民族院校，二是民办院校，三是预科教育基地。其中，前者一直是承办预科教育的主要实体，但最近有些萎缩；后两者是在 2000 年以后开始承办预科教育，但发展势头比较强劲。本研究要探究以平等为取向的民族教育政策在实践中是否、如何贯彻它所秉承的理念以及它对其目标群体的影响是什么，这必然需要了解预科教育政策的运行过程和实施结果，而这个过程和结果是相对微妙和隐性的，必须在一个具体的具有代表性的场景中才能将其勾勒得很清楚，为此，本研究选择了一所民族院校——W 院校作为探究预科教育政策的场域。下面，笔者从民族院校和 W 院校两个方面论述选择 W 院校作为研究场域的依据。

（一）民族院校的特点

之所以选择民族院校作为研究场域，是因为民族院校一直是具体落实民族教育政策尤其是民族高等教育政策相关规定的实体，这是民族院校从其建立就被赋予的使命。中国是多民族国家，共有 55 个少数民族，大多居住在西部和边疆地区。中国民族问题是复杂的、长期的、敏感的，因为它是多种问题交织于一身的：历史问题与现实问题的交织、经济问题与政治问题的交织、民族问题与宗教问题的交织、国内问题与国际问题的交织。民族教育问题是民族问题的重要组成部分，也是解决民族问题的一个重要途径。因此，1950 年 11 月 24 日，政务院第 60 次会议批准通过了中央民委提出的《培养少数民族干部试行方案》和《筹办中央民族学院试行方案》。前者提出在北京设立中央民族学院，并在中南、西南、西北设立中央民族学院分院各一处。后者规定了中央民族学院的主要任务，即：为国内各少数民族实行区域自治以及发展政治、经济、文化建设事业培养高中级干部；研究中国少数民族问题以及各少数民族语言文字、历史文化、社会经济，发扬并介绍各民族的优秀历史文化；组织和领导关于少数民族语言文字方面的编辑和翻译工作。自 50 年代各民族院校成立后，民族院校成为主要承担培养少数民族干部和专业技术人才任务的高等院校，是主要承担发展少数民族高等教育重任的高等院校，也是研究民族和民族问题的主要研究基地。至 1998 年底，全国各民族院校为少数民族输送人才约 19 万人，21% 具有大专以上学历的少数民族干部和专业技术人员毕业于民族院校，60% 以上的民族中学专任教师和民族地区的党政干部领导来自民族院校①。至 2010 年为止，我国共有 15 所民族院校②，其中国家民委直属的有中央民族大学、中南民族大学、大连民族学院、西南民族大学、西北民族大学、北方民族大学。正因如此，民族院校在其形成、发展过程中形成了自身的特点，成为中国民族教育的亮点。与其他高等院校相

---

① 普丽春. 民族院校毕业生就业工作的现状与思考——以云南民族学院为例 [J]. 云南民族学院学报：哲学社会科学版，2002（2）.

② 中央民族大学（北京市）、中南民族大学（湖北省武汉市）、西南民族大学（四川省成都市）、西北民族大学（甘肃省兰州市）、北方民族大学（宁夏回族自治区银川市）、大连民族学院（辽宁省大连市）、广西民族大学（广西壮族自治区南宁市）、云南民族大学（云南省昆明市）、内蒙古民族大学（内蒙古自治区通辽市）、湖北民族学院（湖北省恩施土家族苗族自治州恩施市）、贵州民族学院（贵州省贵阳市）、青海民族学院（青海省西宁市）、西藏民族学院（陕西省咸阳市）、四川民族学院（四川省甘孜藏族自治州康定县）、呼和浩特民族学院（内蒙古自治区呼和浩特市）.

比，民族院校的特点主要有以下方面①。

1. 民族性

首先，民族院校的办学宗旨是培养少数民族干部和人才。具体而言，它的办学目标经历了培养少数民族干部—培养少数民族人才、少数民族干部—培养少数民族人才的变化过程，可见，它始终没有脱离其办学宗旨，而是随着社会的发展，不断地拓展其办学目标。

民族院校建立伊始就明确其办学目的是为了培养少数民族干部。如延安民族学院的建立就是为了培养少数民族干部，以实现民族平等、团结和抗日战争的胜利。新中国成立后，为了实现1950年《培养少数民族干部执行方案》提出的培养大量少数民族干部的目标和任务，建立了一批民族院校。1956年9月，中共八大的政治报告提出："各少数民族要发展成为现代民族，除进行社会改革外，根本的关键是要在他们的地区发展现代工业。……都必须注意帮助少数民族形成自己的工人阶级，培养自己的科学技术干部和企业管理干部。""文化大革命"后，1980年10月，教育部和国家民族事务委员会《关于加强民族教育工作的意见》指出："少数民族地区的四化建设和繁荣发展，需要大批从少数民族出身的坚持社会主义道路和党的领导的、有专业知识和能力的干部，特别是大批的科学技术人才和管理人才，要逐步消除民族间事实上的不平等……我们帮助少数民族，最有远见的办法，就是要从办好教育，大力培养人才做起。"在培养目标上恢复五六十年代形成的以培养党政干部和各级人才为主的传统。这一时期还突破了民族学院"两主"的传统教育模式。根据1983年成都干训工作会议的精神，从1983年起，民族院校的短期干训班转向统考招生、实施专业化的学历教育，从而实现了普通高等教育办学模式的转向。

其次，教育对象以少数民族学生为主。民族院校主要招收少数民族学生，同时，为了培养到少数民族地区工作的干部、翻译和研究人员，同时也招收一定数量的汉族学生。但招收汉族学生时，往往具有附加条件，不

---

① 敖俊梅. 民族院校招生中的尴尬：以 W 院校为个案分析［Z］. 2005.

同时期所附加的条件又略有变化，如有的时期确定为支边汉族青年，或规定优先录取少数民族地区支边汉族干部的子女，或世代居住在少数民族地区的汉族，或规定汉族学生分数要比录取分数线高出 15—20 分。到 80 年代民族院校转为普通办学模式之后，确定招收一定比例的汉族学生。虽然在 1996 年杭州会议上，国家民委教育司领导提出民族院校可以将汉族学生招收比例提高到 20%，但不同的民族院校规定的比例不一。不同民族院校由于所处地区不同，招收汉族学生的人数和比例也不同，有的虽超过 20%，但还是以招收少数民族学生为主。

再次，专业设置和学科设置以民族类专业为特色。民族院校最初的办学形式是开办各种政治、文化、专业培训班，甚至是文化扫盲班，学制为三年、两年或几个月不等，内容上以思想政治教育和文化教育为主。之后又把其他院校民族类专业并入民族院校，并开设少数民族地区急需的农牧、师范、财务、司法、民族语文、体育等专业班次。可以说，一直到 1980 年，民族院校主要定位于培养少数民族干部、学科设置以文科为主、专业设置以民族类专业为主的教育模式。但随着转向普通教育办学模式，民族院校也在不断地调整学科专业和课程设置，逐步形成了民族学、民族语言等文科研究基地。1983 年后，民族院校在新设的民族学科为主要特色的硕士、博士学位点外，新增设农科、医药、理科、财经、政法共 27 个专业；到 1999 年，民族院校本专科专业达 130 个，已覆盖 1998 年教育部颁布的新专业目录的 11 个门类。在新的本专科专业结构中，传统的文、理科专业已经降至 41%，法学、经济学、工学、管理学类的专业为 52.5%，初步形成了以实用、应用型人才培养为主的新格局。① 但是，民族院校还是保持了基于传统的民族类专业的专业设置格局。

2. 地方性

民族院校招生对象是少数民族身份的学生，而且招生主要面向少数民族地区，民族院校的毕业生也主要面向少数民族地区就业。如在 20 世纪

---

① 马麒麟，高瑞. 学科建设与新时期民族院校的发展 [J]. 西南民族学院学报：哲学社会科学版，2002（1）.

60 年代，某民族院校招生规定明确将民族地区限定为各自治区、自治州、自治县、自治乡，若少数民族生源不足时，可招收少量报考的高分汉族学生。招生并轨后，国家民委逐步放宽所属院校的招生地区范围，以 W 院校为例，它的招生地区由少数民族地区扩展到非少数民族聚居区省份如江西和大城市如天津等，但是仍以面向少数民族地区为主。在毕业生就业去向方面，根据 W 院校内部资料的初步统计，80 年代中期前，80%—90% 的毕业生回到了少数民族地区；90 年代，50%—60% 的毕业生回到了少数民族地区；21 世纪最初几年，回到少数民族地区就业的毕业生人数、比例又有所下降。但整体而言，民族院校毕业生主要流向少数民族地区；同时，民族院校又通过委培、定向等招生方式为少数民族地区培养和输送人才。

3. 教育层次的独特性

除设有本专科、硕士、博士教育层次外，民族院校还设有预科部和干训部。预科部除为本院校输送合格的本科新生外，还承担为其他高等院校招收的预科生提供"补偿"教育，为其他高等院校输送合格的入学者。目前，虽有些高等院校也设置预科部或预科教育基地，但预科教育仍是民族院校特有的教育层次。

4. 象征性

民族院校是马克思主义民族理论与中国具体实际相结合的产物，也是党和国家民族政策的体现；它的目的是培养少数民族干部和各级少数民族人才，为少数民族地区输送人才；因此，政策规定限定它的办学宗旨、职能和招生等方面，它更易受行政调控。可见，它的运行具有很强的政治性。

此外，民族院校还具有分布的地域性和文化多元性。民族院校在地域分布上呈现中央、地区和地方多方位性。在中央、西北、西南、中南、东北地区各设民族学院，并在少数民族地方如青海、西藏等设立民族学院。高等教育改革后，民族院校具有了层级性，形成了中央和地方、重点和非重点的格局。它还具有文化多元性，民族院校大多教师是少数民族，各族学生会聚在一起共同学习生活，多种文化、多种语言、多种风俗等并存交融，使得校园体现出文化多元性的特点，具有不同于一般高等院校的风格。

（二） W 院校的概况

前面论述的是选择民族院校的依据，本部分论述选择 W 院校作为研究场域的原因。

W 院校是民族院校中最具有代表性的一所，这不仅因为它建立的年代最为久远，也因为它为中国培养了大量的少数民族人才，许多少数民族的第一位大学生、第一位硕士、第一位博士、第一位副教授、第一位教授都诞生在这所院校，同时，它也是中国研究少数民族和少数民族问题的重要基地。因此，它被称为"中国少数民族高级专门人才的摇篮"。

W 院校建立于 1951 年 6 月，1952 年学校办学步入正轨，陆续建立了民语系、历史系、政治系、艺术系、汉语系、研究部、预科部等教学科研单位。自 80 年代转向普通高等教育办学模式，并转向综合型国家重点大学建设；1993 年形成了以人文社会科学为主体，以民族学科为特色，文、理、工、医、管理、教育、财经、艺术等专业兼备的办学格局。1997 年通过国家"211 工程"部门的预审，于 1999 年步入 21 世纪重点建设的100 所大学，最近又被列入"985 工程"。

虽然民族院校是承担预科教育政策实施的实体，除了 W 院校以外，其他民族院校在成立初期也承办预科教育，但没办几年就被撤并，直到20世纪 80 年后才陆续恢复；而 W 院校是最早承办预科教育的民族院校，预科教育也成为该校的办学特点，除在 60 年代末期和 70 年代初期中断了几年，W 院校从 1953 年就开始承办预科教育任务至今，可以说是承办预科教育的主力军。自承办预科教育以来，W 院校为全国 60 多所全国重点大学、70 余个专业输送了合格生源，并先后为民族地区培养、输送了 15000多名少数民族干部和各类专业技术人才，成为少数民族学生接受高等教育的金色桥梁。可以说，W 院校经历了民族教育发展的整个历程，而在这一过程中，预科教育在 W 院校却是"由盛到衰"，"从 50 年代有预科生

1000 多人，占在校生的一半以上，60 年代也有 40%，而现在只有 430 人"①。但相对而言，该院校发展趋势良好。

　　由此可见，W 院校在民族院校中所处的位置、发展的过程以及承办预科教育的历程，能够为研究预科教育政策提供最为适当的时空场景。在这样的场域中，通过梳理预科教育发生了什么、如何发生、发生的结果如何和正在发生着什么等来探究预科教育政策运行过程及变化、实施结果以及对目标群体的影响是一个很好的选择。基于此，笔者选择 W 院校作为本研究的场域。

二、研究者的进入

　　笔者第一次进入 W 院校时，是以一名新生的身份，之后的一段学习和生活经历为后来能够选择它为研究场域，并为笔者能够进入场域奠定了有利的条件。更为重要的是，由于现在笔者身处该场域之外，能够变"熟悉"为"陌生"，能够发现和审视很多自己当年认为"理所当然"的现象、行为和事件，从而有利于解释和真实描述预科教育政策的运行、结果等情况。

　　在为期三年的学习和生活中，笔者熟悉和了解了 W 院校及其运作等情况，深入了解了民族院校的职能。作为民族和民族问题研究的基地，W 院校有很多相关领域的著名学者在此执教、做研究，使笔者能够有机会聆听他们的讲学并向他们请教，这极大地丰富了笔者对民族和民族问题的认识；同时，也使笔者能够有机会了解和认识预科教育。而笔者对预科教育的关注，最初的萌芽是来自一次非常偶然的好奇和观察。

　　在作为新生进入 W 院校两个月后，一次偶然的机会，笔者发现有一群学生住在校医院旁边的平房里，他们被笔者归类为"奇怪的一群"。因为笔者当时很难判断他们的身份，刚开始笔者以为是租赁房子、准备考研的学生，但从其年龄看应该是大一、大二的学生，而且其神态、行为让笔

---

　　① 应春华. 预科困惑，期待破解政策［N］. 中国民族报，2006－06－09.

者觉得他们似乎与学校的整体氛围并不融洽。笔者很想知道他们是谁，这使笔者在不知不觉中开始留意他们，后来才得知他们是预科生。记得当年填写高考志愿时，听老师提到过预科，后来也有人因笔者是少数民族而"一口咬定"笔者曾读过预科；但笔者从来没有接触过预科生，对他们的学习和生活很是好奇。在入学后第二个学期，笔者的几位朋友相继被聘为预科部英语教师，这使笔者有机会走近、观察和了解他们，并对预科教育产生了浓厚的兴趣。为了进一步了解预科生本人对预科教育的态度和认识，笔者后来发放了 45 份问卷，并为了进行对照，同时对 K 区的一所院校的预科生发放了 35 份问卷，从而形成了关于预科教育的初步认识，初步了解了预科生关于预科教育的看法。

目前笔者所要进行的从政策视角对预科教育的探究，就是建立在这些初步分析和认识的基础上。不可否认，这一时期的了解为笔者后来的研究奠定了坚实的基础。笔者在 W 院校的这段学习、生活经历，使笔者不仅熟悉了该校的环境以及运作方式，也有机会通过以往建立的各种人脉关系，进入"闲人免进"的学校档案馆获得相关的资料，能够就资料分析的结果或疑问，去访谈相关的学者、行政人员等进行印证。而且非常幸运的是，笔者当时的同窗好友留校在预科部任教并担任班主任，这使笔者能够有更多的机会接触和观察预科教育的相关人员如预科领导人、教师等。同时，能够直接进入教室和预科生的日常生活观察他们的言行举止，并通过访谈等获知他们真实的态度和想法，发现行为尤其是违规行为背后的动因。

第二部分

第五章　预科教育政策受益者^①状况

第一节　如何评判教育政策效果
——政策目标群体受益状况

　　一项政策在具体实施中是否落实了它秉承的理念，是否实现了它预期的目标，就要看政策实施的效果。要判断政策实施的效果如何，就要建构评判的标准。关于如何分析政策实施的效果，历来有多种说法和分析模式。米切尔（Douglas E. Mitchell）从政策"是否反映了各利益团体的利益、是否与学校工作开展相一致、是否有现实意义和操作意义、是否与基本政策或其他政策相矛盾、实施该政策的效应和效率如何、政治上及技术上是否可行等六个方面来分析其效果"^②；威廉·N. 邓恩认为可以从"效果、效率、充足性、公平性、回应性和适宜性方面进行分析"^③；内格尔（S. S. Nagel）提出从"有用、有效、效益、效率和平等五个方面进行分析"^④；韦唐（Evert Vedung）提出"效果模式、经济模式和职业化模式三种模式对政策实质结果进行分析，其中，效果模式涵盖了利益相关者模式"^⑤。由以上关于政策效果的分析视角和模式可知，政策效果的评判主

---

　　① 本书中的政策受益者是指政策目标群体，即政策权威规定哪些群体成员是否获得资源、获得哪些资源以及是否付出代价、付出哪些代价等。

　　② Douglas E. Mitchell. Six criteria for evaluating state——level education policies [J]. Educational Leadership, 1986, 44 (1).

　　③ 威廉·N. 邓恩. 公共政策分析导论 [M]. 2版. 谢明，等，译. 北京：中国人民大学出版社，2001：435.

　　④ S. S. Nagel. Policy studies——Integration and evaluation [M]. New York：Greenwood Press, 1988：13 –28.

　　⑤ 陈振明. 政策科学 [M]. 北京：中国人民大学出版社，2003：317.

要看是否达到了预期的目标。但目标比较抽象，需要通过具体的、可操作的指标项来检测。为了实现政策预期的目标，政策通过内容的规定来设定边界或限定资格来传递某种观点、维持一定的秩序、规范人们的行为和指导人们的实际工作；因此，政策效果是可以具体化为对人们影响的具体表现来检测的。对于以改善特定群体的状况为目的的政策而言，它是否达到了预期的目标，就要通过探究哪些人成为政策的受益者以及他们具有什么样的特征，来判断它在实施中是否达到了目标或是否产生了外延性效果。

预科教育政策是针对特定的群体——少数民族群体实施的，一般而言，它的目的是为这些群体的成员提供接受平等的高等教育机会。然而，这些群体多达55个，并存在人口数量多寡、发展水平不一、地域环境不同等差异；在新时期，这些群体内部又呈现明显的社会分层。因此，哪些群体更易成为受益者、这些群体中的哪些人更易成为受益者、他们呈现出什么样的特征以及不同时期是否有明显变化等等，这些是探究预科教育政策是否达到预期的目标、体现不同时期预科教育发展的侧重点、勾勒出预科教育发展轨迹的依据，也是人们理解预科教育政策的重要依据。因此，本研究根据 W 民族院校自 1955 年至今的学生名册登记表资料，对预科生构成结构进行分析，以描述出他们的构成特点及变化状况，并将此状况与既有的预科教育政策有关规定相对照，以此来反思预科教育政策的效果。

第二节　受益者状况分析

一、受益者社会构成分析的指标项

对预科教育政策的受益群体状况进行分析，就要界定受益群体的属性，以明确群体与个体的共同特征，确立能够概括个体与群体共性的标志。性别、家庭出身①、民族身份和地区来源等属性是表明预科生个体与群体共性的重要标志，也是确认接受预科教育资格和预科生社会构成的重要指标。

性别平等是评价社会公正的一项重要指标，也是教育平等的重要议题。民族教育政策历来重视性别问题，强调保障少数民族女生平等的受教育机会。1980 年以前，民族院校的招生简章中明确规定要保证招收一定比重的少数民族女生。但由于社会历史、文化传统和基础教育性别差距等原因，少数民族女生参与高等教育程度很低，接受高等教育的机会相对低；而预科教育旨在提高处于社会不利地位的群体的教育机会，因此，受益者的性别比重成为评判预科教育政策实施效果的一项重要指标。

对于能否接受预科教育，学生民族身份意味着"资格证明"。预科教育政策限定了接受预科教育的民族身份是少数民族。但中国少数民族不是指一个或两个群体的集合体，而是多达 55 个群体。由于历史、社会等原因，这些群体发展水平不一，人口数量多寡不一，群体之间存在着明显的教育发展水平差距。那么，这些群体是否都同等享受着这项政策？客观存在的差距是否会影响到这些群体享受预科教育政策的程度？如果有影响，会呈现出什么样的分布形态？这些群体中处于相对教育发展滞后的群体是否同样享受此项政策？由此可见，受益者的民族构成是评判预科教育政策实施效果的依据。

预科教育政策不仅是针对特定的群体，也是针对特定地区如少数民族聚居区或边远民族地区的少数民族群体，因此，分析预科生地区来源是反思预科教育政策不可缺少的因素。各民族历史形成了"大杂居、小聚居"的地域分布特征，这就使得少数民族问题有时表现为民族地区问题，民族地区问题有时体现为少数民族问题，尤其是在发展问题上，二者往往是重合的。正因如此，民族政策的实施有时以民族地区政策包含解决少数民族问题的措施，但民族地区政策无法完全涵盖少数民族问题。"教育政策实质上是对教育资源的分配，但往往教育资源不是由教育部门控制，而由其

---

① 使用"家庭出身"是沿用学生入校登记册上的用语。

他部门控制。教育政策的实施状况还取决于政府的权威性和运行活动。"①预科教育政策也不例外。因此，不同时期国家制定的地区发展战略会有所不同，预科教育政策也必然随之变化。那么，这些是否会影响到不同地区少数民族群体享受预科教育的机会？而且，很少有单一民族居住的地区，往往是多个民族杂居在一起，同一地区的不同少数民族群体是否会有同等享受预科教育政策的机会？不同少数民族居住的地域、自然环境有所不同，这是否也会成为影响他们同等享受预科教育政策的机会？

社会是有一定的等级和结构的。关于阶层与教育及其获得方面的研究很多，这些研究成果在不同程度上表明阶层差异和教育获得之间存在关联。社会分层影响着教育的获得，同样，教育作为社会的一种筛选体制，具有选拔和分层的功能。作为社会基本单位，家庭是承载社会资本、经济资本和文化资本的基本单位；家庭背景如何，表明了它所能支配的经济资本和拥有的社会资本、文化资本的状况，以及它在社会结构中所处的层级。因而家庭背景与教育获得之间的关联是不可否认的，它是社会分层对教育的影响的一种表现。虽然预科教育政策是通过降低录取标准并实施一定的补偿教育措施，来帮助特定的社会群体获得高等教育机会，但少数民族群体也是处于不断的社会建构中，它会按照社会等级和结构在其内部进行分层。作为这样的一项政策，预科教育政策是否会受社会分层的影响？若有影响，这些群体的哪些成员会更容易享受此项政策？在不同时期受益者的阶层状况是否有变化？因此，受益者的家庭出身是评判预科教育政策实施效果的不可缺少的因素。

以上是本研究选择性别、民族构成、地区来源和家庭出身等作为分析预科生社会构成特征的指标的原因。

二、受益者分析的维度

对于预科生社会构成的变化，本研究从时间序列和班级单元两个维度

---

① 袁振国. 教育政策学 [M]. 南京：江苏教育出版社，2001：93 - 94.

进行分析。

　　首先，时间序列的确定。

　　预科生社会构成呈现出什么样的形态？不同时期是否有变化？这种变化是否具有明显分界？目前又呈现什么样的变化倾向？要回答这些问题，需要对预科生社会构成有一个系统全面的分析。以时间为维度进行分析，能够描述出不同预科生社会构成的动态变化以及变化的倾向。时间的确定对预科生构成变化的分析具有很大的影响，相同的指标因选取的时间不同，会呈现不同的结果。为此，本研究将时间确定为 1955 年到 2005 年。

　　因不同时期的政策侧重点不同，民族教育的发展明显分为不同的时间段。为了能够更为清晰地了解预科生构成在不同时期的变化轨迹，本研究将对预科生社会构成按照民族教育发展时间阶段进行分析。一般而言，民族教育发展分为社会主义改造时期（1949 年 10 月—1956 年 8 月）、社会主义建设时期（1956 年 9 月—1966 年 6 月）、"文化大革命"时期（1966 年 6 月—1976 年 10 月）、历史转折时期（1976 年 10 月—1982 年 9 月）、全面改革时期（1982 年 9 月—1999 年 10 月）、当今发展时期（1999 年 10 月至今）等六个阶段，也有学者将社会主义改造时期和社会主义建设时期这两个阶段并为一个阶段。因为在 W 院校预科教育是从 1953 年开始正式实施的，本研究将按照五个阶段进行研究。这五个阶段为：创建与初步形成时期（1953—1966 年）、艰难时期（1966—1976 年）、恢复与发展时期（1976—1982 年）、全面发展时期（1982—1999 年）和进一步发展时期（1999 年至今）。当然，在有些时期因为数据不完全或者缺乏数据的原因，可能只选择其中一部分时间段或部分数据作为分析对象。

　　其次，班级单元的确定。

　　按照时间序列对资料进行分析，可以获得预科教育政策受益者整体发展变化状况，但不能深入了解高等院校的层级、专业设置等是否影响着预科教育政策受益者社会构成状况。高等院校按照重点和非重点、部属和省属等进行分类，形成层级，处于不同层级的高等院校所获得的教育资源多寡也是不同的，而被授予招收预科生资格的高等院校是属于不同层级的。不同层级的高等院校、不同专业所招收的预科学生的社会构成如何，呈现出什么样的特征？这一问题也会涉及：少数民族群体能否进入某一层级高等院校的预科，是仅取决于学业成就，或学校的选择，还是其他因素？1978 年以前，W 院校的预科教育为北京大学、清华大学、北京师范大学、中央民族大学、北京医学院等几十所高等院校、中等专业学校的 20 多个专业培养输送学生①；1978 年以后，扩展到中国人民公安大学、北京广播学院、江西财经大学等 60 多所全国重点大学的 70 多个专业。自预科教育政策实施以来，除新疆"民考民"② 的学生外，预科教育的班级一般按照学生被录取的高等院校、专业来安排。因此，班级不仅构成预科教育的基本教学单元，也是分类的单位。为了更具体地了解预科生的构成及其变化，本研究以班级为单位对预科生的社会构成进行分析。

为了保证全面和系统的分析比较，笔者从预科班级中选取了四个班级进行分析。这四个班级在时间上具有连续性，从 1955 年至 2000 年，W 院校预科教育中一直设有这四个班级；这四个班级具有代表性和典型性，A 班级是为某医学院校培养的预科生，B 班级是为某全国重点综合性大学培养的预科生，C 班级是 W 院校为本校培养的预科生，D 班级是新疆招收的"民考民"的学生，又称新疆班。

三、受益者社会构成状况分析及结果

本研究从时间序列和班级单元两个维度对预科生社会构成进行分析，以求能够描述出预科生社会构成分布形态以及变化趋势。

---

① 没有这一时期的专业总数的相关统计数字，笔者按照相关资料的记载进行统计有 20 多个专业。

② "民考民"是指用民族语文授课的中学毕业生报考用民族语文授课的高等学校，"民考汉"是指用民族语文授课的中学毕业生报考用汉语授课的高等学校；但在新疆，民考汉指的是少数民族学生报考用汉语授课的高等学校。

（一）受益者社会构成时间序列分析及结果

1. 受益者性别构成及其变化

根据图 5－1，我们可以看出，预科生性别构成在不同时期表现为不同的分布形态。一是创建与初步形成时期（1953—1966 年），预科生性别构成中男生所占比重高于女生所占比重。二是艰难时期（1966—1976 年），除了 1972 年外，预科生性别构成中男生比重高于女生比重，男女生性别比重差距由较大渐趋于缩小。三是恢复与发展时期（1976—1982 年），预科生性别构成中男女生比重差距又扩大，男生所占比重高于女生所占比重。四是全面发展时期（1982—1999 年），虽然这一时期预科生性别构成中男生所占比重仍是高于女生所占比重，但二者之间所占比重趋于平衡。五是进一步发展时期（1999 年至今），预科生性别构成中男女比重基本一致。从 2001 年起，女生所占比重超过男生所占比重。由以上可知，从 1955 年到 2005 年，预科生性别构成整体呈现为由男女比重差距大、男生所占比重高到男女生比重逐渐趋于平衡，再到女生所占比重高于男生所占比重的趋势。对数据的进一步分析表明：预科生性别构成整体变化与预科教育专业设置不相关；虽有的时期男女生比重变化是与预科生年龄相关，如因少数民族地区有早婚的习俗，在创建与初步形成时期男生所占比重高于女生，但整体来看，男女性别变化主要是与基础教育阶段男女性别构成变化相关。预科生性别构成变化与高等教育男女性别变化呈同向。

2. 受益者民族身份构成及其变化

由于预科生民族成分构成涉及多个民族，为描述清晰，本研究将各民族按照人口数分为人口为 10 万以下的民族、人口在 10 万以上 50 万以下的民族、人口在 50 万以上 100 万以下的民族、人口在 100 万以上 1000 万以下的民族、人口在 1000 万以上 1 亿以下的民族和人口在 1 亿以上的民族六类。为系统、全面反映预科生民族成分构成的动态变化和倾向，本研

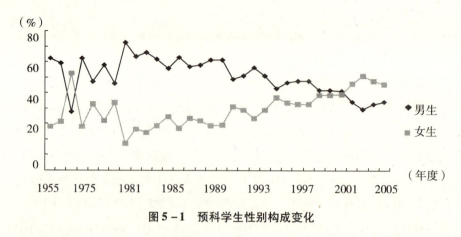

图 5 - 1 预科学生性别构成变化

究将按照五个不同时期描述分析① （见表 5 - 1）。

根据表 5 - 1，我们可以看出预科生民族构成状况有以下几个方面的特征。

首先，就受益者的覆盖面而言，基本上 56 个民族都享受到了预科教育政策，但在不同时期受益群体略有不同，在前两个时期预科生民族成分构成相对单一，尤其是在艰难时期，而在后三个时期趋于多样化。其次，从预科生民族成分构成所占比重的整体状况来看，人口在 100 万以上 1000 万以下的民族所占的比重大，但也有一些例外，如人口低于 50 万民族中的锡伯族，还有人口在 1000 万以上 1 亿以下的壮族所占比重不小。其中，维吾尔族、藏族学生所占的比重比较大，其他依次为回族、蒙古族、哈萨克族、壮族、满族、土家族、苗族、彝族和傣族等。再次，不同时期预科生民族构成变化很大。在某一时期，有些民族群体的学生较多，而在另一时期，比重却很小，甚至接近零。藏族和维吾尔族学生所占的比重一直较大，但在不同时期略有变化：在前两个时期，藏族学生所占的比重为最大；但到后三个时期，维吾尔族学生所占的比重最大。自 1982 年起，一些非使用民族语言授课或学习的少数民族学生在预科生总数中所占的比重呈上升趋势，如回族、满族。最后，从预科生民族构成比重变化的趋势看，人口在 100 万以上 1000 万以下民族的预科生所占的比重趋于下降，人

---

① 因考虑数据的完备，有些时期的数据是选取了该时期的几个年份的数据，而不是全部。

表 5-1 不同时期预科生民族成分构成变化

时间\类别	创建与初步形成时期(1953—1966年)	艰难时期(1966—1976年)	恢复与发展时期(1976—1982年)	全面发展时期(1982—1999年)	进一步发展时期(1999年至今)
10万以下	珞巴族、阿昌族、独龙族、乌孜别克族、塔塔尔族、保安族等,占1.9%	珞巴族、门巴族、乌孜别克族、塔塔尔族、普米族、怒族等,占1.3%	赫哲族、独龙族、鄂伦春族、乌孜别克族、怒族、鄂温克族、塔吉克族、裕固族等,占5.6%	阿昌族、高山族、独龙族、鄂伦春族、乌孜别克族、俄罗斯族、基诺族、京族、怒族、塔吉克族、塔塔尔族等,占2.9%	阿昌族、鄂伦春族、门巴族、布朗族、乌孜别克族、俄罗斯族、保安族、基诺族、京族、鄂温克族、普米族等,占2.2%
10万以上50万以下	景颇族、达斡尔族、柯尔克孜族、土族、锡伯族、纳西族、拉祜族、佤族、水族等,占4.2%	达斡尔族、柯尔克孜族、纳西族等,占1.7%	毛南族、景颇族、柯尔克孜族、锡伯族、土族、佤族、纳西族、水族、拉祜族等,占8.8%	撒拉族、毛南族、景颇族、达斡尔族、锡伯族、土族、佤族、纳西族、拉祜族、水族、仫佬族等,占4.8%	毛南族、达斡尔族、柯尔克孜族、锡伯族、土族、羌族、纳西族、佤族、水族、拉祜族等,占4.4%

续表

时间 / 类别	创建与初步形成时期（1953—1966年）	艰难时期（1966—1976年）	恢复与发展时期（1976—1982年）	全面发展时期（1982—1999年）	进一步发展时期（1999年至今）
50万以上100万以下	傈僳族等，占0.9%		东乡族、仡佬族、傈僳族，占3.0%	东乡族、仡佬族、傈僳族等，占1.4%	东乡族、仡佬族、傈僳族、畲族等，占1.4%
100万以上1000万以下	傈僳族、黎族、哈尼族、白族、朝鲜族、布依族、侗族、藏族、蒙古族、维吾尔族、回族等，占90.2%	哈萨克族、藏族、蒙古族、维吾尔族、回族等，占95.9%	傣族、黎族、哈萨克族、朝鲜族、瑶族、侗族、藏族、彝族、维吾尔族、回族等，占78.1%	傣族、黎族、哈萨克族、哈尼族、白族、朝鲜族、瑶族、侗族、布依族、藏族、蒙古族、土家族、彝族、维吾尔族、苗族、回族等，占79.7%	傣族、黎族、哈萨克族、哈尼族、白族、朝鲜族、瑶族、侗族、布依族、藏族、蒙古族、土家族、彝族、维吾尔族、苗族、回族等，占76.0%
1000万以上1亿以下	满族、壮族等，占1.0%		满族、壮族，占4.3%	满族、壮族等，占8.1%	满族、壮族等，占15.9%
1亿以上	汉族，占1.5%	汉族，占0.1%	汉族，占0.2%	汉族，占2.0%	汉族，占0.1%
其他	未确认民族成分的群体，占0.3%	未确认民族成分的群体，占0.8%			
民族总数	43	15	42	51	49

注：有些时期因缺失值等原因，不一定所有的栏目中的百分数加起来都是100%。

口在 1000 万以上 1 亿以下民族的预科生比重呈上升趋势。

语言学习①是预科教育的一项重要任务，预科生中"民考民"的占多数，其中，藏族、维吾尔族学生所占比重较大。但在非"民考民"的学生中，整体而言，预科生中有使用语言文字差异的民族成分所占比重较大；自 1980 年起，预科生中没有使用语言文字差异的民族成分所占的比重呈上升趋势。不仅如此，与笔者最初的假设相反，预科生民族构成结构与其教育发展水平呈正相关，与其受高等教育程度呈正相关，即越是教育发展水平高的民族享受预科教育政策的程度越高，受高等教育程度越高的民族越受益。同时，预科生民族构成结构与其人口数量、聚居程度呈正相关。

3. 预科生地区来源构成变化状况

本研究对预科生地区来源构成分析是以各省（区、市）为分析单元，分析不同时期不同地区来源的学生占预科生总数的比重。但因预科生来源地区较多，为了很好地描述预科生地区来源构成状况，本研究将预科生按来源地区划分为不同区域。对地区的划分，一般划分为东、中、西三大地区，但这通常是按照经济发展水平和地理位置来划分的。为了能够反映不同教育发展水平地区的受益状况，本研究采用根据地区经济发展与教育发展总体情况的划分方式，将全国划分为四类地区：一类为北京、上海、天津；二类为辽宁、江苏、浙江、山东、广东；三类为河北、山西、黑龙江、吉林、安徽、福建、湖南、湖北、河南、四川、江西、陕西；四类为内蒙古、新疆、贵州、云南、西藏、广西、海南、甘肃、青海、宁夏。

由表 5 - 2 可知，预科生的地区构成呈现为以下特点。

---

① 有语言和文字的少数民族如下：蒙古族（传统蒙文、托忒文）、藏族（藏文）、维吾尔族（维吾尔老文字、维吾尔新文字）、苗族（老苗文、黔东苗文、湘西苗文、川黔滇苗文、滇东北苗文，后 4 种为新创）、彝族（彝文、规范彝文）、壮族（方块壮字、新创壮文）、布依族（新创布依文）、朝鲜族（朝鲜文）、侗族（新创侗文）、瑶族（门方言文字、勉方言文字）、白族（老白文、新创白文）、土家族（新创土家文）、哈尼族（哈雅文、碧卡文，均为新创）、哈萨克族（哈萨克老文字、哈萨克新文字）、傣族（老傣仂文、新傣仂文、老傣那文、新傣那文、傣绷文、金平、傣文）、黎族（新创黎文）、傈僳族（老傈僳文、新傈僳文）、佤族（撒拉语、新创佤文）、拉祜族（拉祜文）、水族（水书）、纳西族（东巴文、哥巴文、玛丽萨文、新创纳西文）、景颇族（景颇文、新创载瓦文）、柯尔克孜族（柯尔克孜文）、土族（新创土文）、羌族（新创羌文）、锡伯族（锡伯文）、俄罗斯族（俄文）、独龙族（新创独龙文）、基诺族（新创基诺文）等。

表 5-2 不同时期预科生地区来源构成变化

类别 时间	一类地区	二类地区	三类地区	四类地区	省份总数
创建与初步形成时期 (1953—1966年)	北京，占2.0%	辽宁、山东、广东等，占7.8%	河北、山西、黑龙江、吉林、湖南、湖北、河南、四川等，占11.9%	内蒙古、新疆、贵州、云南、西藏、广西、甘肃、青海、宁夏等，占77.9%	21
艰难时期 (1966—1976年)			西藏、新疆，占100%		2
恢复与发展时期 (1976—1982年)	北京、天津等，占0.4%	广东等，占1.7%	黑龙江、福建、四川、陕西，占7.9%	内蒙古、新疆、贵州、云南、西藏、广西、甘肃、青海、宁夏等，占90.0%	17
全面发展时期 (1982—1999年)	北京，占1.0%	辽宁、江苏、山东、广东，占3.4%	河北、山西、黑龙江、吉林、福建、湖南、湖北、四川、陕西，占6.5%	内蒙古、新疆、贵州、云南、西藏、广西、甘肃、海南、青海、宁夏，占88.7%	24
进一步发展时期 (1999年至今)	北京、天津等，占0.2%	辽宁、江苏、山东，占11.5%	河北、山西、安徽、福建、湖南、湖北、河南、四川、江西、陕西，占21.3%	内蒙古、新疆、贵州、云南、西藏、广西、甘肃、海南、青海、宁夏，占66.9%	27

注：下面带有画线的省份是指这一时期新出现的预科学生来源地区。

第一，不同地区所占的比重不平衡。从预科生来源地区的整体状况来看，预科生主要来自教育发展水平较低的第四类地区，也是少数民族聚居的省区；其中，来自新疆、西藏和广西的占多数，其他依次为云南、内蒙古、青海、甘肃和宁夏等省区；其次是来自第三类地区省份中的少数民族聚居区，如湖南、黑龙江等；还有少部分来自二类地区，如辽宁等省份；预科生也有来自教育水平高的一类地区，如北京、天津。第二，预科生地区构成在不同时期呈现为不同的分布形态。如在 1977 年以前，来自西藏的预科生所占的比重最大；但自恢复与发展时期起，即从 1978 年开始，来自新疆地区的预科生所占比重高于来自西藏的预科生所占比重。第三，预科生地区分布形态趋于多样。从预科生来源地区的数量和比重变化看，预科生地区构成覆盖面不断扩展，但预科生中来自第四类地区的比重趋于下降，而来自第二类、第三类地区的预科生的比重趋于上升；自 20 世纪 80 年代开始，来自非少数民族聚居省份和教育发展水平高的省份的预科生的比重趋于上升，如安徽、天津。

4. 预科生家庭出身构成变化状况

社会阶层的划分标准有多种，在中国，社会阶层的划分以 1978 年为分界，1949—1978 年是按财产所有权、"身份制"来划分，1978 年以后是按照职业为基础来划分[1]。目前，中国社会阶层划分是以职业分类为基础的，以组织资源、经济资源和文化资源的占有状况为标准构建社会阶层的理论框架[2]。因此，不同时期预科生的家庭出身会有不同的表述和划分方式。

第一，创建与初步形成时期（1953—1966 年）。

人们对 1949 年以前社会各阶级的划分是按照财产所有权来进行的。按照毛泽东的《中国社会各阶级分析》的论述，社会各阶级可以划分为地主阶级和买办阶级、小资产阶级、半无产阶级、无产阶级以及游民无产者。以此为依据对预科生家庭构成进行简单归类。

---

① 参见李强. 转型时期的中国社会分层结构 [M]. 哈尔滨：黑龙江人民出版社，2002：8.
② 陆学艺. 当代中国社会阶层研究报告 [M]. 北京：社会科学文献出版社，2002：8.

表5-3 创建与初步形成时期预科生家庭出身构成

社会各阶层划分	创建与初步形成时期（%）
奴隶主、土司、头人、官员、贵族、地主、牧主	13.8
富农	3.8
小资产阶级、小土地所有者、小土地出租者、职员、中农/中牧	20.7
短工、小工、用人、半奴隶、奴隶、贫农/贫牧、城市贫民、佃农、小手工业者、小商人	58.5
工人	1.6
民间艺人、自由职业	0.9
藏军、县差役	0.4
其他	0.3

数据分析表明（见表5-3），一是这一时期预科生的家庭出身构成分布形态为：来自贫农/贫牧、佃农家庭学生所占比重最大，其他的依次为中农、地主、牧主、小商人等。二是这一时期预科生家庭出身构成比重结构为：虽然预科生大部分来自贫农/贫牧家庭，人数占总数的43.6%，但来自少数民族中上层家庭的预科生占17.6%。

第二，艰难时期（1966—1976年）。

中国50年代中期形成政治身份制，突出强调政治身份，比如贫下中农、富农、职员、革命干部等[1]。虽然这时期的划分强调的是政治身份，但由于这一时期预科生基本上都是来自新疆、西藏两个地区，这是实现社会主义改造比较晚的地区，因此，这种划分不仅表明他们的政治身份，也显示了他们家庭所处的社会阶层。

数据分析表明（见表5-4），这一时期预科生家庭出身构成分布形态为来自贫农/贫牧、佃农家庭的预科生最多，占总数的94.9%，其他依次

为中农/中牧、奴隶、小商人、工人、革命干部、军人等。

表 5 – 4　艰难时期预科生家庭出身构成

社会各阶层划分	艰难时期（%）
中农/中牧	4.5
半奴隶、奴隶、贫农/贫牧、城市贫民、佃农、小手工业者、小商人	94.9
工人	0.3
军人	0.1
革命干部	0.1
其他	0.1

第三，恢复与发展时期（1976—1982 年）。

数据分析表明（见表 5 – 5），一是预科生家庭成分出现阶层划分的混淆。这一时期虽然社会阶层划分是身份制，但由于"文化大革命"时期强调阶级斗争、阶级身份余波的影响，预科学生在填写家庭出身时仍有相当一部分人填上以往按照财产所有权所划定家庭的成分，因此，学生所填家庭出身会掩盖其父母的职业，如预科生家庭出身填写时学生填写的家庭出身是中农或贫农等成分，但据其他相关的资料如学生登记表的资料①，他们中有一部分学生的父母职业显示为干部或工人。虽然会有这样的混淆，但整体上仍是真实地反映了这一时期预科生家庭出身构成。二是这一时期预科生家庭成分分布形态为：预科生中来自贫农/贫牧家庭的所占比重仍最大，其他依次为干部、职员、工人、教师等。三是从预科生家庭成分构成看，虽然来自农民家庭的预科生所占比重最大，但与以往相比较，其所占的比重已呈现明显的下降趋势；其他的干部、职员等所占的比重趋于上升。

---

①　指高等院校录取新生时所用的高考成绩登记表复印件。

表5－5　恢复与发展时期预科生家庭出身构成

社会各阶层划分	恢复与发展时期（%）
地主、牧主	0.4
中农/中牧	11.6
奴隶、贫农/贫牧、小手工业者、小商人	51.6
小资产阶级	0.2
工人	6.7
军人	0.2
干部、教师	18.3
职员	11.2

第四，全面发展时期（1982—1999年）。

数据分析表明①（见表5－6），一是这一时期预科生家庭成分的分布形式为：来自农民/牧民家庭的预科生人数最多，占总数的33.1%，其他依次为干部、工人、职工等。二是从预科生家庭成分比重结构的变化看，与以往相比较，来自农牧民家庭的预科生所占比重下降，而来自干部、教师、医生、工人家庭所占比重上升。可以说，来自工薪家庭的学生比重已经超过了来自农牧民家庭所占比重。

表5－6　全面发展时期预科生家庭出身构成

社会各阶层划分	全面发展时期（%）
干部	30.6
教师、医生等知识分子	6.3
职员	10.2
小商人、小手工业者	0.6
工人	10.9

---

①　因没有把填写家庭成分为中农、小资产阶级、城镇应届的归在里面，会出现比例之和不足100%的情况。

续表

社会各阶层划分	全面发展时期（％）
农民/牧民	33.1
自由职业	0.1
军人	0.2
宗教职业	0.1

第五，进一步发展时期（1999—2005 年）。

数据分析表明（见表5－7），一是这一时期预科生中来自干部家庭的人数为最多，占总数的55.7％，其他依次为工人、农民/牧民、教师、军人等。二是从预科生家庭成分比重结构的变化看，这一时期来自农牧民家庭的预科生所占的比重远低于来自干部家庭的预科生所占的比重；不仅如此，也低于来自工人家庭的预科生所占的比重。

表5－7 进一步发展时期预科生家庭出身构成

社会各阶层划分	进一步发展时期（％）
干部	55.7
教师、医生等知识分子	4.6
职员	0.9
个体、小商人	2.2
工人	17.2
农民/牧民	14.7
宗教职业	0.2
军人	1.2
其他	2.9

由以上分析可知，预科生家庭成分变化具有以下特点。

首先，从预科生家庭成分分布状态看，在1953 年到1966 年，来自贫农/贫牧家庭的预科生占多数，但不可忽视的是有13.8％的预科生来自少数民族地区上层家庭，他们主要来自西藏、新疆；在1967 年到1983 年，尤其是整个 70 年代，预科生主要来自贫农／贫牧家庭；1983 年以后，预科生家庭成分趋于多样化，同时，父母为农民／牧民的预科生所占比重降低，家庭出身为干部、教师、工人所占的比重上升；到了民族教育全面发展时期，家庭出身为干部、教师所占比重最大，占总数的 34.9%。其次，自 1983 年起，预科生家庭成分出现明显的社会分层，也出现了明显的城乡差距，来自城镇的学生所占比重不断上升。以 2005 年为例，预科生有 66.2% 的学生来自城镇，33.8% 的学生来自农村。在 K 区一所高等院校的调查结果也表明，预科生家庭出身构成中，来自教师、干部等家庭所占比重大。

（二）预科生班级单位分析及结果

如果说，对预科生按照时间序列分析是一个纵向面，那么，以班级为单元分析就是面上的点，能够在整体把握的基础上，进一步具体、深入分析不同的专业、不同层级的高校招收的预科生的状况，从而从微观上勾勒出预科教育政策实施状况。由于"文化大革命"时期，预科招生只面向两个地区，并主要集中在师资、医疗等几个专业，前后没有连贯，而且到了后期，预科教育主要按照学生地区来源分为全国班和新疆班，并以此为基础按照成绩状况来分班，因此，以班级为单元进行分析，主要选取 1960 年到 1970 年、1980 年到 1990 年两个时段的资料进行分析。数据分析具体结果如下。

1. 性别构成状况

A、B、C、D 四个预科班级在性别构成上都经历了由男生所占比重大到男女生比重趋于平衡的过程，但不同学校、不同专业等情况下四个班级性别构成的具体状况和变化略有不同。其中，在 80 年代初 A 班级、C 班级就已经由原来的男生比重大于女生比重转向男女生比重趋于平衡，到 90 年代初期，女生所占比重已超过男生所占比重。因 B 班级属于理工类学校招生的理工类专业，男生一直占有极大的比重，直到现在男生所占比重也远大于女生所占比重；D 班级男女生所占比重直到 90 年代初期差距才缩小，趋于平衡。这说明预科生性别构成在单元分布上受文理专业设置、少数民族风俗习惯和基础教育阶段男女性别构成的影响。

2. 地区来源构成状况

除了 D 班级是完全面向新疆一个区域外，A、B、C 三个班级面向不同的省份招生。A、B 两个班级早期只在特定的几个省份招生，到 90 代后，二者的招生范围相对扩大；相对而言，二者有些不同的是，A 班级是从 90 年代末期开始的，并只面向新疆招生，而 C 班级招生指标在不同地区的分配一直相对均匀。这说明预科生的地区来源构成变化取决于学校在各地区是否有招生指标分配，影响到少数民族群体是否平等地享受到高等教育资源。B 班级就是一个典型的事例，由于其早期招生只面向几个地区，只有居住在这几个省份的特定少数民族才有获得进入该班级的资格。

3. 民族构成状况

直到 90 年代中期，A 班级中蒙古族学生占最大的比重，而 90 年代末期主要是维吾尔族学生；B 班级中壮族学生占的比重最大；C 班级中不同民族成分所占比重相对差距很小，其中，人口较多的民族占有较大的比重，而后期回族学生所占比重趋于上升；D 班级主要为维吾尔族学生。

招生指标的分配是按照地区进行的，然而，同一地区不同少数民族群体受益状况不同，这些班级的民族成分是以它所面向地区的主体民族为主，同一区域中人口较少或教育水平发展相对滞后的民族享受此项政策的概率较小；其中，由于 C 班级不同地区招生指标分配较为均匀，相对没有表现出民族成分构成集中在某一两个民族。

4. 家庭成分的构成状况

从 90 年代开始，这四个班级的预科生家庭成分构成出现城乡比重的差距并呈现拉大的趋势，来自城镇的学生比重超过半数，有的班级甚至超过半数以上，达到 80% 多。其中，来自干部、教师等家庭的比重趋于增大，而来自农民、工人家庭的比重趋于下降。但四个班级具体数字变化情况略有不同。除一定时期外，B 班级学生家庭成分构成中来自干部家庭或教师家庭的一直占有最大比重；而 90 年代前，A 班级、C 班级和 D 班级预科生以来自农民家庭的为主；90 年代后，来自干部、教师等家庭的学生占多数。这四个班级由四个不同高等院校招收的预科生组成，这四所高等院校在全国高等院校中所处的层级不同，处于高层级的高等院校所招收的预科生中来自干部、教师家庭所占比重越来越大，这一现象在 90 年代以后愈为明显。这说明预科教育中预科生是否能获得更为优质的教育资源是与家庭背景、父母职业相关的。

由此可知，因为高等院校的特点、专业设置的文理差异和招生要求，不同高等院校招收的预科生的社会构成是不一样的，它们在不同时期的发展变化既有共同点，如女生所占的比例都比以前提高，但也有不同之处，如不同高等院校预科生民族成分构成方面。

思　　考

预科教育政策是关于预科教育的宗旨、任务以及招生对象、形式等方面的具体内容规定。预科教育政策的宗旨是为保障少数民族群体，尤其是缺乏经济、文化和组织资本的少数民族群体获得高等教育机会，因此，它的招生对象原则上界定为少数民族地区尤其是边远农牧区和山区的少数民族群体当年参加高考的学生，并从中择优录取。由前面分析结果可以看出，就整体而言，预科教育政策招生地区主要为少数民族地区，基本上涵盖了全国 56 个民族，其中维吾尔族、藏族等中学阶段使用民文学习的少数民族群体学生占相对大的比重。同时，整体而言性别比例趋于平衡。可以说，预科教育基本上实现了其宗旨。然而，预科教育受益群体状况分析结果中的一些现象也引起笔者的思考：预科教育政策的实施结果与预科教育政策具体规定之间存在着一定的差距，这些差距主要表现在以下方面。

一、预科民族成分构成与预科教育政策招生对象规定之间的差距

预科民族成分构成与预科教育政策规定招生对象之间的差距主要表现为两方面：首先，预科生中有一定数量的少数民族地区和非少数民族地区的非少数民族预科生；其次，同一地区不同少数民族群体享受此项政策的程度不同。预科教育的任务是使少数民族学生能够适应大学阶段学习，具体为：一是它是对具有语言文化差异、中学阶段使用母语学习的少数民族学生进行文化补习，除了高中基础课之外，主要进行语言教育，为其进入和适应大学阶段学习、生活做好铺垫；二是它要为处于不良环境、教育发展水平相对滞后的少数民族群体提供高等教育机会，对其没有达到大学录取标准的参加高考的成员择优录取，并通过一定时间的高中基础课程学习，使其能够适应大学学习。由于前者已经锁定为使用民文授课的特定少数民族，就不存在同一地区不同少数民族享受此项政策的程度不同问题。此类问题主要表现在后者，尤其是在 20 世纪 80 年代以后，同一地区不同少数民族群体享受此项政策的程度不同，同一地区的主体少数民族和教育发展水平高的少数民族群体享受此项政策的程度高。

二、预科生来源地区构成与预科教育政策面向地区之间的差距

预科教育政策规定了预科生的地区来源为少数民族地区，并强调主要面向少数民族边远农牧区和山区。然而，预科生状况的调查表明，在 20 世纪 80 年代以前，预科生地区来源状况基本与政策规定一致；但从 80 年代开始，预科生地区来源在一定程度上偏离了预科教育政策的相关规定。这一偏离表现为：一是不仅预科生并非全部来自少数民族地区，而且开始出现来自非少数民族省份和教育发展水平相对高的城市的学生所占比重趋于上升的现象；二是预科生中来自少数民族农牧区的学生比重急剧下降，

而来自城镇的预科生比重不断上升，有的年份其所占比重已达到80%多，这种趋势在90年代以后表现得尤为突出。

三、预科生家庭成分构成与预科教育政策宗旨之间的差距

预科教育政策的宗旨之一在于帮助缺乏经济、文化和组织资本的处境不良的少数民族群体获得高等教育机会，并通过一定时间的基础课程学习，使其能够顺利进行大学阶段的学习。在80年代中期以前，除去中国最好的几所高等院校招收的预科班外，其他院校的预科生中一半或一半以上是来自农牧民家庭；80年代中期以后，来自城镇、干部家庭的预科生所占比重不断上升，到90年代已经占到一半的比重，有的院校预科生中来自干部、教师家庭所占的比重甚至超过了一半。90年代以来，重点高等院校招收的预科生中来自干部等拥有良好的经济、文化和组织资本的家庭的比重越来越大。可以说，在50年代到60年代中期，学生拥有的社会、文化资本状况一定程度上影响其是否享受预科教育政策；60年代中期到70年代，学生的阶级身份决定其能否享受此项政策；到80年代后，尤其到80年代中期以后，学生拥有的社会、文化和组织资本状况是影响其能否享受此项政策的重要因素；不仅如此，学生的社会、文化和组织资本状况的等级决定了他所能够进入的高等院校预科班的等级。如清华大学民族班学生中来自干部、知识分子家庭的比重远远大于其他院校同类预科生所占的比重。

综上所述，这些差距的存在或出现有明显的时间分界点，即从80年代初期开始逐渐明显。在政策实施中，政策的实施结果与其政策规定之间出现差距是不可避免的，但在以上差距中，有些是可以避免的，这就要追寻导致这些差距的原因，这些原因自然发生于政策制定及其运行过程之中。因此，要进一步探究这些原因就必然溯源到政策内容和运行过程中的种种行为。

第六章　国家情境下的预科教育政策

　　要探究预科教育政策实施结果出现的差距，就必须回溯到预科教育政策相关文本规定，寻求导致预科教育政策平等取向变化的根源。

　　政策的实质是一种观念，政治家、官员等通过一定程序将它合法化，把它纳入社会规范中，通过赋予其权威性、理性等力量来引导、规范和控制人们的行为，应用到他们尝试塑造组织公共生活的方式中，贯穿到人们的生活中去。它往往是以成文形式出现。具体而言，国家政策文本不仅是一段精心的文字表述，也是国家意识形态中关于某一事务理念实现的复合行为表现，即该理念是政策制定满足不同阶段需要、不同利益协调、博弈行为的产物。国家政策文本要求通过一套机制以及相关人员的一系列行动实现其目标，通过被合法所赋予的权威成为下一等级行政部门以及相关群体行为的规范。然而，它的内容并非是一成不变的，而是随着社会政治、经济和国际环境的变化而变化。基于现实需要和问题，要对体现政党意识形态的政策重新修订，并对实施的条件赋予新的解释，使得这一政策具有符合不同时期发展要求的烙印。因此，国家政策文本能够集中体现政策过程中政党政治行为和要求，也能够体现不同时期根据现实发展战略对此项政策定位的变化，从而成为勾画政策规范变化轨迹的根据；它也是政策实施机制、方式的标准以及规范相关人员行为的准则，从而成为描述、对照政策运行过程中相关利益群体行为及行为策略，检测政策实施效果的依据；不仅如此，它还能够提供关于它要向人们传递什么样的观念、如何影响人们按照它所预定的方式来理解和解释政策的依据。可见，一项政策的研究首要的是清晰地了解政策的条文内容规定及其变化，从而能够相对客观分析政策运行过程中的种种行为。

　　预科教育政策是指国家关于预科教育的目标、接受预科教育的资格条件、预科教育的招生方式以及预科教育的教学内容、教材和教学时段长短等具体内容规定的总和。预科教育政策条文内容以政策文本的形式出现，它是预科教育政策平等取向在政策实践层面的具体体现，也是预科教育实践的基础。预科教育政策文本内容主要由两部分构成，一是高等教育招生中关于预科教育政策实施目的、任务、学生来源和年限等方面的规定，二是关于预科生的管理规范、统一教材使用等方面的规定。虽然从预科教育开始实施起，关于预科招生方面制定了相应的条例，但对预科生的管理统一规定是在 2005 年颁布实施的，在这之前是由各高等院校根据自己学校情况具体规定。因此，本研究主要集中从预科教育政策前一部分内容进行分析。

第一节　社会变迁下的预科教育政策

预科教育政策平等取向的实现，必然转化为政策实践层面的具体目标、任务，而政策目标的实现、任务的完成，需要有相应的条件和要求做保证，如由谁来具体实施、以什么样的方式实施、什么样的行为是许可的、什么样的行为是不许可的等。同时，预科教育政策是要提高特定群体接受高等教育的机会，因此，它会界定目标群体，规定什么样的人才能够享受此项政策。所以，本研究对预科教育政策文本内容从其目标定位、目标群体范围边界限定和条件设置①三个层次进行分析。

---

① "条件设置"一词囊括了规定实施预科教育政策的机制，预科教育的教学内容、教材以及教学时段长短等方面的政策内容，因为这些具体规定是实现预科教育政策目标的条件和必要的要求。

一、变化中的预科教育培养目标和任务

政策文本内容分析表明，不同时期①对预科教育政策目标、任务的定位和阐释有明显的变化。主要表现为以下方面。

（一）政治目标：培养少数民族干部（1953—1955 年）

1950 年 11 月，中央人民政府政务院第六十次会议批准了《培养少数民族干部试行方案》和《筹办中央民族学院试行方案》，确定了民族院校的任务之一是要为国内各少数民族实行区域自治以及少数民族地区的政治、经济、文化建设培养高级和中级干部，具体表现为培养民族语文专业人才、训练和培养政治干部、调查研究少数民族历史等。方案规定："为了国家建设、民族区域自治与实现共同纲领民族政策的需要，从中央至有关省、县，应根据新民主主义的教育方针，普遍而大量地培养少数民族干部。""培养普通政治干部为主，迫切需要的专业与技术干部为辅。""为此目的，在北京设立中央民族学院，并在西南、西北、中南各设中央民族学院分院一处，必要时还可增设。""为了适当照顾目前少数民族学生的文化水平，对投考高等学校与一般中学的学生应适当规定一个入学成绩标准；入学后，又应给以适当补习条件。"同时规定中央民族学院通过本科政治系培养各民族革命骨干，限定具备一定条件的学生入学，如"经过短期训练后志愿再学习者、已参加革命斗争和工作二年以上者、确已在初中以上学校毕业或确具有同等学力的各民族青年"；如果"水平较低者先入预科半年或一年"②。

在 1951 年的第一次全国民族教育会议上，根据 1949 年召开的全国教育工作会议精神和民族地区的实际，确定了少数民族教育全面发展的方针

---

① 预科教育政策受益者状况分析的时期划分是依据民族教育发展阶段，而政策文本分析的时期划分是依据政策文本规定内容设定，虽二者在有些时段划分上略有出入，但并不冲突，而是进一步细化。同时，政策文本规定的发放要先行于实践。

② 人民出版社. 民族政策文件汇编：第一编 [M]. 北京：人民出版社，1958：12.

和任务①——以培养少数民族干部为首要任务。1951年随着民族院校的成立，开始面向少数民族地区政工干部、学生招生。然而，由于当时有些学生汉语水平低，文化程度差，无法跟班学习，为此开设了文化补习班，主要任务是进行语言补习和文化基础学习，这成为预科教育的雏形。1953年，W院校在第七十九次院务会议上决定正式成立预科教育——但名称仍为文化补习班，预科教育成为该校最早成立的独立的教学单位之一，并从当年开始采用地方选送的方式正式招收学生（当年招生人数为265人）。预科教育中的学员经过一定时间学习后，少数文化程度相对高的学员，若符合条件，升入本院或其他学校继续学习，大部分直接回到少数民族地区，投入少数民族地区建设。这些初步奠定了预科教育在建立和形成时期培养目标、办学模式、学生来源和招生形式等方面的机制。

（二）双重培养目标：培养少数民族干部和专业人才（1956—1966年）

这一时期是预科教育进一步建设时期，它以培养少数民族干部为主，同时培养少数民族地区所需要的专业人才。

到1956年，少数民族地区已基本完成了民主改革和社会主义改造的任务，加快少数民族地区的经济、文化建设成为首要的任务。1955年6月和1958年2月，中央民委和教育部在北京召开了两次全国民族学院院长会议。会议提出，民族学院在相当长的阶段以培养政治干部为主，同时培养少数民族的各种专业干部、专业人才和知识分子。在1956年7月的《中华人民共和国高等教育部通知关于优先录取少数民族学生事》中规定："为了照顾少数民族学生的特殊情况，给以较多的录取机会，我们意见：今年在录取时，应该特别照顾他们。只要他们的学科成绩达到最低录取标

---

① 1951年9月，第一次全国民族教育工作会议召开，首次确定了民族教育的方针任务。少数民族教育的总方针是：少数民族教育必须是新民主主义内容，即民族的、科学的、大众的教育，并应采取适合于各民族人民发展和进步的民族形式；少数民族教育的任务是：应以培养少数民族干部为首要任务，以满足各民族政治、经济、文化、教育建设的需要，同时应加强小学教育与成人业余教育，以提高少数民族文化水平，并应努力解决少数民族各级学校的师资问题。

准，汉语程度估计能够听懂讲课，则可予以优先录取。"然而，由于语言障碍、文化基础水平不高，来自少数民族地区的学生尤其是新疆学生跟不上班级的学习进度；与汉族学生合班，教学效果不大，学生情绪低下，而单独设班又缺乏教师①。为此，预科教育除了汉语补习班、中学班之外，为适应民族地区发展对人才的需求，应国家部委的委托，从 1956 年起相继开办专业班的预科班，如医预班、地质班等专业班和培训班，为少数民族地区培养急需人才；而且，中学班除了为少数民族地区培养干部，还承担为高等院校输送合格学生的任务。同时，因为建立初期预科教育招生原则是"来者不拒，一视同仁"②，使得当时的学生年龄大小、文化水平层次差距大，且入学早晚不一等等，这些导致预科教育教学和管理中出现很多问题。

为了适应新时期的需要和预科教育管理，1956 年预科部被分为预科一部和预科二部，一部为中学阶段，招收具有初中毕业或相当初中毕业的学生或干部（汉语水平要经过考核），优先选送工农成分及工农家庭出身的学生，在保证质量的前提下，适当照顾到更多的民族成分③。它主要有汉语补习班、中学班和专业技术预备班三种形式，其中：汉语补习班主要为新疆维吾尔族、哈萨克族学生补习汉语开设，学制两年，毕业后升入大学或回乡参加工作；中学班招收全国各少数民族中具有初中毕业或相当于初中毕业水平的学生或干部，学制三年，毕业后保送或参加高考升入大学；专业技术预备班主要为西藏、新疆、内蒙古和云南等少数民族地区定向培养技术人员。二部为小学阶段，面向西藏地区招生；它设有长期班、短期班、汉语文补习班和专业技术预备班。随着培养目标的变化，这一时期的招生形式也随之有了一些变化，工农速成中学班开始采取选送和考试相结合的招生方式，而非单纯选送。

---

① 见 W 院校内部存档文件。
② 见 W 院校内部存档的招生总结文本。指招生中对学生的年龄、文化程度等没有严格的要求，并不是指任何人都可以无条件地进入。
③ 见 W 学院内部存档文件。

（三） 面向特定地区：新疆和西藏（1971—1978 年）

这一时期主要任务是为新疆和西藏培养和选送人才。

"文化大革命"时期，对 50 年代后期在民族工作指导思想上出现的"左"倾错误扩大化，把民族问题上升为阶级和阶级斗争问题，从根本上否认在社会主义时期民族问题的存在，在民族教育方面否认民族特点，民族教育事业受到严重破坏，使民族教育几近停止。1966—1970 年预科教育被停止，虽然 1971 年恢复招生和教学，但只面向西藏和新疆——这主要是基于地区稳定的考虑。这一时期它设有文化班、汉语补习班和专业技术班，招生采用群众推荐、领导批准、学校审查的办法。

（四） 附加特殊任务："补偿"（1978—1980 年）

这一时期是预科教育恢复时期，预科教育目标仍是定位为培养少数民族干部和专业人才，并为上一级学校输送合格的学生。但由于特定历史原因，它又承担了另一项任务——"安抚""补偿"。

这时期预科教育主要由三个部分构成，招生形式多样。其中两部分与以往相同：一部分是汉语补习班，学制两年，面向新疆、西藏地区；另一部分是全国班，主要从全国边远地区、"后进"民族的高考落榜生中择优选拔人才，学制一年。这一时期设立了特殊班，学制一到两年，主要由中央统战部、国家民委或各省（区、市）根据需要报送或推荐各民族具有高中程度或高中毕业水平（指汉语水平），政治和体格等条件符合报考高校者。设立这个班的目的在于要照顾深受"文革"残害的少数民族农牧民和少数民族干部。这使预科教育在某种程度上具有了安抚和补偿"文革"中受迫害的少数民族干部和高级干部的作用。但资料显示，实际享受者基本上是少数民族成分领导人或者高级干部的子女。同时，与过去预科教育主要采用高中式学习不同，这时期的预科教育形成了高中补习班式的模式；预科生结业后须通过参加高考才能进入高等院校。然而，由于学生文化水平层次不一，导致预科生尤其是特殊班的学生高考大部分落榜，成为当时具有一定影响的事件，引起学生家长极大的反响。为此，W 院校开设了一个专科班以招收和安置这些"落榜"的学生。

由前面的论述可知，在这一时期之前，接受预科教育的学生，若结业时成绩不高或本人没有提出志愿或学校认为学生条件不符而不能进入大学阶段继续学习，就要回到地方参加工作，地方负责安置这些人员；而这一时期无法为预科教育结业的学生安排工作。这一情况使民族院校被纳入普通教育过程中成为必然，也可以说它拉开了预科教育从高中式教育及预科结业后通过参加高考选择学校模式转向介于高中和大学之间的层次及在高考录取时就确定录取院校模式的序幕。

（五）培养目标合一、任务多种：培养少数民族人才（1980年至今）

这一时期是预科教育的发展时期，也是预科教育的转变时期。从1980年开始，随着民族院校转向普通高校的办学模式，干部培训纳入统考招生、实施专业化的学历教育，原来预科教育双轨①的培养目标合二为一，即培养少数民族人才。随之，预科教育任务正式确立为为高等院校培养合格的学生，预科教育的教学模式也发生了转变，招生形式也发生了变化。国家需要的人才规格发生了变化，它的选拔机制也发生了变化，这使得预科教育招生由原来的偏重社会选择②转向技术选择③并兼顾民族身份的形式。这一时期预科教育发展主要分为两个阶段，前一个阶段增加重点高等学校培养合格学生的任务，后一阶段增加了支援新疆高等教育的任务。

"文化大革命"后，少数民族地区的恢复和发展工作需要大量的人才。1980年10月，教育部和国家民委在《关于加强民族教育工作的意见》中

---

① 指的是预科教育承担着培养少数民族干部和少数民族专业人才两方面的任务。
② 所谓社会选择是根据身份、出身、门第、阶级背景、民族、种族等制约教育场域的外在社会因素而进行的选择。参见刘精明. 国家、社会阶层与教育——教育获得的社会学研究［M］. 北京：中国人民大学出版社，2005：112.
③ 技术选择是指根据个人的智力、抱负水平、主观努力，以及由此产生的知识、能力、才华、德行和成就方面的差异而进行选择，这通过考试、测评之类的技术方式得以实现。参见刘精明. 国家、社会阶层与教育——教育获得的社会学研究［M］. 北京：中国人民大学出版社，2005：112.

指出："少数民族'四化'建设和繁荣发展，需要大批建设人才。帮助少数民族，最有远见、最关键的办法，就是从办好教育，大力培养人才做起。"然而，经过"文化大革命"的破坏，民族教育出现萧条甚至停滞的状态，中小学教育质量严重下降，拉大了这些地区同内地的距离。1979年全国高等院校少数民族在校生所占比重为3.8%。即使一些重点高校对少数民族学生进行降分录取，但因其文化水平低，跟班学习存在困难。与此同时，少数民族强烈要求发展高等教育。一些少数民族地区的领导、少数民族代表在全国人大和政协会议上提出少数民族受高等教育人数不多，要求发展少数民族高等教育，增加少数民族受高等教育人数，提高少数民族在校生所占的比重。

在这样的背景下，预科教育培养目标、任务发生了变化。1980年春，教育部和国家民委在北京召开了全国民族学院干训、预科工作会议，会议明确指出："预科是高等教育的特殊层次，是少数民族学生进入重点大学学习不可缺少的阶段。明确预科教育的任务是要为学生直升大学本科学习专业知识打好必要的文化基础。"1980年6月，教育部在《关于1980年在部分全国重点高等学校试办少数民族班的通知》中提出，为了更好地为少数民族培养人才，除地方人民政府应在各民族地区采取有力措施办好民族中小学，特别是办好重点中小学，决定从1980年开始，有计划、有重点地在部分全国重点高等学校举办民族班，以后视情况逐步扩大。《通知》中还规定了民族班的形式、招生对象、入学条件、毕业去向和地区来源等内容。但有些民族院校预科教育仍采用高中教学模式、定向招生。以下是《通知》中规定的相关内容。

一、高等学校举办少数民族班，今年除北京大学民族班是本科外，都是预科班。主要补习高中课程，特别是数理化，并提高汉语听课的能力。各校要派得力教师授课，使学生能扎扎实实地学到高中文化科学基础知识。二、招生对象和入学条件。民族班招生从今年参加高考的少数民族考生中择优录取。除北京大学仍按全国重点高等学校最低录取分数线录取外，其他预科班招生如在全国重点高等学校最低录取分数线以上的考生不足计划招生数时，可适当降分，但以降低总分三十分为限。……要注意吸收少数民族山区、牧区学生。……三、少数民族预科生经过一年或两年的补习，合格者根据少数民族地区的需要，直接升入本校本科有关专业学习。……所有民族班学员大学毕业后一般回本地区工作。……五、……计有北京大学30人，清华大学30人，北京师范大学30人，大连工学院30人，陕西师范大学30人，从内蒙古、新疆、广西、云南、贵州、四川等六个省、区招生……

在上述规定的基础上，1981年3月教育部颁布《关于一九八一年继续在部分高等学校举办少数民族班的通知》，从而确定了预科教育今后发展的培养目标、任务和办学模式。该《通知》中规定，"在原有举办民族班的高等学校的基础上，增加华中师范学院、中山大学，并将招生地区扩大到十一个省区；又规定了学生用一年时间补习高中基础课，经考查具备跟读大学本科学习条件的，直接升入本科有关专业学习，不再参加全国统一考试；降分幅度下调到录取分数线下八十分，而少数民族考生成绩已达到高等学校录取分数线的，不宜招进少数民族班"。

国家根据少数民族地区的实际情况和需要，后增加了面向五个自治区举办的医学、气象等专业的民族班，定向招生；也有一些高等院校因招收的学生汉语水平较低，委托民族院校代为进行预科培养。因此，举办民族班的高等院校数量不断增加，到2000年时，已经增加到了70多所高等院校，招生地区扩展到20多个省区，招生人数扩大到3000人左右。预科教育分别为普通院校和重点院校民族班培养输送合格学生，因二者在学校层次、招生录取分数线以及线下降分限度不同，预科教育客观上形成了选拔培养精英和普通专业人才的两个层次。

从1990年开始，预科教育进入这一时期的第二个阶段，即为各高等院校招收的新疆学生进行汉语补习成为重要的任务之一。招收和承办新疆学生预科班的高等院校数量逐渐增加，到2000年时，预科生中新疆学生数量所占比重将近一半。

80年代末，新疆维吾尔自治区政府提出，为将要进入高等院校的新疆学生通过预科教育实行汉语补习，取得了极大的成效，但是每年进行预科教育人数很少；而新疆的高等院校不能满足这一需要①。因此，要求扩大这种培养形式，以适应新时期新疆地区发展对人才的迫切需要。同时，20 世纪 80 年代末开始的"东突厥伊斯兰"运动危害国家统一、民族团结。在这样的背景下，为了加速发展新疆地区，培养更多的少数民族各类专门人才，促进新疆的建设和边防的稳定，1989 年 10 月，国家教委、国家民委在北京联合召开了内地与新疆维吾尔自治区高等教育支援协作会议，内地为新疆举办高等学校民族预科（班）是其中的一项重要内容。

会议提出："根据新疆文化教育基础发展不平衡的实际情况，内地为新疆举办高等学校民族预科（班）、本专科民族班，均列入国家计划。重点招收农牧区、边远山区，特别是人口较少的少数民族学生。学生入校前确定专业，毕业后回新疆分配，原则上使这些少数民族学生能分配到急需的地区和工作岗位上去。内地高等学校特别是全国重点院校招生时，新疆方面要紧密配合作好宣传工作，优先选送品学兼优的学生报考，以保证招生和培养质量。"

为了更好地发展新疆少数民族地区的经济文化，会议认为："近期内地普通高等学校民族班招收新疆少数民族学生数量要适当。1990—1992年，每年平均招生人数应为 800 人左右。为了保证人才的培养质量，应本着适当照顾的原则，并根据有关规定择优录取参加统考的少数民族学生。通过'民考民'录取的学生应先进高等学校民族预科学习两年。主要学习汉语文，提高文化基础知识。有条件或已办民族预科的高等学校，应积极办好预科。目前尚无条件办民族预科的院校，可委托中央民族学院、西北民族学院或新疆高等学校代办。民族预科生结业后升入原校本、专科时，根据学生实际情况，可与其他学生混合编班学习，也可单独办班学习，以便因材施教。"

高等院校从 1990 年开始实施《协议》中关于内地为新疆举办民族预科班的规定。从此，为内地招收的新疆学生进行语言补习成为预科教育的重要任务，但与以往语言教育不同，不仅补习汉语，还要加强英语教育。

---

① 见 W 院校内部存档文件。

这些学生的招生录取工作一直由民委所属的民族院校负责，由于招生涉及各培养院校的利益、招生成本以及招生中出现的不规范行为等原因，到1998年，新疆民族预科生才由各部委本科培养院校直接招生，录取后在民委所属民族院校预科培养。

1999年高等教育扩招后，虽然少数民族接受高等教育总人数增加，但少数民族在校生所占比重反而出现下滑现象，因此，在原有的民族院校和少数民族地区一些高等院校承办预科教育的基础上，取得承办预科教育资格的地方高等院校数量也在增加。由于这些学校属于省区级学校，在高等院校层级中所处的级别不一，招收和承办预科教育的高等院校呈现明显的层级分化。因承办预科教育的高等院校增加，国家教委通过制定相应的规章制度，开始加强对预科教育的统一规划、安排和管理。从此，预科教育由原来仅由民族院校培养扩展到普通院校培养，形成"新疆班"、重点高等院校民族班、普通高等院校本专科预科①三足鼎立的局面。

综上所述，不同时期对预科教育有不同的定位和阐释。预科教育培养目标经历了培养少数民族干部—培养少数民族干部、专业人才—培养少数民族高级专门人才—培养少数民族高级专门人才和普通人才四个阶段；预科教育的任务定位就出现了由培养少数民族精英人才向培养普通专业人才与培养精英人才相结合的转变。预科教育培养目标和任务的变化表现为人才培养规格的变化，它的选拔方式也随之改变以满足这一变化的需要。

二、招生对象范围边界的变化②

前面提到，教育政策与其他政策的不同之处在于，它的客体③是人，

---

① 这里如此分类是为了强调预科班的类型，但三者有一定交叉。

② 注：因预科教育招生有时是按照身份来确定报考资格、录取分数线或降分限度，为了能够说明清楚，本研究将招生方式、录取标准也放在这里论述。

③ 政策客体指的是政策所发生作用的对象，包括政策所要处理的社会问题（事）和所要发生作用的社会成员（人）两方面。参见陈振明. 政策科学——公共政策分析导论［M］. 北京：中国人民大学出版社，2003：57.

是要通过对人、对人的生活和成长过程施加影响来达到目的的。预科教育政策明确规定它的招生对象是少数民族，它的目的是改善少数民族教育状况，促进民族教育的发展。招生对象的边界如何，实际上决定了什么样的人成为它的受益者。因此，其目标群体范围的界定既是它的初始目标，也是政策实施的最终目的。预科教育政策实施的重要途径是在招生方面进行规定，其实施过程中关于招生对象、招生要求和招生方式的规定最能体现它的性质。

预科教育招生主要采取降分录取，并对学生进行一段时间的补偿教育。它的录取方式经历了选送、选送和高考统考择优录取（兼降分录取）并行、高考统考择优录取（兼降分录取）三个阶段。不同省份具体的降分限度不同，降分幅度也不同。1995 年前，各高等院校可以自主决定降分幅度（在国家限定的降分范围以内）；1995 年开始，降分的幅度变为可由各省份招办和学校协商适当降分择优录取；2000 年后，教育部规定各高等院校招收预科生降分最低线，实践当中不同层级高等院校降分的幅度也有所不同。在国家确定的降分范围内，相对于处于全国重点层级的高等院校，各省份所属高等院校（包括各省份所属民族院校）招收预科学生降分变动性较大。

目前，少数民族高等教育招生政策按照实施标准可分为民族（特定民族成员）、地区（针对特定的地区）和普遍优惠（所有的少数民族成员）三种类型（见表 6－1）。而预科教育招生情况比较复杂，因为它还涉及"民考民，民考汉""特少民族"等。一般而言，跨省招生的部属高等院校预科招生主要是按照地区分配招生指标，跨省招生的有些民族院校在按照地区分配招生指标的基础上再按照民族成分进行分配。地方高等院校的预科招生有的是按照地区分配指标，如西南师范大学 1992 年在四川省民族地区招收少数民族委培预科生以及 1996 年为四川省甘孜、阿坝、凉山三州和黔江等民族地区招收预科生，昆明理工大学 1997 年少数民族预科班招生等；有的按照民族成分分配指标，如 1991 年海南大学、海南师范大学开设的少数民族预科班；有的是二者并重，如广西民族大学。

虽然预科教育政策的目标群体是少数民族，但它在不同时期对招生对象的边界限定有所变化。具体表现为以下方面。

表 6 – 1 少数民族高等教育招生政策条文内容分类

类 别 ＼ 标 准	民 族	地 区	普遍优惠
同等条件，优先录取	–	+	+
适当降分	+	+	+
"民考民""民考汉"	+	+	+
预科班、民族班	+	+	+
定向招生、定向分配	–	+	+
重点大学和民族院校的配额制	–	+	+
内地高校支援新疆培养人才计划	–	+	–

注：此处类别的划分是依据它们是否作为独立的条文规定出现。以定向招生规定为例，它是一项独立的条文规定，但预科招生规定中又将它作为一个附加条件。可见，这些条文规定内容之间会有一定的交叉。" + "表明此项规定按照这一标准界定实施对象，" – "表明此项规定没有按照这一标准界定实施对象。

资料来源：敖俊梅. 个体平等，抑或群体平等？［J］. 清华大学教育研究，2006（6）.

在 1980 年以前，预科教育主要由民族院校承担，其既要为少数民族地区培养少数民族干部和技术人才，也要为本校以及其他院校培养和输送合格的学生。它强调其招生对象为少数民族边远地区"后进"少数民族，注重招收中兼顾民族成分平衡①。1956 年 7 月的《中华人民共和国高等教育部通知关于优先录取少数民族学生事》规定："为了照顾少数民族学生的特殊情况，给以较多的录取机会，我们意见：今年在录取时，应该特别照顾他们。只要他们的学科成绩达到最低录取标准，汉语程度估计能够听懂讲课，则可予以优先录取。"

从 1980 年起，预科教育出现三种形式：一是新疆班，即为新疆举办的民族班、预科班；二是为普通高等院校培养合格学生的预科班；三是为

---

① 见 W 院校内部存档文件。

部属高等院校民族班培养合格学生的预科班。新疆班主要是为了学习汉语和文化基础知识，除了新疆"民考民"的学生外，内蒙古等省份也有大量的"民考民"学生，但主要是在省域内高校设立预科班实施。后两者主要是进行文化基础学习，但二者招生对象边界设定和招生标准规定有些差异。内地为新疆举办的高等学校民族预科（班）、本专科民族班①重点招收农牧区、边远山区，特别是人口较少的少数民族学生，但由前面的数据分析可知，这些班级中来自城镇地区和干部、教师家庭背景的学生占多数。

第二种形式，即为普通高等院校培养合格学生的预科班。它分为两类：一是民族院校②。在 1990 年前，普通高等院校预科班主要是指民族院校预科班；民族院校更为强调招收少数民族农牧区的少数民族学生，注重招收来自少数民族边远地区的学生，注重民族成分的平衡。例如，在 1995 年，它要求招收边远高寒、艰苦、贫困的民族地区农牧民出身的考生和民族中学毕业的考生进入民族预科学习和培养。二是地方高等院校。在 1990 年后，随着地方高等院校取得举办预科班的资格的数量增多，普通高等院校预科班主要是指地方高等院校举办的预科班。它同民族院校一样，招生注重面向农牧区的少数民族学生，降分幅度很大，一般可降分 80 分。K 区的调查表明，有些地方高等院校本科预科招生分数可降到低于最低录取分数线 205 分（理科）和 141 分（文科）③。

第三种形式，即为部属高等院校民族班培养合格学生的预科班。虽它在文本规定中提出要注意吸收少数民族山区、牧区的学生，但它强调从参加高考的少数民族考生中择优录取，强调培养少数民族高级专门人才，并非强调特定地区。然而，不同时期的招生范围略有差异，录取降分幅度也有变化④。在《关于 1998 年继续在北京大学等 11 所高等学校举办少数民

---

① 为方便起见，以新疆班一词代替。

② 虽中央民族大学是重点大学，但因民族院校成一体系，有其特点，故将中央民族院校也归于此。

③ 见 K 区内部文件。

④ 笔者没有找到关于招生范围规定变化原因或说明的资料，也就无法妄测变化的依据。

族班的通知》中规定，"民族班学生录取按国家教委有关民族预科生的规定执行，主要招收民族中学或中学民族班的少数民族学生……"到了2000年，明文确定民族班的任务是为边远、贫困民族地区培养多种高级专门人才，并于2005年进一步规定，"预科班、民族班生源限定为当年参加普通高等学校招生全国统一考试的少数民族考生，重点招收边远农村、高寒地区、山区、牧区的考生，并适量招收散杂居地区的少数民族考生"。但事实上，由于强调择优录取，导致这些规定很难落实，同时也无法阻止分数达到本科生第一批录取线的少数民族学生进入预科。

　　由此可知，不同时期预科教育的招生对象范围边界是不同的，它经历了由最初强调地区、民族成分和阶层到强调具体的特定地区、特定阶层和特定群体的转变，其中，某一阶段还规定了考生所毕业中学的性质。即使是同一时期，不同层级高等院校的招生对象范围边界也不同。不仅如此，它的录取标准在不同时期也有变化，同一时期不同层级高等院校的录取标准也有差异①。直到2005年，教育部颁布的《普通高等学校少数民族预科班、民族班招生工作管理规定》规定："本科预科班录取分数线不得低于在有关省、自治区、直辖市本科相应批次各有关高校提档分数线以下80分……专科预科班录取分数线不得低于在有关省、自治区、直辖市专科相应批次各有关高校提档分数线以下60分……民族班录取分数线不得低于在有关省、自治区、直辖市本、专科相应批次各有关高校提档分数线以下40分。"从而确立了预科班和民族班不同的录取标准。

　　综上所述，不同时期对预科教育的种种诉求不仅通过预科教育具体任务、目标的变化来完成，还通过对其实施赋予新条件和解释来完成。不同时期对预科教育的定位、对少数民族教育的理解和少数民族学生高考成绩

---

　　①　1980年，录取分数可下降到最低控制分数线下30分；1981年，录取分数可下降到最低控制分数线下80分；1988年，录取分数可下降到最低控制分数线，若无考生进入最低分数线，可由当地推荐，经省级招生委员会批准，适当降分择优录取若干名；1993年，如按最低控制分数线成绩招不满额，个别考生可在最低控制分数线下降低30分；1998年，录取降分幅度为20分，个别省区、人数特别少（人口在10万以下）的少数民族考生可降分80分。2001年，本专科民族预科录取分数分别可下降到最低控制分数线下80分和60分。但新疆班的降分幅度有时可达到录取分数线下80—100分。

等多种因素，导致对预科教育目标群体的边界定位、录取标准发生变化。

三、不同时期预科教育制度设置的变化

预科教育实践效果与其制度设置是紧密相关的。它不仅使相关政策具体操作化，也是攸关其目标落实的关键。预科教育制度设置的变化主要从其办学形式和预科教育教学管理、教材内容等两大方面进行论述，二者是具体落实预科教育的重要条件和内容。

首先，预科教育办学形式及其转变。

随着预科教育目标的变化，其办学形式也相应地发生变化：由原来作为民族院校主要教育工作任务变为其工作任务之一。从 20 世纪 50 年代起，民族院校是实施预科教育任务的主要力量，承担为本校和其他院校培养合格学生的任务。它们举办预科教育的形式基本相同，都是依靠民族院校的师资、条件。进入 80 年代以来，民族院校转向普通教育办学模式和实施专业化的学历教育，预科教育成为民族院校教育工作中的一部分，甚至成为附加任务工作。但随着招收民族班的高等院校增加，内地为新疆举办高等学校民族预科（班）、本专科民族班的开始，取得招收预科生资格的高等院校的增加等，承办预科教育的院校开始不断增加，形成规模小、数量众多和比较分散的局面。如何整合教育资源成为预科教育的重要问题。

1992 年广西民族院校将全区六所高校招收的民族预科班集中到广西民族学院，开创了预科教育集中办学的先河，并在 1993 年又将所有 11 所高校招收的民族预科班集中到广西民族学院。1996 年 5 月，教育部、国家民委在南宁召开"全国民族预科教育改革工作会议"，肯定了广西预科教育集中办学的模式和教学改革经验，并向全国推广。从 2000 年起，鼓励和支持设立预科教育基地，其中包括教育部批准一所民办学校承办的预科教育基地。同时，在 2000 年教育部《关于下达 2000 年普通高等学校少数民族预科招生计划的通知》中规定，"普通高等教育招生少数民族预科班学生的待遇以及收费等问题参照学生所在学校的有关规定执行。中央财政

对承担国务院有关部委所属高校少数民族预科班培养任务的高等学校，参照普通高等学校本科生标准，拨给正常的事业经费"。因此，承办少数民族预科教育基地对于存在生源不足危机的学校而言是有利可图的事情。2005 年颁布的《普通高等学校少数民族预科班、民族班招生工作管理规定》规定，为了加强对少数民族预科班招生的监管，提高预科阶段教学质量，从 2005 年起，全国高校本、专科预科阶段培养实行相对集中办学。不集中办学的，取消有关省、自治区、直辖市所属高等学校举办少数民族预科班的资格。通过这一系列的相关规定，确立了新时期预科教育办学的模式——集中办学。预科教育办学形式包括三种，第一种是具有传统优势的民族院校预科教育，第二种是地方普通院校承办的预科教育①，第三种是具有规模优势的教育部直属民族预科教育基地。W 院校承办的预科教育属于第一种形态。

由以上可知，办学形式看起来很简单，但其实它是有效组织、整合资源的方式，预科教育办学形式的变化，不是偶然的，是社会发展的结果，也体现了市场经济运行规则带来的相关观念意识的确立和深入。集中办学模式能够发挥一定教育资源的最大效益，解决了预科教育对扩大教育资源的要求，满足了强化对预科教育管理的需要。但关于哪些学校、具备什么样的条件才可以承办预科教育基地并没有公开的、明确的要求和规定。虽然提及提高预科教育阶段教学质量，也有相关的措施规定，但并没有触及当前存在的预科教育教学实践及效果问题。

其次，预科教育教学、管理等状况。

预科教育的培养目标、任务的变化，影响和改变着预科教育的定位，直接影响到预科教育教学管理、课程设置和教材内容编订等方面；反过来，这些是具体落实预科教育的重要一环，它们的状况直接影响着预科教育的成效。以往预科教育教学与管理遵循所举办学校的规章制度，现其相关教学与管理规范由教育部明文规定。

---

① 承办预科教育的地方普通高等院校有两种：一种是传统预科办学形式，另一种是由教育部直接控制的预科基地。

在 1980 年以前，由于预科教育形式有汉语补习班、专业技术班和中学班，因此，其教学内容主要为"补习汉语、补习中学基础知识和专业课学习"；而中学班因采用高中模式，系统学习高中内容，在课程设置、教材等与普通高中是一致的[①]。1980 年起，教育部规定预科生主要补习高中课程，特别是数理化，并提高汉语听课的能力，要求学生能够扎实掌握高中文化科学基础知识。在 1992 年，预科教育中汉语文、数学和外国语为主干课程。在 1992 年的《关于加强普通高等学校少数民族预科班工作的意见》、1993 年的《关于一九九三年继续在部分高等学校举办少数民族班的通知》的规定中，都强调"要加强少数民族学生文化基础知识的学习，特别是汉语文、数学和外国语等基础学科的学习……"并于 1992 年成立全国普通高等学校少数民族预科汉语文、数学和外国语（英语）三门课程教材编写组，以加强全国预科教材的建设，要求普通高校少数民族预科班从 1993 年起采用统编教材。后国家教委于 1996 年对统编教材做了修订，从 1999 年开始要求预科班教学统一使用国家教委重新修订的普通高等学校少数民族预科教材。2005 年，《普通高等学校少数民族预科班、民族班管理办法》明确规定，民族预科班的汉语文、数学、外语、计算机、马克思主义民族理论和思想政治等基础课程要使用统编教材。预科生的管理以往是在所举办学校的规章制度的基础上，根据预科教育的特殊情况，再进一步确定相应的行为细则。2005 年，《普通高等学校少数民族预科班、民族班招生工作管理规定》第一次规定了关于预科生管理方面的规范，并首次明文确定了预科教育政策相关主体的权责。

W 院校预科教育教学与管理体现在班级分级设置、课程教学安排、各科教材选择、学业评价与结业考核等方面。2007 年起，基于学生源于不同省份，高考成绩与汉语水平不一，采取学年制与学分制教学管理模式和分层教学方式。将课程分类为公共基础课、主干课和选修课等。如一年制文科预科生要修满 860 学分，理科生要修满 908 学分。分层教学就是按照

---

① 曾有学者因此认为预科教育也可以算作内地办学模式之一，但不可否认，早期的预科办学模式为后来举办内地西藏班提供了重要的经验和启发。

掌握某一学科程度进行分层教学。两年制新疆班根据学生汉语基础，组织分层教学，教学内容相同。而一年制全国班原则上依据其文理类别分班。而学业评价和结业考核主要采用考试为主、考查为辅的方式。教育部《关于下达 2001 年普通高等学校少数民族预科招生来源计划的通知》规定："预科结业考核和结业证由各预科培养学校组织和印发；合格者升入高校本（专）科学习，不合格者可保留一年预科学籍，考核仍不合格者退回原籍。"W 院校一年制和两年制预科班学业评价规定稍有差别。关于两年制预科生学业评价的规定为："学生须修满所有主干课和公共基础课，并参加考试；如有成绩不合格者，可补考；仍有二门主干课或三门课成绩不及格者，可跟班试读；累计三门主干课或四门课成绩不及格者，不得结业，作退学处理。"对于一年制预科生，除了上述规定之外，升入本科才分专业的预科生，其"主干课的学年成绩作为确定升本专业排名的学业成绩"。另外，民族预科教育一般不确定专业。《高等学校少数民族预科班、民族班管理办法》规定："民族预科班招生时，除特殊情况外，一般不确定专业。预科生结业时，根据民族地区经济建设和社会发展对人才需求状况，由招生学校提供专业计划。本、专科（高职）招生学校根据学生实际情况和学生个人的志愿确定专业。"除了北京大学、中山大学专业已确定外，其他院校预科生都需要在结业时填报选择专业。

　　综上所述，从预科教育政策的目标、任务定位、目标群体限定和条件设置方面的变化可以看出，预科教育发展经历了三个阶段：第一阶段是从 1953 年至 1980 年，为形成和建设阶段；第二阶段是 1980 年到 1990 年，为转变和发展阶段；第三阶段是 1990 年以后至今，为多元和规模发展阶段。预科教育政策的目标、任务定位、目标群体限定和条件设置方面的变化是相互紧密联系的。由于现实的需要，预科教育政策目标必然发生变化，人才培养规格要求和人数也随之变化，并引起选拔机制的变化；由此带来的是承办形式和教学管理模式的变化。在这样的变化中，一方面满足了不同时期少数民族发展教育的需求，另一方面却因不同时期的工作侧重点不同，也可能会给落实预科教育政策的平等取向带来一定的影响。

第二节　理念与现实：
影响预科教育政策文本的因素分析

由前面叙述可知，预科教育始于培养大量少数民族干部和少数民族学员因语言等因素无法跟班学习的现实矛盾，那么，它如何定位于平等取向？民族教育问题集教育问题、民族问题、社会问题和政治问题等于一身，而预科教育政策的平等取向与该政策其他职能是否相互兼顾，如何兼容？不同时期社会发展变化的诉求如何影响预科教育政策、如何体现在预科教育政策中，预科教育政策的平等取向与现实要求如何兼容？这在拷问预科教育政策是否平等、如何落于实处，而回答这些问题，需要弄清哪些因素影响、如何影响预科教育政策。

把社会联结起来的组织或关系结构的实体类型为观念组织、规则组织、行动组织和利益组织。其中，观念组织即社会意识，是指相互联系的观念（信仰、信念、定义）网络，构成社会观念系统；规则组织即社会制度，是指相互联系的规则（规范、价值观、规定、理想）网络，构成社会规范系统；行动组织是指社会组织，即相互联系的行动网络，构成互动系统；利益组织是指相互联系的利益（生活机会、机遇、资源获取）网络。前两者被认为属于传统上所称的文化，后两者被称为传统意义上的社会关系网络。而社会变迁过程，是这些实体类型发生持久变化的过程。具体表现为：观念不断被明确提出、合法化或重新表述，意识形态、信条、学说和理论不断呈现或消失；规范、价值观或规则不断被制度化、重申或拒绝，伦理规范、法律制度不断形成与失去；互动渠道、组织联系或群体纽带不断确立、分化和重塑，群体、圈子和个人网络不断形成与失去；机会、利益、生活机遇不断定型化、固化和再分配，社会等级不断升降、扩大和平衡①。

就民族预科教育政策产生与发生而言，其存在于一定的政策环境或社会背景下，相关观念的重新阐述或规范制度系统的变化必然作用于民族预科教育政策及实施过程。同时，就民族预科教育政策自身而言，民族预科教育政策规定本身就是在不同群体之间资源配置的合法化，其背后有一定观念体系，基于此形成一套规范制度，并因其惠及不同社会群体或不同阶层人群而影响群体或人群的利益关系与身份定位，从而影响群体或社会个体互动关系网络和模式。在社会变迁过程中，随着生产关系发生变化，其所基于的观念体系必然会不断被提出或重新表述或进行新的阐释，而导致相应的规范制度不断调整，引起与此相关的群体之间关系或互动模式相应发生变化，从而相关群体之间的利益关系及资源获取方式随之变化。因而笔者主要从观念体系与规范制度系统两个维度入手分析影响民族预科教育政策的因素。

一、预科教育政策平等取向的形成与定位

政策规定并不单纯是文本的表述与下达，作为一项政策必然涉及资源分配和利益协调，要兼顾所涉及各相关者的利益，并符合他们的一定利益要求；因此，政策取向选择文化主导价值取向，以符合社会某些普遍性的规则、规范，从而获得社会的认可和接受。因而政策作为一种政治行为，离不开意识形态的作用。传统按照一定的社会潜意识层面或某种惯性存在于我们现有的环境和意识形态中，一定程度上为人们提供了塑造其所在世界的基石。传统形成的民族观是社会大众对该政策认可的、不可忽视的条件。而"共产党组织是当代中国政府过程中核心的、主导的体制化政治结构，但不是一般的结构，是中枢结构"②；政党的政治意识形态为现实民

---

① 彼得·什托姆普卡. 社会变迁的社会学 [M]. 林聚任，等，译. 北京：北京大学出版社，2011：11.
② 胡伟. 政府过程 [M]. 杭州：浙江人民出版社，1998：83.

族教育政策实施指引了方向。因此，笔者从历史传统中形成的民族观、政党的政治意识和现代市场经济平等观等三方面进行论述。

（一）传统的民族观："以和为贵，和而不同"

所谓民族观，是指对民族和民族问题最基本的看法，以及在这种基本看法的指导下，人们采取何种纲领和政策来处理民族事务，它是对民族、民族问题以及民族关系的认识和态度。中国是多民族国家，在长期的历史发展过程中形成了一定的民族观。而这种民族观的形成是与儒家思想密不可分的，因为儒家思想自汉代以来，便成为各民族所建立的封建国家政权的统治思想，并对历代王朝的民族政策的制定和推行产生了直接的、第一位的影响。各族政权基本上都能在儒家民族思想的指导下结合各自所处的时代和自身的实际情况，制定出相应的民族政策，其中不乏成功的经验，也有失败的教训①。

儒家民族观的形成经历了一个过程。夏商周三代的内外服官制度，形成了诸夏与四夷不同的臣服和纳贡关系，并由此产生了民族观念和有别思想。以孔子为代表的先秦儒家民族观以性相近论为基础，以仁爱为指导，以是否符合礼仪来作为区别华夷的标准，主张用夏变夷，修文德来远人。就主流而言，之后的儒家坚持先儒大一统思想，反对夷夏大防，主张兼容并包、民族融合，并通过理论实践和学术讨论，对儒家的民族观做出了大发展②。政治制度的儒化使得儒家民族观能够成为统治者处理少数民族事务的主流取向。具体而言，儒学对政治制度的影响和指导作用，主要表现在以下三个方面：一是儒家以是否符合礼义标准来区分华夷，拥护能代表先进文化、能为华夏文明的发展做出贡献的杰出人物做华夏君主，而不论其民族成分如何；二是儒家"普天之下，莫非王土；率土之滨，莫非王臣"的大一统观念，使中国政治制度一直体现着专制主义中央集权的原

---

① 吴贤哲. 儒家思想与民族政策 [J]. 西南民族学院学报：哲学社会科学版, 2002 (1).

② 吴贤哲. 儒家民族观的形成与发展 [J]. 西南民族学院学报：哲学社会科学版, 2000 (9).

则；三是中国古代官制在儒家思想的影响下，渗入了宗法观念，建立了以皇权为中心的等级制度①。而怀柔羁縻②是儒家民族观的产物、具体体现，是历代封建王朝民族政策的基本核心。儒家民族观对中国文化上形成多元一体的格局具有重要作用。因此，中国传统文化形成了以注重教化为核心、以等级严格的家族制度和宗法制度为依托的一套民族观念体系，如"以和为贵，和而不同"；形成"文化教化为本、政治整合为辅"的治理民族事务模式，而教育被认为是实施教化的重要途径。中国历史上形成了政教合一的传统。中国传统民族观注重的既不是人种，也不是地域，而是文化，而"礼"的获得或丧失，成为区分的关键③，从而形成儒家的"夷狄"的教化观④。"'夷狄'教化观表现为以德厚夷⑤、华夷一家⑥、夷汉

---

　　① 吴贤哲. 儒家思想与民族政策 [J]. 西南民族学院学报：哲学社会科学版，2002（1）.

　　② "怀柔"一词出现较早，最初用在祭祀迎神的活动中，《诗经·周颂·时迈》云："怀柔百神，及河乔岳。"《毛传》："怀，来。柔，安。""羁縻"一词的本义，依《说文解字》，"羁"为马络头，"縻"为牛辔。无论是马络头还是牛辔，皆有系联的意思。羁縻作"联系"讲，始见于汉代。又引申为笼络、抚绥之意，《史记·司马相如传》："盖闻天子之于夷狄也，其义羁縻勿绝而已。"《史记·索隐》："羁，马络头也。縻，牛缰也。《汉官仪》：'马云羁，牛云縻，言制四夷如牛马之受羁縻也。'"《索隐》所引《汉官仪》的解释，则又引申为束缚、控制之意。因此，怀柔羁縻，合言则一，皆有联系、笼络、安抚使之顺服之意；分言则别，前者偏重笼络安抚，后者侧重控制维系。当羁縻制度确立以后，"羁縻"则成为中国历朝封建国家实施民族政策的体制专称。

　　③ 参见王柯. 民族与国家——中国多民族统一国家思想的系谱 [M]. 北京：中国社会科学出版社，2001：31-82.

　　④ "夷狄"教化观是中国古代教育观和民族观相结合的产物，这两个概念的结合，有着明显的理论建构。中国古代是用教化来认识和把握教育这一现象的，其核心理念是以德化民，即以封建伦理道德为纲，以"化"为基本途径，以淳风俗美道德为目标，把君臣、上下、父子、兄弟、夫妇、朋友编织在特定的文化结构之中，沿着这一思路推演，周边各民族也被纳入这一认识框架之中，成为被教化的对象。

　　⑤ 以德厚夷观见之于《吕氏春秋》的记载："善为君者，蛮夷反舌、殊俗、异习皆服之，德厚之。"

　　⑥ 当大一统封建帝国建立以后，儒学上升为官方哲学，其"天下大同""四海一家"的观念便得以凸显，"夷狄"教化观便演变为华夷一家观。这种观念在隋唐时期占有主导地位。

一家①、刑罚并用观②、以夏变夷③等不同的理论变式。其实践都是在中国传统文化赋予教育的教化功能上展开……"④

传统民族观对当代社会民族事务尤其是民族教育的影响，可从民国时期提倡的边疆教育中见一斑。"边疆有三重涵义：一、地理的边疆，二、政治的边疆，三是文化的边疆⑤。边疆教育是以文化的边疆为对象，即以教育居住于文化边疆之各族为目的。与普通教育不同，它除了要保存、传授各族自身文化或地域文化之外，还须灌输民族国家所需要的同一文化与现代文化，其文化内容为二元的；并应确守下述两大原则——谋适应，求交融。文化的边疆，为教育的对象；教育迅速发展，文化的边疆就日益缩小，至教育普及之时，文化的边疆一词，就不复存在。总裁（蒋介石）认为，'我们中华民族是多宗族融合而成。融合于中华民族之宗族，历代都有增加，但融合的实力是文化而不是武力。'由此可知文化之融合为民族融合之原动力，边疆教育之重要，可以想见矣。"⑥ 文化的边疆消缩，有助于淡化地理边疆和政治边疆所引起的距离，从而有助于促进民族融合。

（二）政党的政治意识形态："事实平等"

不可否认，政策制定过程中存在着利益博弈，但正如米切尔·黑尧（Michael Hill）认为的，人们大多关注政策过程中各种利益群体、行政人

---

① 夷汉一家观与华夷一家观并不是词序上的差异，而是两种不同教育观念的反映。与华夷一家观比较，夷汉一家观是少数民族文化对汉族文化的一种适应，是在周边少数民族文化向中华民族文化核心地域向心内聚过程中形成的，是少数民族入主中原并建立相应政权时所奉行的一种文化教育观念。

② 《国语·周语上》记载："先王之制，邦内甸服，邦外侯服，侯内宾服，夷蛮要服，戎狄荒服。甸服者祭，侯服者祀，宾服者享，要服者贡，荒服者王。……先王之训也，有不祭者则修意，有不祀者则修言，有不享者则修文，有不贡者则修德，序成不至则修刑。"

③ 在中国古代文化庞大的体系结构中包含着农业文化与畜牧业文化两大类型，由于两大文化类型产生的条件不同，在其积累、传递、创新的发展过程中，农业文化表现为一种相对的强势特征，强势文化自然而然地产生优越的文化心态，在教育上表现为以夏变夷观。这一观念首先由孟子提出，"吾闻用夏变夷者，未闻变于夷者也"。

④ 何波. 论中国古代对"夷狄"的教化观 [J]. 民族教育研究，2000 (3).

⑤ 文化的边疆，即指语言文化具有特殊性质者而言，如谓地理的边疆基于属地主义，则文化的边疆则属于人文主义。

⑥ 朱家骅. 边疆教育概况 [M]. [出版地不详]：教育部边疆教育司，1947：10-30.

员的行为取向对政策的影响，而忽视了政党意识形态对政策制定的作用。"一些政策可以直接看作是为了适应特定的意识形态目标而进行的变迁（尤其是市场分配制度的限制或发展，国家的强化，或对社会种族、性别歧视的限制等）。……意识形态，或者更宽泛地说，政党的政策目标，不管是否仅仅是一种象征性的符号，在政策中都具有重要的作用，被看作是政策行动的方向和目的。"或者可以说，"许多政策过程是从强烈的意识形态的承诺开始的"①。

马克思主义民族理论奠定了中国民族政策的基调，民族平等是马克思主义民族理论的核心，确定了民族政策行动的方向和目的。马克思主义关于民族平等理论的最基本观点包括：一是要求实现平等必须要求消灭阶级，实现共产主义；《共产党宣言》提出②："人对人的剥削一消灭，民族对民族的剥削就会随之消灭。民族内部的阶级对立一消失，民族之间的敌对关系就会随之消失。""民族压迫是阶级压迫在民族关系上的延伸，民族压迫的根源就是阶级压迫。"③ 二是民族平等不只是在于形式上的和法律上的平等，重要的是要实现事实上的平等。以毛泽东为首的中国共产党人，根据中国特点和各民族的实际，创造性地运用马克思主义民族理论的基本原理，正确解决中国的民族问题，形成了中国化的马克思主义民族观。"马克思主义中国化必然包含相互关联的双层涵义：一是把马克思主义的普遍真理与中国革命及建设的具体实际相结合；二是把马克思主义的基本原理与民族传统文化之优秀遗产相结合。前者着重解决中国革命和建设的道路、方向和方针、政策的问题；后者着重解决中国共产党的价值观念、思维方法和行为方式的问题。"④ 1938 年 9 月，在中共六届六中全会上，毛泽东向全党提出了"使马克思主义在中国具体化"的任务。"要学会把马克思列宁主义的理论应用于中国的具体环境"，"使之在其每一表现

---

① 米切尔·黑尧. 现代国家的政策过程 [M]. 赵成根，译. 北京：中国青年出版社，2004：93.

② 马克思恩格斯选集：第 1 卷 [M]. 北京：人民出版社，1995：291.

③ 罗树杰. 马克思主义民族观导论 [M]. 北京：民族出版社，1997：184.

④ 谭献民. 论马克思主义中国化的双层涵义 [J]. 湖南行政学院学报，2000（6）.

中带着必须有的中国的特色，即是说，按中国的特点去应用它"①。正因如此，根据中国历史形成的民族关系和现状，"中国共产党成功地发展了马克思主义民族理论，从列宁的'民族自决'② 理论中抽象出其实质——民族平等原则"③，使之成为中国民族政策的主导。中国民族纲领要求处理民族关系必须遵循的基本原则是民族平等、团结和共同发展。三者是不可分割的、紧密相连的，民族平等是实现民族团结的政治基础，民族平等和民族团结是实现各民族共同繁荣的前提条件，各民族共同繁荣特别是经济发展，是实现民族平等和民族团结的物质保证。实现各民族事实上的平等成为民族发展的最高宗旨。而这与中国共产党领导人的认识、高度重视以及努力是分不开的。邓小平同志认为："在中国的历史上，少数民族与汉族的隔阂是很深的。……历史上的反动统治实行的大民族主义的政策，只能加深民族隔阂，而今天我们政协共同纲领所规定的民族政策，一定能够消除这种隔阂，实现民族的大团结。""少数民族要经过一个长时间，通过事实，才能解除历史上大汉族主义造成的他们同汉族的隔阂。我们要做长期的工作，达到消除这种隔阂的目的。"④ 周恩来同志曾指出：各民族间事实上的不平等是历史遗留下来的，要消除这一状况不是短时间所能做到的，需要大家共同努力。要实行社会改革，这是消除民族间事实上不平等的根本措施。先进民族要有"还债"的态度，各民族要互助合作，逐步实现各民族的共同发展、繁荣⑤。为此，面对少数民族地区教育发展滞后的现实，应制定一系列民族教育政策措施进行扶持。民族教育政策是实现各民族平等、维护各民族的权益和促进发展的必要措施。

不同时期预科教育政策文本中具体目标、培养任务及其相关规定的变

① 毛泽东选集：第2卷［M］. 北京：人民出版社，1991：524.
② 最先在国际社会提出"民族自决权"概念的是列宁。1916年3月，列宁发表《社会主义与民族自决权》一文，指出世界各民族均应享有决定自身命运的权利。这是针对帝国主义压迫下的殖民地半殖民地国家以及被压迫民族的解放而言的。
③ 宋黎明. 马克思主义民族观中国化与新中国国家构建形式选择［J］. 齐齐哈尔大学学报：哲学社会科学版，2006（11）.
④ 邓小平文选：第1卷［M］. 北京：人民出版社，1994：162.
⑤ 转引自徐杰舜，吴政富. 试论新中国民族教育政策制定的理论依据和现实依据［J］. 铜仁师范高等专科学校学报，2006（6）.

化，显示了中国共产党和中国政府领导人根据不同时期的少数民族实际和需要，坚持中国民族纲领采取相应措施，力图逐步实现缩小各民族之间发展水平的差距，最终实现各民族事实上的平等。

马克思主义民族理论认为民族平等首要的是政治平等。为了国家建设、民族区域自治与实现共同纲领民族政策，同时也是为了真正实现各民族当家做主，毛泽东提出，"要注意培养少数民族的党员干部，逐步以少数民族干部来代替汉族干部。当然，不是说汉族干部走得一个也没有，而是说不要去代替他们办事"。"县、州、区的少数民族干部要逐年增加，少数民族中要出书记。"邓小平也指出："少数民族的事应该由他们自己当家，这是他们的政治权利。"① 因此，民族教育主要任务在于培养少数民族干部。随着社会主义改造任务的完成，各民族实现了政治平等；紧接着进入全面建设社会主义阶段，民族教育任务进入了培养少数民族干部和专业技术人才阶段。

从 20 世纪 70 年代末起，中国进入了社会主义改革开放和现代化建设时期，发展成为这一时期的主题。国内各民族之间基本上建立起平等和团结的民族关系，但各民族之间经济文化发展的不平衡仍没有消除，少数民族地区仍处于落后的状态。邓小平理论提出发展是硬道理，把民族平等与民族的发展紧密联系在一起。为了促进各民族共同繁荣，邓小平同志提出要着眼于少数民族地区的发展，"不仅西藏，其他少数民族地区也一样。我们的政策是着眼于把这些地区发展起来"，"中国的资源很多分布在少数民族地区，包括西藏和新疆。如果这些地区开发起来，前景是很好的。我们帮助少数民族地区发展的政策是坚定不移的"②。并提出"其他省市特别是沿海地区要帮助少数民族地区发展"，而教育支援是其中重要的一项内容。在这样的时代背景下，预科教育以法律条文的形式出现了。在 1984 年 5 月颁布的《中华人民共和国民族区域自治法》第六十五条规定："上级国家机关帮助民族自治地方加速发展教育事业，提高当地各民族人民的

---

① 邓小平文选：第 1 卷 [M]. 北京：人民出版社，1994：166－167.
② 邓小平文选：第 3 卷 [M]. 北京：人民出版社，1994：246，247.

科学文化水平。国家举办民族学院，在高等学校举办民族班、民族预科，专门招收少数民族学生，并且可以采取定向招生定向分配的办法。"90 年代，江泽民同志进一步提出"科教兴国，发展少数民族地区，首先以教育为先"。在新时期，民族教育不仅被视为民族政策在教育领域的实现，也被看作带动少数民族整体发展的前提。因此，这一时期除了大力培养少数民族人才，也注重少数民族高级专业人才的培养。

综上所述，政党意识形态是引导、坚持政策取向的重要力量。中国共产党和政府一直把民族问题作为首要问题，把发展少数民族作为首要任务；这是中国共产党坚持马克思主义理论为指导方针的必然。中国共产党和中国政府在马克思主义民族理论的指导下确立了预科教育政策的平等取向。马克思主义民族理论关于阶级关系和民族关系的论述，不仅要求预科教育政策面向所有的少数民族群体，而且强调预科教育政策更为关注少数民族群体中处于相对弱势的、缺乏教育资源的那部分人，在具体条文规定上表现为预科招生时注意招收贫下中农或来自边远地区或特少民族等等。但由于不同时期政治、经济和文化等发展变化会对教育有不同的诉求，并会通过各种途径、形式贯彻自己的意志，这就要求预科教育政策理念与现实相结合，既要坚持预科教育政策的平等取向，又要有务实的考虑；这些使预科教育不同时期的培养目标和任务的关注点发生变化，而这种变化通过具有权威性的政策行为引导、规范和改变预科教育运行中的具体活动，如招生、教学模式等。然而，中国共产党和中国政府坚持马克思主义民族纲领，实现各民族平等、团结和共同发展的目标，一直是引导民族政策、民族教育政策的方针。预科教育是这一原则在教育领域的体现，是保障少数民族成员获得高等教育机会的一项特殊措施和办学形式。因而，预科教育办学宗旨是不可更改甚至是不可触动的。不同时期预科教育随着社会发展要求的改变，其具体任务关注点会发生变化，但须限于预先设定的意识形态指导的宗旨框架以内。

（三）新的挑战：个体本位和效益优先

由前面可知，预科教育政策文本规定有一定的调整，但其终极价值并没有变化，仍然坚持实现各民族"事实平等"，而其工具价值有了一定的变化，具体表现在招生、办学等方面。这些变化中既有基于政策客体变化而引起的政策渐进式调整的原因，又有政策环境变化的影响及市场经济体制建立带来的冲击的因素。其中，市场经济体制对预科教育政策及相关民族优惠政策提出的挑战是最大的，甚至有学者提出民族优惠政策是否适用于市场经济时代的疑问。

在 20 世纪 90 年代，关于市场经济与平等方面议题的大讨论兴起。因为市场经济逻辑下的平等理解与预科教育政策的平等取向是不一样的。市场经济逻辑下的平等阐释是基于竞争：强调机会平等但不求结果平等。它认为，每个人都有相同的机会，可以凭借自己的能力追求自己的目标。机会平等是指任何人都平等参与竞争，而不应受到出身、性别、民族、家庭等限制；而结果平等是排斥竞争的，会危害到机会平等，会造成个体的不平等。因此，有些人认为，实施结果平等，必然是会侵犯个体的权利；而权利是不能为补偿不平等而牺牲或简约的。市场经济带来的冲击不仅体现在社会意识方面，还体现在社会规范方面。预科教育政策合理性是基于各民族"事实平等"价值取向，并按照群体身份实施，这与市场经济逻辑下的平等观念不相符。但因预科教育政策具有强烈的意识形态性和政治性，市场经济逻辑下的平等观念不能对其形成直接冲击，而是通过强调经济效益、个体机会平等等间接方式来影响预科教育政策实施条件和方式，或影响大众对预科教育政策的看法和定位。与此同时，一些学者基于不同视角对中国民族问题或相关理论提出学术观点或就基本概念进行争辩，这虽然促使人们多视角思考民族政策，但也会对现有民族理论话语体系和政策实施提出挑战。

综上所述，关于预科教育政策的社会观念系统仍是以中国共产党民族平等原则为主导，但社会变迁过程中始终会有些不同于或主观上被认为不同于民族平等原则的观念，不断地被明确提出或力图谋求合法化，如市场经济逻辑下的平等理论。但是，民族平等原则作为马克思主义民族理论的一项基本原则和中国的基本国策，它是基于少数民族发展相对滞后的实际和谋求发展的需要，是为了保障少数民族享受国家法律所赋予的各项权利，并通过一系列措施制度化。从其实施效果来看，以预科教育政策受益者状况分析结果为例，它在保障少数民族发展权利和机会的作用是极其有效的，促进了各民族事实上的平等和民族大家庭的共同发展与繁荣。因而，预科教育政策的价值基础——民族平等原则是应始终紧守的，以作为主导价值取向指导预科教育政策实践。传统民族观，按照一种惯性，其某些内容某种程度上作为一种传统观念或转化为一种心理机制通过不同的方式在社会中存在下来，或多或少地影响着人们对当今民族事务、民族政策或民族关系的看法和认识。而在民族平等原则及相应政策实践引导下，传统民族观中利于民族平等及团结的内容被承认和接受，成为具有一定说服力的符号。但不可否认，仍然有些不利于民族团结和发展的观念残喘于不同角落，如大汉族主义和地方民族主义。市场经济作为社会资源主要配置机制，它通过规范经济行为和调整经济关系，其平等观点渗透进或改变着社会意识和社会规范，对预科教育政策形成观念或规范上的极大冲击。

二、预科教育政策文本的政策环境及其变化

如果说政党的政治意识形态确定了预科教育政策的平等取向和目标群体，决定预科教育政策宗旨和受益群体，那么，目标群体的状况就是影响预科教育政策文本内容变化的直接来源。预科教育政策形成与发挥作用于特定的政策环境中，即使预科教育政策自身内容没有发生变化，但其政策环境、所处的规范体系发生变化，会影响、改变预科教育实施的条件和方式。

（一）不同时期少数民族的需求

预科教育政策有压力群体存在，但还不能算是压力集团。利益集团是指一些有着某种共同利益要求的社会成员，为了实现共同的目标而组织起来的正式的或非正式的社会组织。对预科教育政策而言，没有这种严格意义上界定的利益集团，只能说是存在利益团体，即为了争取或维护某种共同的利益或目的而行动的一群人，通过政府或向政府机构提出要求，成为政治性的利益群体。少数民族群体对预科教育政策而言就是这样的压力群

体。"随着社会发展，利益日益多元化，少数民族地区和少数民族利益的特殊性，已使其成为特殊的利益主体。"① 它又是构成复杂的社会弱势群体，虽然政治上实现了平等，但在经济发展、文化教育等方面与其他社会群体仍存在着一定的差距。少数民族群体的客观情况和利益诉求影响预科教育政策规定。少数民族群体的客观情况是指少数民族地区发展要求、少数民族教育发展水平和民族关系状况，少数民族群体的利益诉求是指少数民族群体立足于自身的需求，要求将其利益诉求纳入机制中去维护，它因不同时期而异。

少数民族地区发展要求、少数民族教育发展水平和民族关系是实施预科教育政策的事实依据。如新中国成立初期，由于有些少数民族干部，学生汉语水平低，文化程度差，不能跟班学习，同时少数民族权益的实现及少数民族地区的稳定和发展需要大量少数民族干部，为此开设文化补习班，实施预科教育。而20世纪80年代，少数民族地区的基础教育得到了一定的发展，但缺乏少数民族地区发展急需的少数民族高级专业人才，故由重点大学招收民族班以满足这一需求。前面也提到少数民族群体在高等教育扩招中的受益程度相对低，为此，预科教育作为进行补偿的途径，扩大招生规模，以满足少数民族对高等教育日益增长的需要。

各民族共同繁荣是保证民族平等和团结的物质保证，若各民族发展水平之间差距过大，会影响各民族事实上的平等，从而危及各民族团结。而少数民族教育发展既是各少数民族共同发展的重要内容，也是实现各民族共同繁荣的重要条件和途径。反过来，民族关系是否和谐，也会影响各民族的发展。虽然在长期的历史发展过程中，各民族形成了和谐团结的局面，但由于各民族发展水平客观存在的差距，国际动态尤其是分裂势力的行为会影响到国内的民族关系。因此，加快各民族的发展，缩短各民族事实上存在的发展水平上的差距，有利于促进各民族平等和团结、国家安稳发展。民族教育在传授普适性知识的同时，传播多元文化，有利于促进各

---

① 马尚云，李婧. 从利益集团理论看少数民族和少数民族地区利益的特殊性 [J]. 内蒙古社会科学，2006 (3).

民族之间相互了解和团结，促进国家认同。就民族教育政策而言，这是民族政策在教育领域的落实；它不仅是对民族纲领平等取向的坚持，也是对教育政策功能作用的发挥。

中国政府历来非常重视少数民族地区和少数民族群体的利益。国家从法律上明确规定保障少数民族群体的权益，保证其参政议政的权利，如要求全国人民代表大会代表保证一定数量的各少数民族成员；通过《民族区域自治法》保障少数民族群体行使当家做主的权力；建立少数民族表达他们利益诉求的途径并将其制度化，以保障少数民族群体的合法、合理权益。预科教育政策实施中，少数民族群体通过制度化的途径适时表达他们的各项利益诉求。少数民族群体由他们的代表通过这些沟通途径表达他们的利益诉求，如 20 世纪 80 年代初，全国人大、全国政协的少数民族代表、委员提出，接受高等教育的少数民族人数过少，要求加强少数民族教育；或者，少数民族群体通过少数民族地区的行政机构来表达他们的教育诉求，通过报告等形式上交到国家，如 80 年代末，新疆维语尔自治区政府要求扩大预科教育模式；或是通过少数民族群体的代理机构——民族事务委员会来传达他们的诉求；等等。

（二）政策运行环境及其变化

预科教育政策除了受民族问题特点的制约外，还受相关领域政策变化的影响；而且，预科教育政策的实施离不开其他部门和机构的合作与实施。其中，民族政策和教育政策对它的运行影响最大。主要表现为以下方面。

1. 民族政策变化及其影响

新中国成立以来，中国政府基于少数民族和民族地区相对滞后的实际，制定了扶持少数民族和民族地区的一系列政策措施。但随着社会发展，这些政策措施也发生了变化。以云南省为例，这些政策中，有的由于是阶段性的或针对某一问题做出的，随着时间和问题的解决而停止执行；有的则在经济体制、经济增长方式转轨、转型中逐步弱化，甚至不起作用，需改进或完善，或以新的政策来代替；有的则由于认识上的原因和工作上的一般化、"一刀切"，而没有充分发挥作用①。特别是建立市场经济体制后，经济领域的一些民族政策不适合新的情况或很难发挥作用。

中国共产党十二届三中全会通过《中共中央关于经济体制改革的决定》，民族政策亦开始调整。中国共产党十四大确立社会主义市场经济新体制，进一步明确了改革和发展的方向。民族政策的发展方向主要是转换机制，建立适应社会主义市场经济的新体系。民族政策的发展变化有实质性变化和形式性变化之分：实质性变化是指由民族问题本身变化引起的政策内容的变化，即指不同时期民族政策的立足点发生了变化；而后者是指由于民族问题与政治、经济、文化、教育等许多领域的问题夹杂在一起，这些领域的变化会引起与此相关的民族政策的表现形式发生变化，即民族政策实施方式的变化②。

新时期，随着各民族平等和团结的民族关系的建立，消除各民族之间经济文化发展的不平衡，发展少数民族地区的问题凸显出来。从 80 年代起，民族政策由立足于民族成分、民族地区转向较为注重立足于民族地区，以民族地区为单位实施③；资源分配倾向于地区分配，教育资源的分配也不例外。同时，按照高等教育招生制度的规定，高等院校招生人数指标的分配是按照地区需求情况进行分配，使当前预科教育招生主要是按照地区来分配人数指标；而在早期，预科教育政策的实施较为注重民族间的分配。民族政策立足点的这种变化更强化了预科教育政策招生在范围、人数等方面的地区性倾向，这虽然对于加强地区发展平衡极为有利，但在某些方面由于不同民族教育发展不平衡，可能容易导致不同地区甚至同一地区少数民族享受此项政策程度的差异。

2. 教育政策变化及其影响

预科教育政策作为落实民族政策的重要形式，方向上要接受民族政策

① 民族地区特殊政策调研组. 云南民族地区特殊政策演变情况综述（上）[J]. 民族工作，1997（6）.

② 参见王铁志. 新时期民族政策的理论与实践 [M]. 北京：民族出版社，2001：347 - 353.

③ 参见王铁志. 新时期民族政策的理论与实践 [M]. 北京：民族出版社，2001：347 - 353.

的引导，专业、行政上要从属于教育部门的管理。因此，教育机制的变化是引起预科教育政策办学、管理与招生等方面发生变化的重要因素。

1985 年颁布的《中共中央关于教育体制改革的决定》启动高等教育改革，1993 年的《中国教育改革和发展纲要》使高等院校成为追求办学效益的办学自主实体。高等教育体制改革让民族教育政策受到一定影响，使其表现形式发生变化。如 1986 年某部委所属院校招生工作会议上提到："尤其是 1985 年《中共中央关于教育体制改革的决定》颁布以后，开始招收自费生和委培生，调动了各校扩大招生的积极性，调节性计划的比例增加很快，现在已经占总规模的 35% 左右。近几年来，各院校不断探索，走联合办学之路，争取社会各界资助；取得了可喜的成绩，如某学院连续几年的办学收入都在 1000 万以上，既弥补了国拨教育事业费的不足，又改善了校教职工的生活福利待遇。""1993 年《中国教育改革和发展纲要》就明确提出高等教育指导思想，即要加快教育体制改革，提高教育质量和办学效益，积极探索与社会主义市场提高教育质量和办学效益相适应的办学机制和办学模式。……委所属院校的招生体制、办学模式需要改革……"① 在这样的政策环境下，预科教育政策的办学、管理与招生发生了变化，主要表现为以下方面。

首先，办学形式的变化。

政策的目标确定了，并不等于万事大吉，还在于采用何种方式组织资源以提供服务，以实现最终目标。在市场经济体制下，效率、竞争成为社会运行的主要原则。相关部门在预科教育办学理念上发生了变化，要求整合资源、提升办学效益。由于高等教育整合教育资源的导向，预科教育开始扩招、走上追求规模化的道路。因此，办学效益成为学校主管部门和学校管理层的追求，集中办学模式成为预科教育办学的首要选择，并以明文规定的形式确立下来。可见，市场经济体制的建立对预科教育政策的实施有非常大的影响，它的作用不仅体现在直接改变预科教育政策内容，而且还通过相关政策、机制，把社会经济、文化等宏观层面的发展变化渗透进

---

① 敖俊梅. 民族院校招生中的尴尬：以 W 院校为个案分析 [Z]. 2005.

去，以改变其表现形式来满足相关利益者的需求。

其次，招生方式出现一定的变化。

自 1985 年颁布《中共中央关于教育体制改革的决定》以后，预科教育开始招收自费生和委培生。从 80 年代开始，高等院校中出现代理委培生，费用由单位出；80 年代后期出现自费生，费用由个人承担。与此同步，预科生也出现了代理委培生和自费生①。虽然 1996 年国家民委明确提出预科招生不再搞委培自费，但可按国家有关规定招收适当比例的定向生。实际上在有些民族院校招收自费生的行为却没有停止，只是变为招收缴纳赞助费学生等其他名目，因为这会为学校带来收益，如 W 院校直到 2004 年才停止此类招生。其招生范围并不限定于少数民族或来自少数民族地区，而主要看赞助费的数额，这种招生方式容易导致一些违规行为和不公平现象。

从 20 世纪 80 年代起，民族院校转向普通高等教育办学模式，预科教育纳入高考范围，通过高考成绩来择优录取。这种选拔机制强调个人的智力、努力等本无可厚非，但是，由前面预科生情况分析可知，不同少数民族之间存在教育发展水平不平衡、不同地区基础教育发展水平不一、城乡优质教育资源配置差异大及家庭之间存在经济资本、文化资本和社会资本的不同，使得在这种竞争式技术选择中，越是教育发展水平相对高的、居住于具有优质基础教育资源城镇的少数民族越容易获得这一教育机会；越是拥有经济资本、文化资本和社会资本的少数民族家庭越容易享受这一政策。

3. 其他相关政策变化带来的影响

预科教育政策不仅受民族政策和教育政策变化的影响，还受其他相关政策条文规定变化的影响。由表 6-2 可以看出，早期预科教育中语言学习主要面向新疆和西藏的学生，但到了 90 年代后只面向新疆学生。

---

① 根据档案资料，W 院校从 1978 年就招收委培生和自费生，初期的自费生主要来自北京，后增加的多来自各省会城市，大多为高级干部子女。

表 6 – 2 不同时期预科教育政策具体规定明细

时　期	培养目标	具体任务		教学模式	学　制	学生来源	招生形式	承办单位
1953 年	干部	文化基础学习、汉语补习		高小	两年至三年	少数民族地区政工干部、学生	选送	民族院校
1954— 1956 年	干部、专业人才	汉语补习、文化基础学习、技术专业学习		高中	三年	维吾尔族、藏族等		民族院校
				文化补习班	两年			
				工农速成中学教育（大学预备期）	三年	没有语言障碍的少数民族	选送	
				专业学习班	四年	少数民族地区政工干部、学生		
1956— 1966 年	干部、专业人才	汉语补习、技术专业学习、文化基础学习	预科一部	汉语补习班	两年	维吾尔族、哈萨克族等	选送	民族院校
				中学班	三年	全国少数民族学生和干部	选送、考试	
				专业技术班	三年至四年	特定地区少数民族学生、干部	选送	
			预科二部	小学	五年			
				短期文化班	一年			
				汉语补习班	三年至五年	西藏地区学生、干部	选送	
				专业技术班	三年			

续表

时　期	培养目标	具体任务	教学模式		学　制	学生来源	招生形式	承办单位
1970—1978年	干部、专业人才	汉语补习、文化基础学习、技术专业学习	文化班		一年	西藏地区干部、学生		民族院校
			汉语补习班		两年	新疆地区	推荐	
			专业班		两年至四年	西藏地区		
			汉语补习班	新疆班	两年	新疆地区	考试	
				西藏班	两年	西藏地区		
1978—1980年	专业人才	汉语学习、文化基础学习	全国班		一年	全国	从高考落榜生中选拔	民族院校
			特殊班		一年至两年	内蒙古、东北地区、中央统战部、国家民委	保送、推荐	
1980年以后	高级专门人才	汉语学习、文化基础学习	新疆班		两年	新疆地区	考试	民族院校、非民族院校
			全国班		一年	全国	考试	

　　1984 年初，中共中央书记处召开了第二次西藏工作会议座谈会，转发了《西藏工作座谈会纪要》。要求充分认识西藏教育的特殊性，对西藏进行"再认识"，一切工作从西藏的实际出发。会议认为，要发展西藏教育，加速发展西藏人才，单纯靠西藏的力量和内地派人进藏就地办学的方式还是不够的，必须打破封闭状态，实行立足本地力量、辅以内地支援的多渠道办学的方式。中共中央（84）22 号文件指出："要采取集中与分散相结合的原则，在内地省市办学，帮助西藏培养人才。"并决定在全国 16 省市中等以上城市举办西藏初中班，在北京、兰州（或西安）和成都筹建三所西藏学校；于 1985 年招收首批 1300 名西藏小学应届毕业生，分别按对口支援的形式安排。1987 年，国务院主持召开了第二次援藏工作会议，中心议题是发展西藏教育，明确了发展西藏教育的指导思想及有关政策措施，特别对内地办学这一决策给予充分的肯定。同年，北京、成都和兰州三所西藏中学开始招生。1997 年 7 月，中央召开第三次西藏工作座谈会，会议对内地办学提出了"长期坚持，逐步扩大，不断完善"的发展方针。可见，80 年代内地援藏工作会议中关于西藏内地办学的规定和推广，使原来预科教育阶段面向西藏班的语言学习和基础文化学习提早到基础教育阶段进行。而后来 90 年代内地支援新疆高等教育的规定及其实施，扩大了预科教育阶段面向新疆学生的规模。由此可以发现，相关政策规定会影响和改变预科教育的受众范围。

　　综上所述，不同时期社会发展变化要求国家机制、政策做出调整，以适应社会政治、经济、文化的发展、变化提出的需要以及变化的利益关系、利益要求。这些诉求作为政策问题被纳入体制中，要求国家机制、政策的内容和运行原则有所调整变化；同时，它会通过渗透到相关政策、机制中，通过改变政策运行环境来限定此项政策运行的条件和方式，达到使其符合不同时期发展变化的目的。并且，与其他政策不同，影响预科教育政策的因素具有复杂性，如国家稳定、民族关系、地区发展和少数民族群体诉求等因素。这使得预科教育政策文本的变化既有时代发展的烙印，也有自己的独特性。正是这些转化为具体的现实因素，导致在具体落实预科教育政策平等取向时常面临如何处理理念与现实关系的问题，并表现为预科教育政策文本规定的变化。

可以说，市场经济体制的建立改变了预科教育政策运行的政策环境，即不仅直接影响着预科教育任务的侧重点、招生对象范围界定和录取标准，还通过对其相关政策和运行机制的调整来改变预科教育政策实施的形式、内容。这使得预科教育经历了"三个转变，一个分化"：三个转变是指预科培养目标的转变、教育模式的转变、办学形式的转变；一个分化是指预科教育层次分化。预科培养目标的转变是指少数民族高级专门人才向少数民族高级专门人才和普通人才的转变。教育模式的转变是指由高中式转向介于高中和大学之间的模式。办学形式的转变是指预科办学走向集中办学。预科教育层次分化是指形成培养精英的重点高等院校预科招生和培养普通人才的民族院校①、普通院校预科招生两个层次。

反　　思

通过对预科教育政策文本的解读，我们可以发现它的平等取向是中国化的马克思主义民族理论奠定的，从中也会发现社会变迁以及其目标群体发展状况如何影响政策条文内容，从而使得政策文本内容具有明显的时代性，尤其是社会转型前后时期具有明显的变化。一般而言，社会转型既可以指"社会结构、政治制度、生产方式的变革，又可以指社会习俗、价值观念和生活方式的变迁"②。中国的社会转型可分为两个时期，一是以1949年为界划分为早期的社会转型，二是以1978年三中全会为界划分的近期社会转型。第一次转型表现为社会主义社会的建立，工业经济的建立和发展；第二次转型是中国特色社会主义制度的自我不断完善，由社会主义计划经济结构向市场经济结构的转变③。社会转型的动力源于经济变革，

① 因中央民族大学属于重点大学，此处的民族院校不包括它。
② 李庆霞. 社会转型中的文化冲突 [M]. 哈尔滨：黑龙江人民出版社，2004：6.
③ 章辉美. 社会转型与社会问题 [M]. 长沙：湖南大学出版社，2004.

因为"其根本原因在于，任何时代的任何形式文化，尤其是作为社会意识的精神文化，都是人们对一定社会物质生活的反映，或是关于他们同自然关系的反映，或是关于他们之间社会关系的反映"①。在变革中，人们的利益关系重新组合，在利益关系中所处的地位和立场发生改变；这种变迁带来的是人们对平等观念、平等取向观念的重新评判，处于社会主导的评判经由社会精英的选择进入公共领域层面或政策层面。前面已提到，关于平等的理解是多元的，虽政策层面仍然坚持民族预科教育政策的马克思平等理论取向，但很多基于个体平等或权利与平等的理解和阐释经由专家学者等知识分子引入公共领域话语体系中，并由此引发相关的争辩和试图论证基于群体身份的民族优惠政策具有其不合理性和不合法性。因而，围绕民族预科教育政策及民族优惠政策形成与此相关的二元化式议题，如形式平等与事实平等、文化身份与政治身份、政治期望与经济效益、国家认同与民族认同、民族主义与国家主义等的讨论。在多元社会中存在多种观点或讨论都是无可厚非的，但一定要本着实事求是的立场和辩证的、历史的态度。

通过政策文本内容分析可以看出，社会转型过程中，预科教育政策不断地调整，并呈现一种倾向，如强化地区导向、强调竞争性选择、核算经济成本与效益等；这些也使政策实施结果呈现相应的变化，如预科生城乡比例差距变大、阶层分化较明显等。但有些现象却又很难从政策文本中发现或获知。因为，政策文本分析只是从宏观上提供了政策的取向如何随着社会的发展被不断地解释和界定的依据，如政策文本规定了要做什么、如何做、通过什么样的途径做等一系列的相关内容。这些内容虽对政策实践中的行为具有指向、规范的作用，但毕竟是纸上谈兵，还未落到实处；其无法保证政策是否完全按照文本要求实施，也不能揭示政策相关群体的种种行为以及这些行为是否影响着政策实施方向和结果等问题。因此，政策的平等取向要通过实践行为方能实现，而政策是在行动中不断被建构和落实的，在这一历程中，政策的平等取向有可能被不断强化，也有可能被弱化，甚至成为"空中楼阁"。

---

① 庞朴. 文化的民族性与时代性［M］. 北京：中国和平出版社，1988：2.

第七章 学校场景中预科教育政策
相关主体及其行为

第一节 学校场景中相关主体行为分析的合理性

教育政策制定过程是通过一定的程序对资源进行分配并将这种分配合法化，以满足不同利益需求。在以往的研究和文献中，人们更多关注教育制定过程中相关利益群体是如何介入并使自己的利益诉求被接纳和体现的，却忽视了政策实施过程中相关利益群体如何通过种种行为谋求实现自己的利益。不可否认，相关利益群体在政策制定中起着不容忽视的影响，但政策实施过程中相关利益群体的行为对政策实施的影响也是非常大的，甚至会使政策实施的结果偏离政策原初宗旨和预期目标。这种研究的忽略与将政策过程视为阶段论是分不开的，但我们不得不再次强调政策是在行动中被不断建构的。因为就政策文本本身而言，一般国家形态的成文政策都是以中立温和、不偏不倚、公正的面孔出现，使你无从判断它的取向，很难发现相关利益者的烙印；若它具有复合型目标，更是很难预期它实施的结果。

"政策过程中存在多个主体，主要为三种：相关利益组织或群体、国家政党和行政人员（见表7-1）；但在现实政策运行过程中的主体并不如分类那么简单。由于政策过程中这些主体代表着不同的行为取向，从而使得政策运行过程主要表现为政党政治过程、政策协商过程和行政过程。"①
就预科教育政策而言，同样也存在着这些政策主体，但有些政策主体的归
类并不像学理上划分得那样简单，而是复杂的。其中，有的政策主体是行
政组织，但同时可能又具有压力群体的代理人身份。由于他们身份的复杂
性，他们的行为有时会相互矛盾。不同政策主体因立足于不同的立场和利
益需求，对政策的理解和解释不同，从而必然导致多种行为取向。相关组
织和群体通常以某些合法的、合理的方式表达自己的要求和立场，或在合
理的旗帜下通过制度化或非制度化行为为某些群体甚至为少数人谋求利
益，这些行为往往是隐蔽的、排他性的。

表 7 - 1   政策过程中的政策流

	政党政治	谈　判	行　政
问题种类	主要构成重要的分配后果	影响强大的利益集团	几乎在所有问题上都有影响力
核心主体	政党	压力集团	文官
阶段 - 空间	公开	公开和私下	私下
核心阶段 - 时间	早期	中期	后期

科尔巴奇（H. K. Colebatch）认为，在政策决策层面不能以自上而下
或自下而上的单一的、隔离的阶段论来进行分析；他认为它存在两种维
度，即垂直维度和水平维度，应该从这两个方面来分析政策决策的复杂
性。同样，政策运行过程也不是单一的阶段，而是在这两个维度交集的横
截面中发生，里面会有国家意志执行者、行政机制管理者、相关利益群体
和搭便车者等的种种行为的汇集。不同相关组织及群体依各自的理解阐释
和实施政策，以制度性行为和非制度行为、显性行为和隐性行为等形式集
中演示着多元力量的真实博弈，影响着政策效绩（见图 7 - 1）。因此，要
探究政策如何实施、政策结果的产生过程，需要进入政策具体运行过程中
以及能够显示这一过程的场域中。

---

① 参见米切尔·黑尧. 现代国家的政策过程 [M]. 赵成根，译. 北京: 中国青年出版社，
2004: 94 - 95.

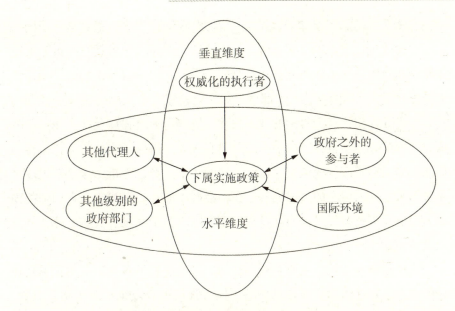

图 7 - 1　政策运行的垂直维度和水平维度

资料来源：参见 H. K. 科尔巴奇. 政策 [M]. 张毅，韩志明，译. 长春：

吉林人民出版社，2005：32.

　　就预科教育政策而言，高等院校是预科教育政策具体运行的场域，也是这些行为以及不同利益集中博弈、真实演绎的场所。而民族院校是最能体现预科教育政策运行的场所，因为从民族院校建立起，它就是承担实施民族教育政策的主要实体，即使 20 世纪 80 年代转向普通高等教育办学模式，但这一职能并没有淡化或取消，这也是民族院校与其他普通高等院校不同的地方。但是，学校场域中所发生的相关主体的行为，无论是公开的协商还是私下交易的行为都是相对隐晦的，而且是短时间内完成的，这使它们很难被人观察或察觉到。但它们最终都要以一定的方式进入程序化行政行为中使自身合理化、合法化，也正因如此，这种协商、交易或行政行为能按照一定方式被记载下来（成为文本），成为人们能够重现、抓住这些行为，并对此进行描述的依据。也可以说，这些文本成为描述政策运行过程的重要依据，即行为可以通过文本和话语形式得以显示。若说政策的制定是对资源分配的合法化、制度化，那么，政策运行过程可以说是相关利益群体在遵循规范前提下，在这一资源分配的过程中，通过被赋予的一定的自由裁量权或政策空间来争夺这些资源。同时，预科教育政策相关主体基于利益驱动，采取与社会相符合的行为方式来争取。正如哈贝马斯认为的那样，"生活世界的各个部分，如文化模式、合法制度以及个性结构等，是贯穿在交往行为当中的理解过程、协调行为过程以及社会化过程的浓缩和积淀。生活世界当中潜在的资源有一部分进入了交往行为，使得人们熟悉语境，它们构成了交往实践知识的主干。经过分析，这些知识逐渐凝聚下来，成为传统的解释模式；在社会群体的互动网络中，它们则凝固成为价值和规范；经过社会化过程，它们则成为了立场、资质、感觉方式以及认同"①。

预科教育在学校中主要有两种活动：一是学校预科招生活动，二是预科教育教学管理活动。前者是指学校执行预科教育政策中关于招生人数、指标分配、招生程序及资格要求等方面的规定，后者是指学校对预科教学内容、教师配置、学生管理等方面的规定。若只是按照字面意思来理解，这些都是按照行政程序在进行，从这些活动中你看不出任何倾向，也看不到相关利益群体的影子，更不用说感知到他们的行为；但是在这些字词下面有多种行为进行着。学校预科招生活动似乎只是学校的常规活动，但由于涉及学校在制订招生规划和实施招生中存在的一定的自由裁量权，具有具体落实资源分配的权限，使得招生活动实际上成为相关利益群体行为密集的层面，即各种利益博弈集中的层面，这也使它颇为人们所关注。因此，本章主要就招生活动集中显现的各种行为进行分析。而预科教育教学管理活动也是实施预科教育政策的重要部分，它主要在学校内部实施，预科教育教学管理活动中的行为能够揭示预科教育实施中相关因素的相互作用，其他相关利益群体很难介入和阐释立场。同时，这些活动与预科教育政策受益者的态度与行为表现息息相关，对此将在下一章论述。

---

① 于尔根·哈贝马斯. 后形而上学思想［M］. 曹卫东，付德根，译. 南京：译林出版社，2001：82.

第二节　学校场景下预科招生活动中
相关主体及其行为

通过实地调查，笔者收集了从 1950 年到 2000 年的 W 院校关于预科招生行为的相关文件、信函等存档资料。这些资料从内容构成上主要分为三部分：一是关于学校实施预科教育的行为，如就预科招生所做的规划、招生简章、请示、历年的招生总结以及与其他相关部门、群体协商互动的信函等；二是上级传达关于招生具体实施的规范性文件、批示以及传送其他部门和相关群体的意见；三是各省（区、市）政府、招生办、民委和人们就预科教育招生方面的信函。在文献分析的基础上，通过观察、访谈等形式获得相关资料以相互印证。通过这些资料的收集和分析，试图展现学校场域中相关利益团体的行为及其相互关系。

前面已提到，国家通过建立一套自上而下的行政管理机制来保证预科教育政策实施。政策运行过程中有多个代表不同利益的主体存在，它们之间的关系是由制度规范建构的。民族预科教育政策由教育部（或国家民委）制定，再由各省（区、市）政府和教育部门实施［各省（区、市）民委具有建议权］，最后由高等院校具体落实；这种行政机制，使得教育部、各省（区、市）教育部门和高等院校形成了管理结构。但对于不同层级的高等院校而言，这种行政机制的构成不同；对于国家民委直属的学校而言，虽各省（区、市）政府和教育部门仍是政策相关者，但不是这个垂直机制的构成部分，而国家民委会成为行政机制中的重要一环，成为被赋予权威的执行者。同时，由于预科教育招生是按照地区分配招生指标、按照民族成分限定招生对象，高等院校与各省（区、市）政府、教育部主管部门、民委以及少数民族群体之间存在着一定的利益关联，形成一定的利益关系。由此可见，学校场景中预科教育政策相关行为主体主要有教育部、国家民委、高等院校、各省份相关部门和少数民族群体。

一、最高权威——教育部及其行为

教育部是国务院主管教育工作的综合部门。关于教育部的职能，《教育法》做了明确的规定，即"国务院教育行政部门主管全国教育工作，统筹规划、协调管理全国的教育事业"。

关于少数民族教育和高等学校招生，教育部是政策的制定者。它的职能是：统筹和指导少数民族教育工作，协调对少数民族地区的教育援助。统筹管理各类高等学历教育的招生考试工作；制定各类高等学校招生计划；负责各类高等学历教育的学籍管理工作；归口管理高校毕业生就业制度改革，拟定高校毕业生就业政策，组织实施高校毕业生就业分配工作。2005年教育部印发的《普通高等学校少数民族预科班、重点班管理办法（试行）》规定，"国务院教育行政部门主管民族预科班、民族班教育工作，负责协调民族预科班、民族班的规模发展和布局调整。制定民族预科班、民族班招生、教学、管理等政策措施。确认举办民族预科班、民族班的高等学校；编制民族预科班、民族班教育发展规划，下达年度招生计划；评估、研究、协调民族预科班、民族班教育工作"。

在学校场景招生活动中，虽然教育部并没有直接参与到具体的实施过程中，但它是政策制定者，也对学校实施预科教育政策进行宏观统筹管理、规范和监督。教育部通过制定高等学校的招生计划以及审核、批准承办预科教育、民族班的高等学校对预科教育实施统筹管理。预科教育招生指标在招生当年一般不在教育部高等学校本科招生计划里，而要纳入下一年的高等学校招生计划。20世纪70年代以前，教育部对预科教育政策的监控、管理很弱，其他主体的监管、规范作用比较大。但自80年代开始，随着承办预科教育的实体不断增加，以及预科招生中违规行为的出现，教育部不断加强统筹管理。从90年代中期起，教育部明确预科教育的教学内容、教材，加强管理少数民族预科班的招生计划；2000年以后对预科、民族班教育具体管理开始加强，下达各高等院校管理预科生的统一条例，还规定对考上预科的少数民族学生要进行社会公示，防止出现伪造民族成分的考生，利于社会监督；最终形成了从招生、教材到学生管理等整个预科教育活动较为完备的宏观统筹、规范、监管机制。虽然，教育部没有直接参与具体的实施过程，但因为掌握有分配高等院校招生指标、招生范围等统筹管理的权力以及建立民族预科教育基地的批准权，它对预科教育政策运行的控制越来越强。

二、权威执行者与身份模糊者——国家民委和各省（区、市）民委及其行为

（一）国家民委及其行为

国家民族事务委员会是国务院主管全国民族事务的职能部门，其前身为成立于 1949 年 10 月的中央民委，1954 年第一届全国人大后改为国家民委。1970 年 6 月 22 日被撤销，1978 年重新恢复。《中华人民共和国国务院组织法》规定，国家民族事务委员会是国务院管理民族事务的行政机构。地方各级人民政府民族事务委员会为地方各级人民政府管理民族事务的机构。虽然民族事务机构的职权和行政级别不尽一致，但具体的工作内容基本相同。概括来说，就是在具体的工作中，坚持党的基本路线和方针、政策，致力于党和国家的大政方针在民族地区的具体化；管理或参与管理与民族相关的事务，促进少数民族和少数民族地区经济、教育、科技、文化事业；推进民主政治建设，保障少数民族的平等权利和民族区域自治权利；维护国家的统一，加强各民族之间的大团结，发展平等、团结、互助的社会主义民族关系；在建设中国特色社会主义事业中，实现各民族的共同进步与繁荣。

在少数民族教育事务方面，国家民委在国家教育改革发展的总体规划下，研究民族教育改革发展的重大问题，参与研究与制定民族教育的有关政策法规和规划，提出民族教育发展的特殊意见和建议；配合教育主管部门承担对民族地区的教育援助和国家对民族教育扶持的有关事宜；按规定权限管理委属民族院校。然而，在预科教育政策的运行过程中，因其与各个高等院校的关系不同，国家民委承担的角色和职能也不同，如对于其所

管理的委属民族院校直接构成管理与被管理的关系，和其他的部属院校及省（区、市）属院校形成协助和合作关系；这使它在整个过程中的行为具有复杂的多种取向。可以说，在预科教育政策相关主体中，国家民委所承担的角色是最为复杂的，它既是预科教育政策制定者、执行者，也是少数民族权益的代理人。

第一，国家民委的机构职能包括参与制定民族教育政策和法规，在一定程度上，它是预科民族教育政策的制定者，也就有责任监督预科教育政策实施状况以及关注实施的结果。第二，国家民委直接管理六所民族院校，与W院校是管理与被管理的关系。作为预科教育政策的权威执行者，它要在教育主管部门的总体规划指导下，按照一定的行政程序对预科教育招生活动进行管理，如通过对学校招生计划、招生指标分配及其调整等的审核和批准，保证实现预科教育政策的宗旨。第三，作为管理民族事务的行政机构，国家民委是国家民族政策的具体执行和传达机构，又因其被赋予根据少数民族实际情况及需要对实施民族教育政策提出建议的职能，从而在某种程度上成为少数民族权益的代理人。因此，它具有在其权限范围内满足少数民族地区和少数民族的要求的职责，如一直要求所属民族院校招生面向边远地区、"后进"民族；或者，把民族地区或少数民族群体关于预科教育的要求、意见传达给相关院校，要求它们根据实际情况解决。作为六所民族院校的主管部门，它与民族院校有着直接的利益关系，从而在某种程度上也成为相关利益者。民族院校的办学质量和效益状况与国家民委具有一定的连带关系，在80年代末90年代初，为保证或提升学校办学效益，国家民委曾经在一定程度上默许有些民族院校招收一定数量的不符合招生要求或缴纳赞助费的预科生。同时，国家民委行政人员因其掌握着一定权力，在某种状况下也成为预科教育政策的相关利益者，从而与民族院校形成了利益关系。在预科教育政策运作过程中，他们凭借所拥有的行政权力，命令或要求学校优先招收或录取某些学生进入预科，一般是以信函形式出现或是电话指示，后来以文本形式被纳入正式招生程序使其合法化，总是以合乎规范的要求出现，但正是这种行为导致了不规范现象的出现。当然，这种情况仅属极个别现象，并不是普遍现象。它在不同时期具有不同特点：在 80 年代以前极为少见，即使有，也主要是为了民族统战、团结的目的；在 80 年代后这类现象更多的是倾向于个人利益得失或"搭便车"。这种寻租的行为在任何政策执行中都是极难避免的。但是，国家民委的首要角色是预科教育政策的权威执行者，其次是少数民族权益的代理人，所以，其行为的根本取向是规范、管理预科教育活动和力图实施补偿教育，实现预科教育政策目标，因此它要严格按照政策规定约束和监管相关部门及人员的行为。

（二）各省（区、市）民委及其行为

除去职权和行政级别不同，各省（区、市）民委和国家民委的工作内容是一样的。但无论是在部属高等院校还是在地方高等院校实施预科教育政策过程中，国家民委与各省（区、市）民委扮演的角色、职能仍然有些不同。各省（区、市）民委作为各级政府负责处理民族事务的行政机构，可以依据少数民族的特殊性对民族教育工作、高等院校工作提出建议和看法，其在这一点上与国家民委是相同的。但对于国家民委所属民族院校而言，它在其中的作用与国家民委是不一样的。在民族院校转向普通高等教育办学之前，它对预科教育招生具有很大的管理权。随着民族院校转向普通高等教育办学，各省（区、市）民委对预科教育招生的影响日趋减弱。目前，它不是预科教育政策的执行者，而只是协助者、参与者。因为，民族院校进行招生工作需要从各省（区、市）民委获得少数民族学生的名单，需要各省（区、市）民委的一定帮助。

但是另一方面，各省（区、市）民委更多代表着本区域各少数民族权益，因而，它在一定程度上是地方利益的代言人。由于这种立场，它在预科教育政策运行过程的立场与国家民委不一样。立足于当地少数民族的权益，各省（区、市）民委在预科招生活动中，一方面利用各种途径向民族院校施加压力，如向国家民委打报告，要求它们录取少数民族聚居区的少数民族考生、投入或增加招生名额；另一方面，又不断地加强与它们的合作，提出申请、建议，力图通过协商以求达到目的。然而，在招生活动过程中还出现了一些耐人寻味的行为。不同于个别省（区、市）民委公开要

求招生单位为民委某位领导人或省区某位高级干部开绿灯，直接下达预科"戴帽"指标的行为，某些省（区、市）民委的预科招生活动是完全按照规范要求、经过合法的程序进行的，其虽然首先满足了个别人的利益需求，但也为后来整个相关群体需求的实现奠定基础。如某些省（区、市）民委基于本区域少数民族多、少数民族教育发展水平落后、接受高等教育人数过少，或者是该民族属于稀少民族，应予以照顾等理由，以民委名义提出申请要求投入或增加预科招生指标；但同时，它会递交给招生单位另一封信函（应该称作公函），要求招生单位照顾这一省（区、市）民委的领导或某些高级干部的子女，优先招收为预科生；最后，招生单位将领导或高级干部的子女录入预科班。但说不清楚这是民委领导或某些高级干部因为自己的子女上学才触及、意识到这个问题而做出的行为，还是为了给子女升学开方便之门的"无心插柳"？但若不以少数民族群体的名义提出其要求，他们的要求和行为没有合理化，他们的个人利益也很难得到满足。客观地说，虽然当年指标被有"背景"的学生所占用，但这确实为以后该省份争得了预科招生指标，因为学校下一年的预科招生计划会基于上一年的情况来制订。然而，随着预科教育招生纳入高考体系中，这类现象失去了其产生的基础。但由此可见，集团利益、个体利益与民族群体利益上存在着连带关系。

综上所述，在预科教育招生过程中，各省（区、市）民委作为省级处理民族事务的机构、少数民族权益的代理人所引发的行为取向是主导，但不可忽视非制度化的行为和潜规则引导下的隐性行为会严重影响预科教育政策宗旨的实现。

三、具体执行者——高等院校及其行为

根据教育部关于招生工作的相关规定，部属院校招生根据教育部的要求、原则编制招生计划，再由教育部根据各省（区、市）需要等状况对招生计划进行核准、调整，并将计划下达给各省（区、市）招生办和高等院校实施。从表面上看，似乎高校只能提供建议计划，最后要由教育部审批确定。但教育部高校学生司原司长瞿振元曾撰文表达过对这一问题的看

法，他认为"这种形式掩盖了高校自主编制招生来源计划的实际过程"，实际上，"学校是制定招生来源计划的行为主体，招生来源计划不是国家下达的招生任务，而是学校向社会做出的招生公示和承诺"①。同时，高等学校还留有一定的机动指标，有根据招生情况调整招生指标的决断权。随着高等学校办学自主权的扩大，高等学校的招生自主性会愈为强化。可见，学校在预科教育招生方面具有一定的权限，又是落实政策的具体执行者，它是预科教育政策运行过程中关键的行为主体。

目前，承办预科教育的有三大实体，一是民族院校，二是各省份的一些普通高等院校，三是教育部直属的预科教育基地。其中预科教育基地的承办者亦分为三类：一是各省份院校，如广西民族大学；二是民办高校，如黄河科技学院；三是重点高等院校，如北京邮电大学。三个不同实体承办预科教育时间的长短不一，办学理念不同，对预科教育的认识不一，发展中遇到的问题也不一样。本研究着重从民族院校进行分析。

随着社会的发展，民族院校的身份和定位发生了变化，对预科教育的态度和认识也发生了变化，民族院校在预科招生活动中出现了矛盾的行为取向，主要表现为历史传统和现实要求的冲突，以及办好本科教育与承办预科教育之间的冲突。

民族院校是具体落实国家民族政策、民族教育政策的实体。民族院校从建立起就明确办学目标为培养民族干部，面向少数民族地区和少数民族。虽然 20 世纪 80 年代后转为普通高等教育办学，但依然是承担落实少数民族高等教育优惠政策的实体。从其预科招生中就可以看到这一点：它在为本校预科招生时注意兼顾民族成分②，招收少数民族地区边远农、林、牧区的少数民族生源，并从 1993 年起明确招生的范围限定为少数民族聚居区（见表7－2）。但另一方面，民族院校转为普通高等教育办学后，成为相对独立的办学实体，尤其是 1992 年后，民族院校所处的社会环境发生了变化，要求民族

---

① 部属高校制定招生计划尊重历史沿革［N］. 中国青年报，2006－04－24.
② 比如招生面向多世居民族如 N 族、V 族、Z 族的省份，如果其某一年招生是面向 V 族、Z 族，那么下一年招生则会面向 N 族，以保证该省份各民族都能享受到该政策。

院校运行机制发生转变。在市场经济体制下，民族院校作为高等教育的实体，它有了新的评价标准和运行规则。高等教育改革要求高等院校成为相对独立的办学主体；高等院校的办学质量和效益主要由社会和市场来评判，而不是仅由政府判定。因此，高等院校要谋求生存和发展，必须提高办学效益，提高教学质量，培养合格的人才。然而，新时期民族院校职能转变相对缓慢，某种程度上导致了民族院校双重身份的分离以及二者之间的矛盾。这两种身份上的冲突导致预科招生活动中出现如下一些问题。

表 7－2　不同时期预科招生生源状况

年度	地　区	优先招收民族或招收民族
1971	西藏	除藏族外，招收一部分门巴族、珞巴族青年
	新疆	除维吾尔族、哈萨克族外，招收一部分其他民族青年
	青海	除藏族外，招收一部分回族、撒拉族、土族青年
	甘肃	主要招收东乡族、回族、裕固族等少数民族青年
	云南	主要招收边疆少数民族青年
	广东	主要招收黎族、苗族青年
	广西	主要招收壮族、瑶族、京族青年
	四川	主要招收彝族、藏族青年
	湖南	主要招收苗族、土家族青年
	福建	主要招收畲族青年
	黑龙江	主要招收蒙古族、鄂伦春族、达斡尔族、鄂温克族、赫哲族青年
	吉林	主要招收蒙古族、朝鲜族青年
	辽宁	主要招收蒙古族青年
	贵州	主要招收苗族、侗族、布依族青年
	内蒙古	主要招收蒙古族青年
	宁夏	招收回族青年

续表

年度	地　　区	优先招收民族或招收民族
1980	云南（清华、北师大）	哈尼族、傣族、傈僳族、佤族、拉祜族、布朗族、阿昌族、普米族、怒族、景颇族
	贵州（清华）	苗族、彝族、布依族、侗族、瑶族、水族
	四川（清华、北师大）	藏族、彝族、羌族
	甘肃	藏族、东乡族、保安族、裕固族
	青海	土族、撒拉族、藏族、哈萨克族、蒙古族
	宁夏	西、海、固地区的回族
	新疆（清华、北师大）	塔吉克族、塔塔儿族、乌孜别克族、俄罗斯族、柯尔克孜族、哈萨克族、锡伯族、维吾尔族
	广西（清华、北师大）	壮族、瑶族、毛南族
	内蒙古（清华、北师大）	达斡尔族、鄂温克族、鄂伦春族
	黑龙江	赫哲族、鄂伦春族
	北京	照顾较"后进"民族
1981	云南（清华、北师大）	哈尼族、傣族、傈僳族、佤族、布朗族、阿昌族、普米族、景颇族、独龙族、崩龙人、基诺族
	贵州（清华、北师大）	水族、仡佬族、布依族、侗族
	宁夏（清华、北师大）	回族
	贵州（全国班）	水族、仡佬族、布依族、侗族
	西藏（全国班）	藏族
	四川（全国班）	藏族、彝族、羌族
	甘肃（全国班）	藏族、东乡族、保安族、裕固族
	青海（全国班）	撒拉族、藏族
	广东（全国班）	黎族、瑶族
	黑龙江（全国班）	鄂伦春族、鄂温克族、赫哲族、柯尔克孜族

年度	地　区		优先招收民族或招收民族
1983	四川		羌族、傈僳族、彝族、藏族、苗族
	贵州		仫佬族、仡佬族、土族、苗族、布依族、水族、侗族
	云南		苦聪人、崩龙人、独龙族、基诺族、布朗族、阿昌族、瑶族、哈尼族、傣族、傈僳族、佤族、拉祜族、景颇族、怒族、藏族、普米族
1986	黑龙江		赫哲族、鄂伦春族、鄂温克族
	广东		黎族、瑶族
	四川		羌族、彝族、藏族
	云南		基诺族、怒族、普米族、阿昌族、崩龙人
	甘肃		藏族、东乡族、裕固族、撒拉族
	青海		藏族、土族、撒拉族
1993	黑龙江	饶河县、同江县、黑河地区、杜尔伯特自治县、大兴安岭地区	赫哲族、鄂伦春族、鄂温克族、锡伯族
	广西	河池地区、百色地区	仫佬族、毛南族、京族
	贵州	黔东南州、黔南州毕节地区、黔西南州	仡佬族、水族
	云南	思茅、德宏、怒江、迪庆、丽江、西双版纳	布朗族、阿昌族、普米族、怒族、德昂族、景颇族
	甘肃	临夏州、甘南州、肃南州、酒泉地区	东乡族、撒拉族、保安族、裕固族
	海南	琼中、保亭、乐东、东方、昌江	黎族、苗族
	四川	凉山、甘孜、阿坝、马边、峨边	羌族、彝族、藏族
	西藏		门巴族、珞巴族
	内蒙古		蒙古族
	青海		藏族、土族

续表

年度	地　　区		优先招收民族或招收民族
1996	黑龙江	饶河县、同江县、黑河地区、杜尔伯特自治县、大兴安岭地区	赫哲族、鄂伦春族、鄂温克族、锡伯族
	贵州	黔东南州、黔南州毕节地区、黔西南州	仡佬族、水族
	云南	思茅、德宏、怒江、迪庆、丽江、西双版纳地区	布朗族、阿昌族、普米族、怒族、德昂族、景颇族
	甘肃	临夏州、甘南州、肃南县、酒泉地区	东乡族、撒拉族、保安族、裕固族
	四川	凉山、甘孜、阿坝、马边、峨边	羌族、藏族、彝族
	内蒙古		蒙古族
	青海		藏族、土族
	福建		畲族
	湖南	湘西自治州	土家族、苗族
	宁夏		回族
	湖北	鄂西自治州	土家族、苗族
1997	黑龙江	饶河县、同江县、黑河地区、杜尔伯特自治县、大兴安岭地区	赫哲族、鄂伦春族、鄂温克族、锡伯族
	内蒙古		鄂伦春族、鄂温克族、达斡尔族
	四川	凉山、甘孜、阿坝、马边、峨边	羌族、藏族、彝族
	西藏		门巴族、珞巴族
	青海		撒拉族、土族
	宁夏		回族

年度	地　区		优先招收民族或招收民族
1997	云南	思茅、德宏、怒江、迪庆、丽江、西双版纳地区	布朗族、阿昌族、普米族、怒族、德昂族、景颇族、傈僳族、佤族
	贵州	黔东南州、黔南州毕节地区、黔西南州	仡佬族、水族、布依族
2000	内蒙古	鄂伦春自治旗、鄂温克族自治旗、莫力达瓦自治旗	鄂伦春族、达斡尔族、鄂温克族
	辽宁		
	吉林		
	黑龙江	饶河县、同江县、黑河地区、杜尔伯特自治县、大兴安岭地区	赫哲族、鄂伦春族、鄂温克族、达斡尔族
	湖北	鄂西自治州、长阳自治县	土家族
	湖南	湘西自治州及通道、江华、城步、新晃、芷江、靖州、麻阳自治县	土家族、侗族、苗族、瑶族
	广西		

注：预科招生生源中还包括未识别民族的群体，一般称之为"某某人"，以区别于已识别的民族。

首先，"优质生源"与"降分录取"之间的冲突。

预科教育实施的直接原因是高等院校降分录取的少数民族学生因文化基础水平低、语言障碍等原因无法跟班学习。预科教育主要是面向一些因社会历史等后天原因而造成的不能按照高等院校录取标准入学或即使被录取入学也无法跟班的少数民族学生。在80年代之前，少数民族学生进入预科学习基本上是通过选送、推荐等方式，基本上不存在"能力选拔"与"降分录取"的问题。计划经济时期，由于高等教育实行统招统分，矛盾并不突出。市场经济体制建立后，这个问题则凸显出来，成为高等院校招生时与各省（区、市）招生办博弈的焦点。具体表现为一方主张降分幅度要小，另一方主张降分幅度要大些。矛盾之所以凸显，一是因为用人机制发生了变化，二是高等院校认为只有获得优质的生源，才能保证为社会提供合格和优秀人才，才能保证学校的办学质量和声誉。甚至个别招生工作人员认为，成绩差距若在十分以上，说明存在智力差距，若降分幅度过大，会影响教学安排和进度。在这样的背景下，虽然"降分录取"并不是排斥能力选拔，而是在基于能力选拔，但是能力选拔与"降分录取"成为一对矛盾出现影响着预科班、民族班招生工作，尤其是招生指标的投放。在安排预科招生计划时，招生指标投放更易倾向于优质生源地区。由于不同地区教育发展水平存在差距，边缘农牧区与中心城镇在教育资源配置、教学质量等方面存在差异，不同少数民族群体教育发展水平存在差距，这使得不同地区、不同群体受益程度出现不平衡，也导致招收的预科生成绩高于本省份重点院校录取分数线的现象等与预科教育政策文本规定相背离的行为。同时，民族院校原来关注预科招生民族成分平衡，注意招收边远农、林、牧区的少数民族生源等导向亦开始趋于弱化。

这里要说明的是，现实中还存在与上述完全相反的现象，即"劣质生源"与"过度降分"，这主要存在于一些地方院校。一些地方院校的预科招生是针对高考落榜生，其中有的院校为了获得生源，录取分数一再降低，造成了过度降分，很难保证合格的生源。但随着教育部相关规定的完善和招生方式的完善，这种现象趋于减少。

其次，学校对预科教育的态度发生了一定变化。

80年代后，由于民族院校转向普通高等教育模式办学，民族院校发展定位发生了变化，重心转向大专本科。预科教育不再是民族院校的工作重心之一，不同民族院校对预科教育政策的重视程度不一，立场也发生了变化。不同层级民族院校对预科教育的看法发生了分化。处于高等教育较高层级的民族院校因其定位于本科教育或建设研究型大学，保持预科教育只是为了保持民族院校的特色；对于普通的民族院校而言，虽然预科教育招生是获得生源的一种方式，但主要还是定位于大专及本科教育。在这些学校内部，预科教育部门排在本、专科之后，在大学中处于办学的"最低层次"，即"预科是中不中学，大不大学，和高中补习班差不多"。

以 W 院校为例，随着学校定位的变化，尤其是高校扩招后，相应的办学条件投入没有跟上，学校宿舍、教室、图书等资源出现紧张时，在各院系争夺校内资源配置时，预科教育部门往往处于弱势。学校内部教育资源更多投向本科层次人才培养，减少对预科教育方面的投入；因此，预科部容易成为学校中设备简陋的边缘部门。访谈结果表明，自90年代中期起，有些人认为学校"过多为其他院校培养预科生，只是'为他人作嫁衣'"；也有人认为"预科生不好管理，又无法为本校带来直接的收益"，提出"要求增招本校的预科生，而减少为其他学校培养预科生的数量"。但与该校预科教育部门发展举步维艰相对的是，社会上预科教育却由"冷饼"变成"热蛋糕"。

历来预科教育被认为是比较"麻烦"的，预科生管理不易、预科结业后的专业分配会牵扯到学校的大量人力、物力，承办预科教育被认为是"一件费力不讨好的事情"。在与 K 区教育厅相关领导的访谈中也证实，学校声望较好、生源不错的高等院校不愿意承担预科教育。但自90年代以来，很多办学主体希望获得承办预科教育资格和建立预科教育基地的资格，可以说是趋之若鹜，而背后的驱动力则源于追求经济效益。因为承办预科教育，国家会拨发给承办单位同本科生数额一样的预科生培养经费，并获得稳定的生源。这些办学主体有重点院校、地方院校和民办院校。随着高等教育扩招趋缓，有些高校开始控制招生数量，而建立预科教育基地能使它们获得很好的机会。因为建立预科教育基地，就会成立独立建制①的实体——民族教育学院，而一些地方院校和民办院校基地能够获得稳定的生源和收益。

最后，学校在预科教育招生中的立场发生转变。

资料分析表明，90年代以前，相关部门如各省（区、市）民委立足于本省（区、市）的关于少数民族预科招生方面的要求、建议容易被招生院校接受。但90年代后，学校在回应时的立场发生变化，它对相关要求、

---

① 具有相对独立的人财物调配、控制权。

建议更倾向于从学校自身的利益角度来回应，而非原来倾向于注重各民族成分的平衡、落实民族政策。不仅如此，预科教育的非常规的招生行为更多的是为了满足与学校利益相关的单位领导人或省（区、市）领导的子女上学的需求，从而为学校争取一些社会资源。

从 K 区获得的资料表明，不仅民族院校中存在这些情况，在有些承担招收民族班或民族预科班的学校中也有类似的现象，并由于它们缺少民族院校所具有的传统职能，预科教育管理松散，更容易按照自己利益从事，出现如收取较高的学费或赞助费，甚至是"挂羊头，卖狗肉"的"失范"行为。虽然这些偏离行为出现的频率相对低，但也会影响到预科教育政策的实施。

四、利害相关者——各省（区、市）政府与招生办及其行为①

高等教育招生模式是指招生工作中，中央、地方与高等院校三级在关于招生的生源、招生的数量、招生的性质等建立权力分配的体制，明确规定国家、地方与学校根据社会经济发展的需求承担对招生数量和来源及招生性质控制的责任和权力。高等教育招生模式由招生计划管理和录取两个部分构成。

我国招生计划管理是由国家主管部门根据不同区域确定招生数量和生

---

① 利害相关者没有提到少数民族地区教育机构，而着重各省（区、市）政府和招生办的原因在于：首先，少数民族地区教育机构的任务是要传达上级的各项招生政策，并据地方实际调整具体实施方式；若调整超出上级文件的范围，需要通过地方政府或者地方人大常委会/人民代表大会。其次，少数民族地区在行使教育自治权时所制定的各项政策和措施，按照规定必须由通过地方政府提议，并经地方人民代表大会决议通过，再由教育机构实施；即使由教育机构提出最初的方案，也是在地方政府指导下确定的。因此，虽然教育机构有很大的自主权，但它在招生政策形成中是基于地方政府的指导方针进行的，而非代表它自身的利益。同时，招生办作为处理相关招生事宜的机构，是代表各省（区、市）政府、教育部门与其他利益相关者进行交涉的机构，从而也成为利益关系中的重要相关者之一。参见 K 区 2003 年关于招生政策的内部文件。

源为主的政府负责制招生模式，录取方式采用"学校负责、招办监督"①和"根据志愿按比例投档"的办法；在录取顺序上以考生志愿为基础，按高校性质层次分批录取；在录取手段上采用计算机操作。执行过程分为两个层面，由国家确定不同区域招生数量和生源，高等院校可以在各批招生计划数的120%投档范围内自主决定调档比例和自主决定录取结果；若录取人数不满计划数时，可以要求退档并再调档。高等院校的计划管理工作是我国招生工作的重要组成部分，在主管部门下达的各高校跨省招生计划的基础上，各高校制定本校招生专业设置、招生规模、专业生源、招生方式等方面，并把计划上报主管部门，主管部门经过汇总、审核、细化、处理等过程对其内容进行确定，然后，作为招生计划公布于众。

各省（区、市）政府及其招生办与招生单位的关系，是由规范所构成的关系，它们之间是相互协助、相互支持的关系，而不是交易活动所形成的利益关系。但由于它们各自代表不同的利益群体，在实际运作中存在着协调合作与博弈的关系。因为各省（区、市）政府及招生办往往代表着本地区的利益，而招生院校代表着本校的利益，它们对对方的期望往往立足于自身的立场。

预科教育政策明确规定了预科招生线下录取降分的最低限度，具体降分幅度由各省份根据实际情况裁决；各省份凭借裁量权制定招生条件，确定什么身份的生源才可以报考预科班、民族班，确定若无合格的录取生，线下录取的最低分数线是多少。各省（区、市）政府以及招生办希望招生院校能够在本省（区、市）多投入招生指标，因此，它们要求招生办按照本省（区、市）规定的招生条件招生；而招生院校希望获得优质生源，所以有时它会不认同该省（区、市）的加分政策，或认为招生办没有提供优质生源名单，同时，它的招生工作又不能离开当地相关部门的合作。它们的博弈往往会集中表现在招收优质生源和加分招生政策之间的冲突，激烈

---

① 思想政治品德考核和身体健康状况检查合格、统考成绩达到同批录取控制分数线并符合学校投档要求的考生是否录取以及所录取的专业由高等学校自行确定，同时负责对未录取考生的解释以及其他遗留问题的处理。各省级招生委员会应监督、检查高等学校执行国家招生政策、招生计划完成情况，纠正违反国家招生政策、规定的行为。

时其至会出现招生院校工作人员拒绝按该省（区、市）招生条件录取，当地招生办采取不提供学生名单或不让招生院校工作人员离开等极端方式，但它们的冲突最终都会通过协商来解决。在这场博弈中，若招生院校在高等院校层级中的位置越高就越有谈判的价码。但是，各省（区、市）政府和招生办一般是尽量协调好与招生单位之间的关系，良好的合作关系有助于它们进行协商；有时会有些行政人员凭借这种关系，实现"搭便车"的目的。

以往各高等院校到各省（区、市）招生时，要遵循各省（区、市）所制定的招生条件，如加分政策。但随着高等院校自主权的提高，二者之间关系有些细微变化，高等院校可以考虑是否认同或实施各省（区、市）招生办规定的加分政策。从2002年普通高等学校招生工作规定中可以看出这一变化。"高等学校招生实行'学校负责、招办监督'的录取体制。即：思想政治品德考核和身体健康状况检查合格、统考成绩达到同批录取控制分数线并符合学校投档要求的考生是否录取以及所录取的专业由高等学校自行确定，同时负责对未录取考生的解释以及其他遗留问题的处理。各省级招生委员会应监督、检查高等学校执行国家招生政策、招生计划完成情况，纠正违反国家招生政策、规定的行为。"在这种变化中，社会声望越高的高等院校就越有谈判的筹码。除此之外，各省（区、市）政府以及教育部门可以凭借它们所拥有的权力，通过限定报考条件、资格来改变招生单位的招生范围、录取分数等。因此，在预科教育政策运行过程中，各省（区、市）可以按照它们对预科教育的理解，通过界定招生条件来重新给予解释和限定。同时，各省（区、市）政府可以通过向招生院校领导递交申请或加强协助学校在当地某些活动或向其上级主管单位提出要求、建议，从而在某种程度上成为招生院校的压力团体。

五、目标群体——少数民族群体及其行为

预科教育政策运行过程中，并不见目标群体——少数民族群体的言行，因为他们很难直接介入到制度化运行过程中。他们对预科教育政策施

加的影响，往往是通过对政策实施和结果的监督来实现的。他们对预科教育政策实施的监督和建议，往往是通过其代言人如人大代表（全国人大代表、省级人大代表）、政协委员（全国政协委员、省级政协委员）或委托代理人——民委等制度化的途径提出他们的看法、要求和建议，并经由其转到相关部门予以答复和解决。不能忽视在实践中这些制度化的途径真正做到了传达和表达少数民族群体意愿的重要作用，但关于他们如何了解和认识预科教育，如何进行选择等问题要在第八章论述，这里暂且不谈。

由以上可知，预科教育政策运行过程中的相关主体凭借规范所赋予的职能获得了一定的权限，拥有的权限大小决定着它们对预科教育政策所能发挥作用的大小，且它们对预科教育政策发挥作用的途径和方式也有所不同。这将影响它们之间的博弈结果或交换的获益程度，因为它们能够相互交换的砝码也不同。这些具体表现为少数民族群体利益与个人利益的交织、地区利益与学校利益的博弈、学校利益与落实平等的权衡等矛盾和冲突。

第三节　重新阐释和界定：预科教育政策相关主体行为

预科教育政策的实施需要不同部门的相互协作，然而不同部门之间也有其自身的利益，这些部门的利益既有一致的方面，也有不一致的方面。预科教育政策相关主体之间的关系是基于规范所建构、机构职能所给予而形成的，它们之间行政隶属、管理监督和相互协助等多种关系相互交织（见图7－2）。政策运行过程实际上既是将政策具体化、操作化的过程，也必然涉及资源的再次分配过程，必然会有利益上的博弈。预科教育政策任何相关主体都有一定的自身利益，如部门利益、地方利益和群体利益以及个人利益等；同时，各相关主体基于自己的立场对预科教育及其平等取向有不同的理解，但由于预科教育政策具有较强的意识形态和政治特性，它们不能更改其相关规定，更多的是凭借规范所赋予的权限和政策空隙对之进行重新阐释和界定。然而，基于预科教育政策各相关主体在预科教育政策运行中的不同地位和作用，它们被赋予的职能权限不同，具有的裁量权大小不一，对政策的解释权也会不同，强度也不同，采取的方式也不同，对预科教育政策实施的影响程度也不同。

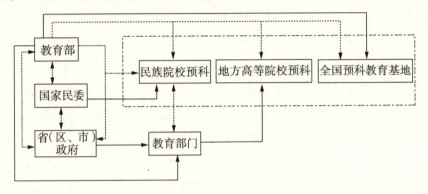

图7-2　预科教育政策相关主体的关系简图

注：→指预科教育实施中各部门之间是直接管理关系；--指预科教育实施中

各部门之间非直接管理关系；地方高等院校包括非民委直属民族院校。

在预科教育政策运行过程中，国家民委对预科教育政策运行的影响要小些，尤其是随着预科教育被要求置于教育部直属的预科教育基地，其作用力倾向于弱化。虽然国家民委拥有很大的权限，但因它的机构职能决定了它要督促所管辖的民族院校落实预科教育政策，并监督相关主体实施预科教育政策的情况，所以即使它可能会默许一些不规范行为的出现，也绝对不会对预科教育政策进行重新阐释，从而使其走形。而省级民委虽然是预科教育政策的相关主体，但只是预科教育政策实施的支持、协调机构，并没有裁量权，也就没有重新解释权。所以，它只能通过协商、交易等途径来达到它的目的。相反，高等院校和各省（区、市）政府及其教育主管部门拥有相当大的权限，并具有增强的趋势。前者是预科教育政策招生层面的具体落实者，具有一定的招生决定权；后者拥有对接受预科教育学生资格、条件的决定权；二者拥有一定的裁量权和解释权，成为影响预科教育政策运行活动的主要因素。因此，它们的行为容易导致预科教育政策在运行过程中出现"失范""重置"等现象，从而影响预科教育政策实施效果。

注重局部利益、忽视整体利益是导致预科教育政策运行过程中相关主体行为出现偏差的直接原因。政策"失范"行为是指政策实施机构和人员不符合规范的行为。虽然预科教育政策规定了它的目标、内容、范围和实施形式，一定程度上限定了执行机构和人员的行为，但是这些机构和人员在实施过程中追求自己个人或单位的利益，"走后门""拉关系"，违背行为规范，导致预科教育政策执行中出现偏差，如预科生中有非少数民族生源、来自非少数民族地区的生源等。政策"重置"是指预科教育政策实施过程中，相关主体通过所拥有的裁量权对预科教育政策重新解释、"改头换面"，导致不同群体享受此项政策的机会不同。学校场景下预科教育政策运行过程出现了一定数量的"失范""重置"的行为，主要包括以下几种现象：首先，对预科教育政策的表层化，即教育政策运行过程中相关主体对政策只做简单理解，没能使预科教育政策落到实处；其次，对预科教育政策的扩大化，即教育政策运行过程中相关主体对政策附加内容，扩大外延，使得调整的范围、力度、目标和政策对象超出了原政策的要求；最后，对预科教育政策的替换，即在教育政策运行过程中，用地方政策取代或解释国家的教育政策，使执行的内容背离了原政策的要求。这些现象具体表现为以下方面。

一、高等院校对预科教育政策的表层化、扩大化解释

高等院校对预科教育政策的表层化、扩大化解释主要表现为以下几个方面。

第一，生源规格要求、降分限度大小和招生地区范围之间的规定及解释。

按照预科教育政策的规定，"重点招收边远农村、高寒地区、山区、牧区的少数民族考生，也可适量招收散杂居的少数民族考生"，由于教育资源配置存在着地域的差异，尤其是城乡之间的差异，处于这些地区的少

数民族考生高考分数往往达不到所要求的分数线。若完全按照预科教育政策规定，势必要降分录取。虽然降分可以达到录取分数线下 80 分，民族班是线下 40 分，但是"现在各校预科招生时降分的幅度也就 20 来分，一些高校尤其是重点院校本来就不情愿招收预科生，如果分数降得太低，这些学校就更没有积极性了"①。因此，各校就不将招生范围限定在这些区域，而是将其扩展为面向所有少数民族生源。同时，招生程序是完全按照分数线从高到低投档、录取。这种结果就会导致"分数超过本科录取线的学生比例增加；散居地区、城镇户口的学生比例增加；在校生的民族成分减少，尤其是人口较少民族情况更为严重"②。虽然国家提出各高等院校应该把招收民族班作为政治任务来抓，强调面向规定地区招生。但由前面政策实施结果来看，因为受各种因素的影响，这种努力成效并没有预期中的那么大。

正如笔者在前面谈到的，有些地方高等院校的行为与此正相反，它们为了获得生源或为谋求学校的利益，肆意降低招收预科生的分数线，导致过度降分，无法保证预科生质量；然而，它也无法保证其主要预科学生来自边远农村、高寒地区、山区、牧区。

第二，"非常规"招生。

"非常规"招生是指没有按照招生程序和原则而进行的招生行为。自预科教育创办以来，一直有一定数量"非常规"招收的学生，但不同时期进行"非常规"招生的缘由有所不同。20 世纪 80 年代中期以前，"非常规"招生大多具有加强民族团结的政治意义，或为了落实民族政策或对特定的少数民族成员进行招生，招生院校只是受动者。80 年代中期以后，"非常规"招生主要因为利益交易行为导致，学校往往是施动者，受益者大多是与招生院校有利益关系的相关组织领导或群体子女。为保证这种招生行为的合法性，招生院校通常采取扩大解释预科教育政策职能的方式，使得这些行为更具有隐蔽性，形式上具有合理性，这也导致预科生源中出

---

① 应春花. 预科困惑，期待破解政策［N］. 中国民族报，2006 – 06 – 09.
② 应春花. 预科困惑，期待破解政策［N］. 中国民族报，2006 – 06 – 09.

现个别来自教育发展水平较高地区的学生。

第三，"失范"行为。

高等院校在实施预科教育政策中的失范行为在不同时期具有不同的特点。1978 年之前，由于预科教育政策的政治性凸显、民族院校的功能定位等因素，在预科教育政策实施过程中极少有学校主导引起的"失范"行为。从 70 年代末期到 80 年代初期，一些学校开始利用承办预科教育，为本校教职工子女通过预科接受高等教育打开方便之门。从 1990 年起，预科教育招生的主导权多集中在高等院校手中，因预科教育管理条例还不完善，随着我国高等教育改革的不断深入，普通高校逐年扩招，部分高校热衷于经营和创收，其结果就导致高校办学方向的扭曲和对预科教育的歪曲。它们立足于自己的局部利益，随意改变预科教育招生的条件、范围等。在预科教育实施过程中出现了"花钱就能上预科"、高额收费等失范行为。它们将本来面向少数民族学生的预科教育扩大为面向整个省份的学生，且没有分数的标准，只要交纳了所要求的费用，便可以"登堂入室"。有些省份的一些高等院校虽然取得了承办预科教育的资格，但所需经费要由地方自行筹划，它们便借此向学生收取高额的学费。这些失范行为在社会上造成了不良的影响。

对此，预科教育政策中开始加强对预科教育管理的规定，如要求被高等院校民族班、预科班录取的学生应进行公示。从 1998 年明确提出对没有执行国家有关预科招生规定的高校，要减少其下一年预科招生计划或取消其招收少数民族预科生资格。即使如此，由于预科为进入高等院校尤其是重点大学提供了一个途径，仍是人们所垂涎的。加之历来存在着"上有政策，下有对策"的现象，消灭失范行为需要一定的时间和一定的监管举措。

二、省（区、市）政府及教育主管部门对预科教育政策的替代式解释

高等院校招生工作管理条例明确规定，对于边疆、山区、牧区、少数民族聚居地区的少数民族考生由省级招生委员会决定，可以在高等学校调

档分数线下适当降低分数投档。可见，各省（区、市）对预科招生具有一定的决定权。前面也提到，省（区、市）政府及教育主管部门可以通过界定招生条件来对预科教育政策重新给予解释和限定其实施的条件、要求，这种重新解释往往是立足于本省（区、市）的利益和需求，容易出现替换政策内容的现象。各省（区、市）的民族教育发展状况不同，各省（区、市）政府对本省（区、市）民族教育发展的定位、认识与规划不同，因此，对预科教育的看法和定位有些差异，这使得各省（区、市）实践中对预科教育的预期和解释有所不同。笔者以两个省份为例，就其关于预科教育的规定进行比较，在说明省（区、市）政府及教育主管部门对预科教育政策实施具有很大解释权限的同时，试图揭示目前存在的对预科教育不同定位如何影响预科教育政策的具体落实。

G 省民族院校实施预科教育始于 20 世纪 50 年代，中间曾停止过一段时间，于 1979 年又开始实施。该省是少数民族人口所占比例较多的省份，其中 L 族是该省的主体少数民族，其他还有 T 族、U 族等民族，后几个民族基本上生活在该省的边远地区、山区。诸多原因使得该省老、少、边、山、穷地区教育十分落后，如该省某县只有一所高中，全县在 1993 年、1995 年、1998 年三年没有一人分数能够达到大学本科录取分数线。1991年，关于民族预科教育有关条例被列入该省教育条例。2002 年，该省领导在全省高校招生计划工作会议上强调"三个不能下降"：少数民族预科生的录取人数不下降；高校录取学生当中少数民族学生的比例不下降；贫困县的招生人数不下降。针对目前预科招生中学生民族成分减少，散居地区、城镇地区的学生比重大等情况，该省教育厅经过调研，准备成立全省的招生领导小组，协调各县、各少数民族在招生中的差异。

K 区也是个多民族构成的省份，其中 A 族是该区主体少数民族，人口占少数民族比重较大。该区历来重视各民族教育发展，尤其是对该区人口较少民族，坚持"优先、重点"发展民族教育的政策措施。在 1980 年的《关于恢复和发展民族教育的几点意见的报告》中，该区强调大专院校招生时要对人口较少民族根据不同情况给予照顾。但自 90 年代中期开始，该区的立场发生变化，采取的措施也与原来的有所不同。2004 年 K 区教育部门招生简章中关于预科教育方面的规定就是一个很典型的事例。

一、所辖区内的 A 族、B 族、C 族、D 族、E 族……和用 M 语授课中学的 M 族考生方可填报预科班志愿。二、所辖区内高校民族预科班生源为使用民族语言授课和加授民族语言的考生；区外高校民族预科班、民族班生源：A 语授课的考生比例为 70%，加授 A 语和汉语授课的 A 族考生比例为 30%。

通篇阅读这一规定就会发现，虽然这个规定允许区内各少数民族学生都能报考预科班、民族班，但通过附加招生条件，限定了只有使用民族语授课和加授民族语言的考生才能被录取为预科班的学生；然而，在该区接受 A 种民族语和加授民族语的只有 A 族。即虽然允许该区各少数民族报考预科班、民族班，但实际上剥夺了他们被录取的平等机会。可见，这条规定实际上在预科招生中使其他民族丧失了平等享受预科教育政策的机会。而 2001 年《民族区域自治法》第七十一条规定："国家举办民族高等学校，在高等学校举办民族班、民族预科，专门或者主要招收少数民族学生，并且可以采取定向招生、定向分配的办法。高等学校和中等专业学校招收新生的时候，对少数民族考生适当放宽录取标准和条件，对人口特少的少数民族考生给予特殊照顾。各级人民政府和学校应当采取多种措施帮助家庭经济困难的少数民族学生完成学业。"该区的 B 族、C 族、D 族大多处于边远山区、农林牧区，其中 B 族、C 族为人口特少民族。该区的规定与预科教育政策的宗旨和招生范围的规定出现了一定程度的偏离，并与《民族区域自治法》的规定相背离。后来在相关人大代表的强烈建议和呼吁下，该区政府才规定在区内一所高等院校举办面向 B 族、C 族、D 族聚居区的预科班。

由此可见，各省（区、市）政府及教育主管部门对预科教育政策实施的解释权、决定权，对预科教育政策是否实践其宗旨或实际走向具有重要的影响，从而对目标群体受益与否和享受预科教育政策的程度影响极大。暂且不论这种行为的性质如何、是否对该省其他少数民族学生公平，首先需要弄清的是这种对预科教育政策的重新解释和界定行为的背后动机是什么，它说明了什么。

该区教育厅的一份内部文件可以说明上述行为的动机和目的。

为了认真执行《中华人民共和国民族区域自治法》，贯彻落实《国务院关于深化改革加快发展民族教育的决定》精神，我省正在采取有效措施，加大民族教育改革发展的工作力度。向国家重点院校和内地高校输送合格的民族语言的授课学生正是其中一项重要内容，这对于缓解基础教育阶段民族语言授课学生流失和拓宽民族语言授课学生升学、就业渠道具有重要意义。

可见，这种行为的背后实际上是对优质高等教育资源的争夺。高校扩招后，能否接受高等教育已经不是关键，而是在于能否获得优质的高等教育资源，而这些优质高等教育资源集中在重点高等院校，这是 K 区内的高等院校所无法比拟的。W 院校中的相关资料表明，从 90 年代中期开始，有些高等院校不愿招收没有外语成绩的考生，虽然有些政协代表对这些学校的行为提出批评，但这些学校的回应态度比较坚决。对于用民族语言授课的中学而言，其学生只能上 K 区内的高等院校，不可能上区外的高等院校；但是重点高等院校、综合大学主要分布在区外。这不仅使民族语言授课中学的学生升学范围变窄，就业困难，也会导致一部分学生"流失"。在 K 区的访谈结果表明，该区教育主管部门的一些领导认为，民文中学有很多优秀的学生，但因语言问题而不能获得更好的发展机会；是否毕业于重点院校、综合大学是今后社会竞争中的"硬件"，也是培养本民族优秀人才的重要途径。另外，民文授课是传统文化得以保持和发展的重要途径，是不能放弃的。解决这种"困境"和"坚持"对峙情况的最直接途径就是对预科教育政策的"重置"。

人们谈到民族教育问题的时候会极力回避"权力"字眼，但预科教育政策作为教育资源分配机制的重要部分，是离不开权力的。谁拥有更大的权力，谁对资源的分配就越有支配权。目前，有些学者提出中国少数民族概念应该"去政治化"而"文化化"，应该改称为族群。其实问题不在它的名称是什么，而在于它的形成过程被历史所赋予的内涵。阿布纳（Abner）认为"族群不单纯是文化结果或表现，有时是政治、权力的产物"①。族群认同的构建不仅是文化的，也是社会的。中国各民族政治权力建立在民族成分识别的基础上，如民族区域自治、全国人大代表等。《中国人民政治协商会议共同纲领》规定，少数民族人口多少和居住地域大小是建立民族自治机关的前提，并在民族自治区域内，各民族在当地政权机关中均应有相当名额的代表。《民族区域自治法》规定，自治区主席、自治州州长、自治县县长由实行区域自治的民族的公民担任，自治区、自治州、自治县的人民政府的其他组成人员，要尽量配备实行区域自治的民族和其他少数民族的人员。民族自治地方的人大常委会中应当由实行区域自治的民族的公民担任主任或副主任。中国是中央集权制的国家，按照行政体制，若是一个自治区或省份里有民族州、县、乡、村，它们在行政上是隶属关系、上下级的关系。越是处于上一级行政级别越对资源分配有决定权，况且，有关预科教育政策的解释权和决定权限于省一级。处于自治乡、县层级的行政干部很难影响政策决策和资源配置，这些行政干部级别最高的一般在县处层级，他们的呼声也很难达到决策层；而处于自治区层级的行政干部情况与此相反。这就会导致阿布纳所说的情况，"少数民族往往是用族群的概念来争取他们的权力和资源"②。当然，这也只是事物的一面。人民代表大会制度中各民族一定要有其代表的规定，其目的正是为了保证各民族当家做主的政治权利。由前面的事例可以看出，这一制度切切实实地发挥着保障各民族平等话语权和监管政府行为的作用。

由以上分析可知，影响预科教育政策执行过程的主要因素是高等院校和省（区、市）政府及教育主管部门的选择和行为。它们根据自己利益，用代表其利益的观念和取向重新界定着预科教育政策的价值取向，并将这种重新界定的结果付诸实践，从而影响预科教育政策的实施及走向。

通过对预科教育政策相关主体的行为以及它们之于预科教育政策实施

---

① 巫达. 中国少数民族的族群问题［EB/OL］.［2012 - 11 - 20］. http：//www. yizuren. com/plus/view. php? aid = 9890.

② 巫达. 中国少数民族的族群问题［EB/OL］.［2012 - 11 - 20］. http：//www. yizuren. com/plus/view. php? aid = 9890.

的影响的分析可知，任何政策运行过程中都存在着相关主体的博弈行为，但就预科教育政策相关主体的行为而言，其还具有自己的特点。首先，预科教育政策旗帜鲜明地指定了它的受众为特定的群体，目标是要改善它们的处境。这种鲜明的平等取向使得利益相关者的行为不能表现为直接的、激烈的争斗，而表现为通过从观念层面平静地向社会大众重新阐释预科教育政策的平等取向，以使它的行为具有正当性。因此，有时相关主体的博弈行为往往被冠以"少数民族"的名义或打着"促进少数民族教育发展"的旗号。但就预科教育政策而言，这类行为并不能简单地归类为民族"精英"维护本民族利益的行为。其次，不同相关主体有其独特的方式作用于预科教育政策平等取向，以参与博弈。它们不仅借助于预科教育政策所赋予的权限，也利用机构、组织自身所具有的职能来作用于预科教育政策。如学校利用它招收预科学生的标准以及招生中对预科学生招考名额的调配权来发挥作用，省（区、市）政府及教育主管部门可以通过设定课程要求限定报考预科的考生范围。同时，相关主体争取预科教育资源的目的除了争取某一机构或某一组织或个体的利益外，有时它谋求民族整体的利益，还会涉及少数民族的文化、政治权益等复杂的目标。

难解的困惑

分析的结果似乎让我们找到了导致偏离行为的原因，似乎就能够开出"药方"。然而，找到了原因，未必能开出好的"药方"。况且，即使有了"药方"也不可能药到病除。因为预科教育政策运行过程中出现的种种冲突和问题，并不单纯是偏离行为，也不仅是社会转型所导致，而是利益、权力、文化等彼此长期纷争的产物；只不过这些潜在的、涌动的暗流不同时期用不同的形式表现和演绎，从而掩饰它们的纷争，并表现为政策主体之间不断纠缠的话题讨论。预科教育政策运行过程中始终存在着以下难解的问题。

首先，"能力选拔"和"降分录取"之争。

　　虽然政策的目的是要解决某一问题，但政策要由一系列的组织和部门来实施，而这些组织和部门的利益是与此项政策相联系的。因此，该政策在力求实现其政策目的的同时，也要兼顾这些组织和部门的利益，不然就难以保证政策实施的顺畅。对于预科教育政策而言，虽然预科教育政策规定了降分的限度，但在实践中存在着一定分歧。"能力选拔"和"降分录取"之间的冲突不在于是否要对预科生降分录取，而在于到底要降多少分。若降分过多，必然影响高等院校的积极性；若不降分，由于少数民族地区教育发展水平相对不高，必然降低少数民族学生接受高等教育的概率；若幅度过小，又很难照顾到边远地区农、林、牧区的少数民族。这既涉及政策运行中如何协调各方面利益的问题，又是高等院校招生单位与各省（区、市）招生办博弈的焦点；既是困扰目前预科教育的一个问题，又是短期难以彻底解决的问题。那么，降分幅度应该是多少，才既能保证达到高等院校的要求标准，又能确保预科教育政策发挥作用？这还有待探讨。

　　其次，规则与裁量权之间的空间。

　　防止和减少预科教育政策运行过程中的失范行为，关键在于上级能够多大程度上运用规则来控制下级的行为。预科教育政策运行过程中的偏离行为大多是利用规则所赋予的执行权进行的自由裁量，也使许多不规范行为戴上了合法的帽子。政策执行时，上级按照规则赋予下级一定的权限，从而使下级获得一定的自由裁量权。如果没有一定的裁量权，执行主体就无法灵活处理相关事务而变得僵硬；若拥有过多，又会影响政策实施。但若有一套监督机制就可减少或避免因利用规则和裁量权的空间而出现的失范行为。从预科教育政策的运行过程看，预科教育政策的运行缺乏监督。如对 K 区的不适当规定至今仍在实施，呼吁叫停的声音来自招生单位，而相关部门并未采取相应的措施，目标群体亦未抗议。虽然，各省（区、市）民委是本省（区、市）少数民族利益的代理人，但由于行政上又从属于省（区、市）政府，并不能发挥真正的监督作用；少数民族代表或少数民族精英一般是通过制度化途径来提出建议，表达意愿，虽有监督的职能，但现实中又很难发挥。这种机制的不健全导致缺乏对失范行为的监控，而这种监督机制的形成并不是短期能构建的。

第八章　目标群体选择和行为阐述

　　政策研究中很少涉及政策目标群体是如何看待该项政策、政策如何影响到目标群体选择和行为，因为，大家一般是把政策看作一种自上而下的行为，即使看作自下而上，也是指掌握一定权限和资源的某些组织如何采取策略获得生存或资源的机会。那么，作为政策的目标群体是如何看待这些政策，又是如何行为的？前面叙述主要是从制度规范层面分析预科教育政策，很少涉及受益群体，然而，没有目标群体直接参与的机制，也就无从知道作为预科教育政策的目标群体对此项政策持何种态度和看法，这种态度、看法又是如何形成，并如何影响目标群体的选择和行为。预科教育政策是面向特定群体实施的一项措施，判断它是否达到其预期成效，不仅要看它是否切实改善了目标群体受教育情况甚至社会境况，还要了解目标群体对该政策的认识和理解状况，因为民族预科政策实施最终离不开目标群体的选择和行为。

第一节　目标群体的选择及认识

　　由于能否享受预科教育政策取决于群体的民族身份，按照群体与预科教育政策相关程度，主要分为目标群体和非目标群体，目标群体是指具有少数民族身份的群体。在前面提到，不同时期预科教育选拔的机制不同，目标群体则在其所处的社会选拔机制下进行选择。笔者对不同时期预科生的调查结果表明，人们对预科教育经历了由不知道到有所了解、从"被动"选择到"主动"选择的过程。

一、目标群体的选择

（一）社会选择与“被动”选择

新中国成立初期，国家急需培养少数民族干部，把党和国家的政治方针贯彻到少数民族地区，维护民族团结、国家统一和稳定。政党性质和国家现实既要求团结少数民族上层，又要求培养贫下中农干部。然而，当时由于交通不便、信息闭塞等原因，边远山区的少数民族还没有形成国家中心、首都概念，少数民族学生并不了解相关民族教育政策，更不要说预科教育。而且，少数民族教育发展水平低，并不适应参加选拔性考试。大多数少数民族学生由于家庭经济条件不好等原因，没有能力继续升学。在这样的情况下，少数民族学生缺乏主动选择能力，无法主动选择。

国家按照民族纲领规定和现实情况决定预科教育的选拔方式。为此，在五六十年代，与一般高等院校招生方式不同，预科教育招生方式是采用推荐和选送，是按照民族、阶层等因素来进行选拔。以 W 院校为例，先是由学校按照国家要求分配预科指标到各省份，再由各省份选送少数民族学生到学校。

预科我当时是“混”进来的（笑）。我家里有四个孩子，我是老大。1959 年，W 院校分配名额到我们县，是否是按民族成分分配，我不太清楚，似乎不是，就给我们侗族自治县两个名额。当时县里选送了两个人，另一个不是我那个中学的。我们县根据上面的要求选拔和推荐我上预科班，学校觉得我是适合的人选。我当时将要初中毕业，是班里的优等生。我当时不知道选拔推荐的标准是什么，后来参加工作接触相关文件，才知道它要求是初中毕业，学习、思想各方面都很优秀，还要是贫下中农；过去对各方面的要求都很讲究。那时我不知道预科，W 院校也没有听说过。我只是学习，觉得把事情做好，没想过毕业以后是回家劳动还是继续升学。当地的人们都没有听说过 W 院校，也没听说过北京，对我上学，当时人们也没什么反应。家里当时很高兴，大家知道干部，知道上学就能当干部。（当时预科）同学各种成分都有，有地主、头人、土司，他们都是民族上层家庭的子女，都是统战对象，他们在学校里和我们都受一样的待遇，他们在"文革"中也没怎么受歧视，我们班有一个云南的成分是最高的，好像是土司，但回去做了县长等官职，没有受影响。这些统战对象大都来自西藏，云南和四川也有一些。

（A某，广西，侗族，访谈）

（二）技术选择与多元性选择

"文革"结束后，全国百废待兴，培养少数民族人才是发展少数民族地区的关键。经过社会主义改造和建设时期多年的民族工作，少数民族对民族教育政策有了一定的了解。而且，民族教育虽在"文革"时期几乎停滞，但与新中国成立前相比，少数民族教育水平得到了极大的提高。因此，从1980年起，民族院校由原来独立的体系转向并纳入普通高等教育办学体系中，预科教育招生也被纳入全国高考统考中。随着民族地区基础教育的发展，预科教育招生选拔机制开始采用技术选择，要求先按照成绩择优录取，再适当降分录取。但预科招生一般是定向招生，招生专业是少数民族地区发展所急需的，因此，预科招生在专业选择上有一定的限制①。新中国成立以来，民族教育政策的实施使少数民族考生对预科教育有了一定的了解，也为少数民族考生获得相关信息提供了一定的渠道。在这样的背景下，少数民族学生的高考成绩决定了他能否进入预科，少数民族学生也会根据自己的高考成绩状况来考虑自己是否选报预科。然而，少数民族基础教育发展相对滞后，使他们在高考统考的竞争中缺少优势，预科为他们提供了获得高等教育的机会。虽然少数民族学生已经开始主动考虑是否选择预科，但他们所获得的关于预科教育方面的信息有限。而他们在高考统考中处于劣势的境地决定了他们大多只能通过这一途径享受优质高等教育资源。

甘肃当时少数民族学生有两个系统可以进入，一个是大家一样录取

---

① 但有一些高等院校本校所招的预科生是预科结业后才选择专业。

的、一样竞争的，另外一个是专门为少数民族学生划线，是按照少数民族学生的考分划分的，好像现在不是了。名额的下达也是分开的。当时少数民族学生的水平还达不到一样竞争，事实上更多的是进入少数民族系统。两个系统主要区分在专业上，少数民族报考预科有专业限制，我们那年预科招生有中文和教育管理两个专业。在甘肃，对少数民族系统来说，最好的学校是北师大，专业也不错。当时我表哥在西北师大教育系，他就是教育管理专业，表哥是大学生，这方面他比较精通，我自己没考虑太多，志愿都是他帮我填写的。

（B 某，甘肃，裕固族，访谈）

随着内地支援新疆高等教育的启动，目标群体对预科教育的选择，表现为两种情况，一是全国班的"主动"选择，二是新疆班的"被动"选择。不同情况下目标群体选择预科的情况也有所不同。所以，二者分开来论述。

就前者而言，随着少数民族基础教育水平不断提高，少数民族学生高考成绩逐渐提升，他们在高考中的选择机会相对增多，但从整体而言，仍处于相对不利的境地。在 W 院校的调查表明，目前，少数民族考生在填写高考志愿时，选择预科的原因有以下三个方面：一是有52%的学生选择预科是为了保底，避免复读；二是通过选报预科可以确保上重点大学、好大学，这样的学生占32%；三是5%的学生认为可以通过预科达到选择自己满意的专业的目的。此外，有11%的学生没有考虑太多，只是随意填写。由于教育发展水平存在着地区差异、城乡差异，以及对预科教育了解的程度不同，不同地域的少数民族学生选择预科教育的考虑有所不同。对于处于教育发展水平相对较好的区域的少数民族考生而言，预科教育并不是他们获得高等教育的唯一机会，但预科教育使他们的选择机会增多，也能够提高他们进入重点大学的概率和确保进入相对热门的专业学习。而对于教育发展水平相对滞后区域的少数民族考生，特别是对少数民族边远地区、农林牧区的少数民族考生而言，预科教育可以说是他们获得优质高等教育资源的唯一途径。

现在有的学生填报预科，是为了选择专业。如有的考生凭高考成绩可以被某重点大学录取，但上不了他想上的专业，因为正常招生中热门专业报的人多，分数线也高，很难上自己想上的专业。他就选择填报预科，这样，他就能上自己想上的那个专业，因为按照预科招生的分数线相对低。这也是近些年①一些预科生高考成绩比重点线还要高的原因。还有的学生为了上某所学校、选择自己想上的专业②，宁愿补习一年。

（M 某，鄂伦春族，预科教师，访谈）

我们家两个小孩，哥哥是农民。我能被录取是因为我们是边疆民族③。以前不知道预科，我们是看了学校里的广告以后才知道的，招生志愿有 W 院校预科的广告。虽然是预科，不管怎样还是重点大学。我考上以后，家里觉得考上重点大学很光荣，办了酒席，自己觉得为家里争了光。我们那儿是贫困县，一年县里能够考上大学的也就七八个，上重点大学的更是没有了。

（D 某，云南，傣族，访谈）

新疆班的情况与全国班的情况不一样。从 20 世纪 90 年代开始，根据内地与新疆高等教育支援协作规定，内地开始大力支援新疆高等教育，为新疆举办民族班。根据"民考民""民考汉"的不同情况，民族班的学生必须接受一年到两年的预科教育。其中"民考民"的学生要经过两年时间的预科阶段学习，而"民考汉"的学生要经过一年的预科阶段学习。同时，从 2000 年开始，除民语文等特殊专业外，少数民族地区的高等院校和民族院校开始取消民语言授课的专业。这些高等院校中有些专业有两种语言授课的模式：一种是民语言授课模式，即专业基础课和专业课都要使用民语言；另一种是用普通话授课模式，所有课程全部用普通话授课。如1990 年的教育学专业，既有普通话授课班级，也有民语言授课的班级。2003 年，《新疆维吾尔自治区人民政府贯彻国务院关于深化改革加快发展民族教育决定的意见》规定，"中等师范学校和高等院校，除民语文等特

---

① 指的是自 2000 年以来。

② 除了民族班录取考生时已经确定专业，他们预科结业后不能改变专业，其他预科生在预科结业后要选择专业。

③ 指的是聚居在近国境的地区的民族，有时也指跨境民族。

殊专业外，基础课要逐步用汉语言授课，专业基础课和专业课要全部使用汉语言授课"。不仅新疆实施这一规定，青海、内蒙古、黑龙江等省份也同样逐渐取消了某些专业的民语言授课模式。这造成民文中学考生可选择的用民语言授课的专业变少了，若他们要选择汉语授课专业就会面临因语言障碍无法跟班学习的问题，为此，他们需要通过预科阶段学习汉语，加强文化基础学习，以适应大学阶段的学习。这些学生同新疆的学生一样进入大学学习之前，必须接受一年或两年的预科教育。这使得预科教育政策招生安排倾向于"民考民"的考生，扩大此类考生的招生数量；并要求"民考民"的预科生在预科结业时通过一定级别的普通话考试。要注意的是，新疆班除了要进行语言学习之外，还有一个任务是要加强基础文化学习。因此，除了"民考民"的学生之外，"民考汉"的学生在上重点大学民族班之前要接受一年的预科教育。可见，这部分学生接受预科教育并不是他们的主动行为使然，而是国家政策引导下的选择。

我家里两个孩子，我是老大。当时父母认为预科要多读一年，曾犹豫过，但选北医是因为学校好，不管怎样，它还属于北大，我的分数离上北大差了几分。我是"民考汉"，必须上一年的预科。

（C某，新疆，蒙古族，访谈）

我们家两个孩子，妈妈是教师，爸爸是公务员。我们"民考民"上的大学，没办法，都要上预科，我姐姐在新疆师大上一年预科，这儿是两年。当时老师帮我们填写志愿，提供建议，从成绩看大概能考上哪个学校；父母也帮着看哪个学校好。第一批那儿有很多学校，我看到北京体育大学，我也没想太多就选了北京体育大学的体育管理，填在第一批志愿最后一个。

（E某，新疆，维吾尔族，访谈）

综上所述，在不同时期，预科教育政策选拔形式与高等教育招生形式不同，因此，目标群体的选择行为也有所不同，主导选择的因素也不同。新中国成立初期，国家稳定和统一、各民族当家做主的实现需要培养少数民族干部。然而，少数民族对预科教育缺乏了解，这一时期目标群体对预科的选择主要是由国家主导的社会选择。从20世纪80年代起，预科教育招生采用竞争性选拔方式，不同地域、阶层的少数民族考生诉诸预科教育不同的期望，选择动机出现多元化；因为预科教育能为他们提供获得高等教育、优质高等教育机会的途径，他们基于自己的考虑选择预科。而90年代以后，预科教育政策关于新疆少数民族考生的规定，使得这一时期目标群体对预科教育的选择呈现为目标群体主动选择和国家主导相交织的情况。

二、目标群体的认识

从前面叙述中也可以发现，目标群体选择预科的情况与他们对预科教育政策的了解程度相关。目标群体是通过学校获得关于预科教育政策的信息，他们当中多数人在填写高考志愿时才第一次接触到"预科"概念。一般而言，家长对于学生的教育选择具有非常大的影响。那么，家长对于学生选择预科有什么影响？

虽然在预科建立初期，目标群体对预科教育的选择主要是由国家主导的，但当时也有一些家庭主动为孩子进行选择。以前面访谈的A某的家庭为例，由于他的家庭社会地位不高，不了解预科教育政策规定，他们无法主动选择。而当时来自少数民族上层家庭的预科生虽然也不是主动选择，却体现了一定的主动性；他们因其家庭背景在当时处于特定社会位置、具有特定政治资本而便于获得教育机会。

有些人因其职业和所具有的社会资本，可以运用他们所能获得的信息主动去选择，并利用所拥有的社会资本实现他们的愿望。20世纪80年代以后，这种情形越来越多。虽然，招生简章详细列出了关于预科招生的规定，少数民族考生据此能够了解预科教育招生政策，但是他们的父母对预科教育政策了解的情况不一样，对学生选择的影响程度也有所不同。对W院校预科生的调查表明，学生家长对预科教育政策了解程度不一。在所调查的人群中，只有13.7%的家长知道预科教育政策，并有一定的了解，他们基本上因工作性质知道这项政策，这些家长大多为公务员、大学或中学教师等；这些家长会为孩子的选择提供指导、建议甚至运用其所拥有的社会资源为孩子上预科搭桥铺路，以使孩子获得进入好大学或选择好专业的机会。47.8%的家长只是听说过预科教育政策，并不很了解具体情况，其主要信息的来源是"道听途说"，以及来自亲戚朋友或者孩子的"转述"。有37.1%的家长不知道预科，这些家长大多为农牧民或工人等。后两种情形的学生家长因掌握相关信息不足，很难提供指导或建议，基本上倾向于让孩子自己抉择，一般认为"不管如何，孩子可以上大学"或"孩子自己拿的主意，我们就赞同"，"我们也不怎么懂，孩子自己选吧"等。

新疆班学生的家长与全国班学生的家长在态度上略有差别。在所调查的W院校新疆班学生的家长中，有79.1%的家长赞成孩子上大学前读一年或两年的预科，因为"孩子的语言不行"，"预科阶段可以学好汉语和英语"，"可以与汉族的孩子一样了"（意思是：没有了语言障碍，他的孩子可以和汉族的孩子拥有同等的竞争机会）；但也有20.9%的家长不是很赞成孩子的选择，因为"两年的时间太长，孩子年龄会太大"，"家里很难支撑"，"家里还有其他要读书的孩子"，"孩子会学坏，听说有个领导的孩子读预科后学坏了"，等等。

可见，任何时期不同家庭对预科教育所持的态度是不一样的，这主要与学生家长对预科教育政策的了解程度和他们所持的教育期望相关。父母的意见对学生的选择是否具有指导意义，主要取决于这些父母对预科了解的程度。家长知道得越多，越能对孩子的选择提供具有权威性的建议；家长不知道相关信息，甚至所有信息都是来自孩子，他们对孩子的选择便没有决定权，有时候他们"道听途说"的信息还会误导学生的选择。而从事政府工作或教师等职业的学生家长获得关于预科的信息较为完备，有能力指导孩子的选择，因为他们的职业使他们能够接触政策条文规定；而居住于乡镇、农村的家长很难获得关于预科教育的相关信息，他们信息的获得主要来源于学生。对一项政策的了解取决于是否拥有充足的相关信息量和获取信息的途径，若缺乏这些，会影响人们享受这项政策的程度以及对它实施的监督。同时，处于社会不同阶层的家庭对孩子的教育期望值是有一定的差异的。处于社会中下阶层家庭的学生家长更容易满足于预科教育能够使他们的孩子获得接受高等教育的机会；而处于中上阶层家庭的学生家长不仅把预科教育看作孩子获得高等教育机会的途径，更多的是把它看作能够使孩子享受优质高等教育的途径和选择好专业的机会，因此，他们一般会积极、主动地利用各种社会资源为孩子寻求进入预科的机会，因为，在当今进入重点大学竞争尤为激烈之际，预科是进入重点大学的一条捷径。

第二节　受益群体的行为

目标群体对预科教育的选择并获得似乎是预科教育政策运行的最后一环，其实不尽然，教育的价值在于促进人的发展，预科教育政策的实施必然要一直延续到校园中、教室中，最终落到受益者的身上。如果说预科招生活动集中表现了预科教育政策相关利益者的行为，那么，预科教育过程则是受益者的行为表现和成长过程的集合。它并不单纯是对教学管理的反映或结果，也是预科教育政策文化对教室语言和行为影响的结果。平等取向的预科教育政策转化为具体的实践时，政府机构和组织通过界定存在的问题、确立符合条件的学生范围、明确政策要提供的教育服务，以及实施过程中政策参与者按照政策文本对学生分类的解释和建构等一系列过程形成主导型的政策文化，它在实践中影响着预科教育过程中学生的行为和目标群体的选择。具体表现为，预科教育政策通过界定条件来选择符合要求的学生并据此提供财政支持的教育机会，而符合条件的学生必然被贴上某种标签以示区别。一旦被贴上标签，教师、教育管理者以及其他的人容易区别看待这些学生，而学生要通过他们的方式来顺从或抗拒这一政策文化对他们产生的影响。同时，学生行为又使他们的形象以及人们对预科的认识被重新建构，如前面提到的，"有个领导的孩子读预科后学坏了"，这会一定程度上影响目标群体对预科的选择。要明了预科教育政策对目标群体的生活的影响以及它是否、如何达到其预期的目的，就要把预科生的看法和行为置于预科教育过程中。大多数的受益者是在填写高考志愿时第一次接触到"预科"概念，并没有关于预科教育的完整信息，预科教育过程才使他们进一步了解预科学习和生活。如果没有对预科教育过程中教学管理的叙述，就无法厘清学生行为的表现是单纯针对预科教育中教学、管理中的不足，还是其他。为此，本部分从预科教育管理实施状况和预科生的行为两个方面进行叙述。

一、预科教育教学管理规定

预科教育教学管理也是预科教育政策实施中的重要一环。其不仅直接影响预科教育目标是否达成——为大学培养和输送合格的学生，也形塑着预科教育以及预科生的形象，从而在一定程度上影响着人们对预科的看法和选择。可见，它也是拷问预科教育政策实施状况的关键。

不同时期的预科教学内容、课程设置是有所不同的。在 20 世纪五六十年代，由于当时预科分为汉语学习、文化基础学习和专业技术学习，同时，政治课占有很大分量，当时的课程设置相对庞杂。80—90 年代，按照《关于加强领导和进一步办好民族班的意见》，明确预科阶段的任务为：根据少数民族学生的特点，采取特殊措施，着重提高文化基础知识，加强基本技能的训练，使学生在德、智、体几个方面都得到进一步发展和提高，为在高等院校本专科专业学习打下良好的基础。因此，当时全国班开设的课程基本延续高中课程的模式，开设数学、语文、英语、历史、地理、化学及物理。新疆班主要以汉语教学为主，开设的课程有：汉语听说、汉语阅读、高级汉语、科技汉语、汉语写作等，还有民族理论与民族政策课程。2000—2004 年 W 院校的预科部重新修订了预科教育的教学计划及课程设置。按照突出重点、加强基础、兼顾专业学习的原则，改变了原来按照中学模式设置的课程体系，而是建立了以语文、数学、英语三门课程为主干课程的新的课程体系，优化课程结构。原来的预科教育着重在"预"和"补"上，随着 2004 年预科生源的变化——预科生整体素质提高，当年 W 院校 43% 的本校预科生的高考分数超过第一批本科重点线，

2005—2007 年有 63% 左右的本校预科生的高考分数超过第一批本科重点线①，W 院校将预科教育的重点移向"预"。然而，预科生之间成绩差距非常大。以 2008 年、2009 年 W 院校本校预科生高考成绩为例：2008 年，理工类最高分为 600 分，最低分为 508 分，相差 92 分；文史类最高分为 617 分，最低分为 507 分，相差 110 分。2009 年，理工类最高分为 569 分，最低分为 465 分，相差 104 分；文史类最高分为 567 分，最低分为 414 分，相差 153 分②。基于此，该预科部采取学年制与学分制教学管理模式和分层教学方式，没有采用教育部要求统一使用的教材（该教材的特点在于强调"预"和"补"），而是直接采用大学一年级的教材。

　　统编教材虽然是组织各专家编写，程度介于高中和大学之间，但预科生的情况千差万别，不同地区来的学生成绩不一，不同学校的情况也是不一样的。这些年我们学校的生源好，像我们本校预科生生源质量高，超过重点线的达 60% 以上，我们若采用教育部统编教材的话，会有大部分学生感觉"吃不饱"，学习就没有动力，就会有消极反应。因为我们的数学教材和本科的教材是一样的，若是通过了在预科阶段学习的课程算大学学分，跟不上的学生到了本科可以再次选修。预科生基本上有一半的学生可以跟上，但是我们这种做法遭到教育部的点名批评，认为我们应该在使用教育部统一教材方面起到带头作用，但没能做到。

（N 某，预科教师，访谈）

　　那么，如何评估预科教育教学的结果和质量？

　　预科教育学生结业没有统一的考试，一般是由各校分别实施，有的地方采取全省（区、市）统考。W 院校的评价方式如下：全国班是按照预科生高考成绩普遍好的学科为分班的标准，新疆班是按照汉语水平分为 A、B、C 等等级来分班。对学生成绩的考核评价方式为：一是考试按学期进行，每学期分期中考试和期末考试。期中考试占学期成绩的 30%，期末考试占学期成绩的 60%，平时成绩占学期成绩的 10%。学习成绩按学年

---

① 宋太成. 民族预科教育论丛：第 2 辑 [M]. 北京：中央民族大学出版社，2008：15.
② 数据来自 W 学院本科招生网。

成绩记入成绩册。每个学期的成绩各占该学年成绩的50%。二是预科生英语成绩分两部分计算，学年成绩和学校组织的统一考试成绩各占50%。三是体育成绩按30%计入学年成绩。四是学年结束时，累计成绩有一门（含）以上主课或两门（含）以上副课不及格者，不能结业，即作为试读生，降到下一年级试读学习。五是预科生升入本科，依据学年成绩从高分到低分依次排序，并参考相关科目的单科成绩，按志愿从高分到低分依次确定专业。若该专业规定计划数已满，则由学校招生办公室根据其成绩直接调剂并确定专业。其中，对于以下预科生取消选择专业的资格，由学校直接安排。如学年成绩有一门副科不及格者，受学校纪律处分（含通报批评）者，或因其他特殊原因被取消选择资格者。访谈中发现学校之所以采用这种评价方式是为了有利于预科生顺利结业，但这种评价方式能否真正考查预科教育的质量呢？有一位预科老教师是这样看的：

现在也不能说哪所学校办的预科好，因为也没有统一的评价标准，各学校都自己评。再说了，短短的一两年内能指望学多少，能提高多少？语言学习并不是两年就全都上去了，这是不可能的。我们这次去新疆调研，发现有些"民考民"的大学生回去后还没找到工作。

（N 某，预科教师，访谈）

W 院校预科教育中遇到的教材问题和教学管理评价等问题是普遍存在的。因为不同层级高等院校预科录取分数存在差异，即使是同一高等院校的预科生之间差距也很大。这种预科生千差万别的情况导致教学和管理的困境，也容易出现学生"吃不饱"或"消化不了"的现象，导致预科教育教学评价的困难。但另一方面也显露出由承办预科教育者作为评价者来评价、考核自己办学效果存在着一定的弊端。为此，W 院校预科教育部采取按照本校预科生结业成绩与相应院系组织基本科目考核相结合的方式来激励学生学习动力。以上是对预科教育教学管理的叙述，这有利于理解和分析预科教育过程中预科生的行为表现。

二、受益群体的行为描述

按照笔者的预设，已享受预科教育政策的群体应对预科教育政策的实施充满感激之情，应全力支持预科教育政策的实施，因为他们毕竟是通过预科教育政策获得接受高等教育或享受优质高等教育资源的机会，但调查结果却并非完全如此，不同时期的预科生对这段生活的看法有些差异。

20世纪80年代之前的预科生对其预科经历是很自豪的，内心里感激中国共产党和政府给予他们这一机会。一位"老"预科生是这样回忆的：

我到北京上预科是第一次离开山寨，以前在山上根本看不到天有那么大，坐火车到湖南的时候，才知道天有那么大。到北京后，学习压力比较大，每天就是上课、学习。因为没有钱，哪儿也没有去过，当时公交车票是五分钱，去哪儿看，都是走着去，也是因为晕车。不过，当时活动、参观比较多，也去了不少地方。当时是高中班，和现在的预科不一样，现在的预科班就是个补习班。我们上的是和普通高中一样的课，课程很多，因为要参加考试，压力比较大。如果考试不及格，就得留级或送回选送的地方参加工作。当时大家的汉语不是很好，但是能听懂讲课。我们预科毕业可以报考本校或其他大学，但当时报考其他大学的比较少，大部分报的是本校。当时民院有四个专业——政治、历史、艺术、还有一个是……记不起来了。我们预科毕业后只能在政治、历史两者之间选。我们当时的班主任是个男的，四十多岁，对我们要求很严格。当时教我们的老师都是大学毕业生，有来自武汉大学的，还有……忘记了，都是来自有名的大学，（原来学校的）初中老师是没得比了，我们从他们那儿学到了很多。当时除了上课，大多时间要参加劳动——到郊区劳动，或在学校劳动。

当时W院校大部分是预科生，预科一部是高中班，二部是中专班和短期班，大部分是藏族学生。我们和二部的人没什么来往，他们住的那幢楼现在拆了。我们班是六十二人，全班人关系都特别好。当时有几个汉族，也是从少数民族地区来的，我们主要和班里的同学关系好，和现在预科不同。现在的学生对民族关系处理得不好，是因为缺乏教育，民族教育做得不好。当时我们每周有一次政治课，每周要进行一次民族学习，如民族风俗、民族习惯、民族宗教。你不能对着回族的同学吃猪肉，要尊重各民族的风俗习惯，这才有利于团结。当时老师们都是把这个当作政治任务。大家的觉悟高，考试时都老老实实地把书本收起来，哪里像现在还得要老师盯着。记得当时宿舍门都不锁，大家也没有什么值钱的东西，不像现在的学生东西那么多。我们住在九号楼，一个宿舍六个人，三个上下铺的床，中间有一个放东西的空地。当时来上学时，有一定的补助，剩的自己拿。吃的是两种菜，食堂师傅分别给舀两种菜，记得馒头和米饭自己拿。放假的时候没几个人回家，其中寒假也就三四个人回家，暑假回去的人多些，我们班级六十多个人中，有十个左右的人回去，一般回家的都是家庭条件好的，要不就是家离得近。同学中是统战对象的，他们的家庭条件要比我们好，假期一般都能回去。我是没有钱，当时回到广西要四十多块钱。假期在图书馆看看书，或到附近转转。从没买过什么东西，当时谁要是没有民族服装，学校给做，大家自己保管，一有活动，穿上就去，当时活动很多。

后来我们县里还选送了几个预科生，但 80 年代以后就没有了，也不知道是什么原因。我家里的几个弟弟、妹妹都上完小学、初中以后就不读了，没有钱，农村也没什么其他说法，读不成书就回去劳动。我是我们山寨到现在唯一的一个大学生。我能够出来，是要感谢党和国家的政策。同学毕业后基本都回到地方工作。我 1966 年毕业，学校刚做好分配计划，当时全都乱了，分不下去了，只好留在学校里，可以拿到工资。

预科生生活是很愉悦的，时间太久了，四十多年了，有很多事情已经不记得了，三年的时间是一晃而过呀。

（A 某，广西，侗族，访谈）

这位老先生的回忆为我们展现了当年的预科生活场景，大致反映了当时预科生的教学管理以及当时预科生对预科教育阶段生活和学习的感受，从中我们也能够认识到预科教育对少数民族个体的发展和少数民族整体教育水平的提高的贡献。

80 年代以后接受过预科教育的人对预科教育的看法和他们的行为表

现与 80 年代以前的预科生是不同的，虽然他们也承认预科为他们提供了获得高等教育的机会。一位从事民族教育研究的工作者，曾是预科生，在新疆高等院校工作过几年，他对当年预科生活的叙述和对预科的看法是这样的：

我们绝大多数来自重点中学。当时的学生中，真正像我从农村来的，从非常基层社会来的已经有所减少了，从现在的观点来看，大多是工薪阶层，有钱的人也有，非常贫困的也有。有些同学不是少数民族，刚来的时候都说是，我们宿舍住八个人，毕业时知道有三个人不是。

我们八个人一个宿舍，当时每月补助 90 多元，自己每月加 50 元，属于中上等，吃得好。但我痛恨预科，当时有的预科老师素质特别差，而我们预科也有特别好的老师，这就让我们心里特别不平衡。当时有个古汉语老师讲课讲得非常好，我到现在印象也非常深。但是有那么几个年轻的老师，上的课一点水准都没有，好像是阅读与写作课。预科里存在严重的歧视，有的老师觉得少数民族学生汉语不好，但我们当时除了普通话说得不好外，其他的实际上没有问题。再一个，他们觉得我们基础不够好，总是要给我们补一些东西，我们当时都比较恼火。除了英语分级的以外，其他教材基本上是学校自编的，很难说得清楚这些课有什么意义，完全是八股似的，内容也并不是完全针对高中补习的，如微积分，完全是新的。有几个教材是比较好的，其中最好的是古汉语教材。至于教学方法，则比较陈旧。

预科生主要和老乡、同民族的同学交往，当时民族纽带非常强，哪像现在。一般是喝酒、打架，我们都是以民族、地域为单位。我们班和新疆班不交往，除了个别之间有交往，整体没有往来。我和他们交往，我们汉语不好，他们汉语也不好。文化还是有差距的，同学之间也表现得比较明显，如维吾尔族同学想事情、做事情和我们都有差异。全国班和新疆班同学有了摩擦，由全国班的维吾尔族同学调和。若事情大到惊动老师了，基本上大而化小、小而化了，通常是进行教育呀什么的。新疆班很多学生有家庭背景，有的家庭背景特别好。

预科根本上就没有用。在预科这儿几乎什么也没学到，大多数也认为啥也没学到，它是对高中学习习惯的完全破坏。我觉得没有预科阶段，若直接到北师大，我的成绩可能在中等偏上。我之所以觉得预科完全是不必要的一个阶段，主要是因为少数民族学生来到这儿仅仅是文化适应的问题，当时还不仅是个民族问题，从民族角度分析是不全面的，它主要是一个从地方文化到都市文化转型的过程。我以前特别喜欢做的事，就是从小东门出去看街景，那时北京的路也不像现在这么宽，上下班显得特别壮观，骑自行车的人来来往往。现在想（起来觉得）特别愚蠢，那时候奇怪（这儿）怎么那么多人，因为我们在兰州都没有觉得人有那么多，当时觉得太了不得了。

预科教育基本上没有好作用，坏的作用却不少。学生基本和老乡混在一块儿，那个时候预科文化有非常糟糕的东西，大家在一起传递隐性的东西，鄙视的东西不是不积极向上的。预科比的是谁能睡觉没有被老师抓住，谁不学习还能考及格。预科内部比的是这些，但我毕业时候才发现这个问题。预科课程太浅了，根本没有挑战性，如阅读与写作、历史，另外当时活动特别多，如旅游参观极其多，还有表演，根本不像现在。考试前留十天的时间，前六天，每天起床是十点、十一点，后几天点灯熬夜，结果一直复习的人还考不过我们，他们就很生气。平时一天就看小说，喜欢听收音机，还有和老乡唠嗑，头脑聪明的就谈恋爱；关注 TY 杯①谁拿第一了，关心集体的荣誉。

（本科）毕业以后对预科有点不满，我真正发现预科弊病是到新疆以后，它完全拿汉语说事。预科完全局限在考试，直到今天我还特别痛恨预科，特别是对新疆预科。到了新疆师大，我才知道预科有多糟糕。学生完全用 HSK 来衡量，画一个八级的线，达不到线，留级，分不到好学校。有的学生汉语说得很好，但一拿汉语标准来衡量就完了。语言是沟通的，但是预科却局限于规范的考试。新疆班学生对汉语有排斥，就是因为教育经历中汉语扮演的角色非常糟糕。若像英语一样完全放开，你爱怎么学就怎么学，那些级别市场该怎么要求就怎么要求，他们肯定会疯了学。

---

① 学校组织的足球比赛。

但说到底预科还是有好处的，它让我上了好大学。

（B 某，甘肃，裕固族，访谈）

B 某的叙述不仅活生生地再现了他那个时期预科教育的场景以及预科生的行为表现和心态，也体现了 B 某作为关注民族教育的工作者的体会和反思。

现在的预科生因选择预科教育的动机不同，他们对预科教育的看法和在预科教育阶段的行为表现也是多样的。对 W 院校预科生的调查表明，被调查的预科生中有 26.4% 的学生对预科学习和生活满意，有 59.2% 的学生不太满意，有 14.4% 的学生不满意。他们的满意程度是与选择预科的动机相关的。因而，他们在预科教育过程中的行为表现和对预科的看法也是有差别的。他们这样阐述自己的行为和对预科的看法：

我觉得现在的预科生活和我想象中的差别不大，但我们觉得上预科这一年是浪费时间，我以前上的高中是重点，现在我们没有高中认真。因为我们高考成绩较好，觉得（现在）学的东西很简单。而且，有些科目对于大学学习没有用处，大家学习的积极性不高。我们现在用的新教材和大一的一样，各门课还要算学分的。但我们和本校的预科生不一样，我们的专业都是分好的，与专业相关，我们就好好学，与专业无关，我们就不学；而他们因为专业选择与预科成绩挂钩，所以学习很用功。我们没有用功，所以我们学习成绩并不排在前面。预科有的老师讲课水平不高，同学们不爱上课；像有的课和我们大学无关的，我们 X 校预科的同学就不去上课或在课上睡觉。但我是班长，我不能这么做。

我们有个传统，即上（一届）X 校民族班的师兄师姐在下一届师弟师妹刚来的时候请吃饭，并介绍经验。在我们刚来时，上一届的师兄师姐告诉我们要趁着这段时间多参加社会活动，参加社团组织。等到我们结业了，下一届的预科生来了，我们要请他们吃饭，把我们在预科的心得体会告诉他们。我也在利用这段时间积极参与各种活动，我也经常鼓励我们 X 校预科同学参加，但是，我还是觉得在预科没有学到什么，觉得时间被白白地浪费了，我们其他的同学也都这样想。

我们大多和老乡交往多。在这里（指学校中）预科生是最边缘的，什

189

么都放在后面考虑，我们希望被学校当作大一学生看待。

我们全国班的和新疆班的关系不近，交流也很少。因为他们是两年制的，上到第二年的有些学生经常向我们挑衅。他们在学习上也很努力，比我们辛苦，但是老师对他们的评价不高；而我们全国班无论做什么，老师都觉得很好。

我知道预科教育政策是一项国家优惠政策，我也愿意上民族理论和政策的课，学了很多东西。我们既然是上预科，就应该知道些民族理论和政策。

（C某，新疆，蒙古族，访谈）

你为什么要访谈我，我学习不好。

我不太愿意和别人交往，上预科的好处在于能够适应大学生活。我喜欢弹吉他，我们那儿近几年才流行，在别的地方早就流行了。我对门的一个维吾尔族学生，他是二年级，他也喜欢弹乐器，经常找我，我和别的人就没有过多交往。全国班和新疆班一开始就有距离，是莫名其妙的，他们之间有隔阂。

预科大多是有钱人才能进来①，且家里有钱的学生才能读得起，我的同学大多家庭条件好。我不是有钱人，我哥哥是农民。我们同学大多生活安排是在宿舍里待着，要不就去网吧，要不就出去逛一逛。我是出去逛的，我平时没有事情，就去周围商场逛，不买任何东西，买不起；一般的东西大都在 TC② 买，比较便宜。

我不知道预科是否有些民族被优先录取，在我们那儿主要是佤族和傣族，也有一些拉祜族。他们住在山上，平时会把自己家种的菜背到集市去卖，有些住得远，穷得打赤脚。

我成绩不好，其他的同学成绩比我好。我高中爱玩，后来要高考了，父母管得比较严，所以才考得上。现在父母不在身边，没人管了，我对哪个课都没有兴趣。

---

① 这种说法没有调查依据，值得商榷。
② 指某批发市场的名称。

我就跟你说实话吧，其实，我跟不上，我也不是愿意学习不好，我听不懂老师讲的内容，再加上老师讲得不清楚。我是我们班学习最不好的，所以就以不感兴趣为借口进行逃避吧。新疆班的学生逃课的原因也与我的情况一样。我现在只好学吧，无论选择什么专业都无所谓，我打算毕业后回到家乡，任何专业都可以。

（D 某，云南，傣族，访谈）

他们的描述告诉了我们现在的预科生在做什么和关注什么以及他们对自己和预科生活的有什么样的看法及认识，也反映了他们预科学习和生活中遇到的困惑与难题。而全国班学生和新疆班学生所持看法是有些差异的。在被调查的新疆班学生中，有 2/3 的学生认为预科教育对他们的成长而言有重要的意义，原因一是他们能够学习汉语和英语，二是提高了他们的生活能力；但也有将近 1/3 的学生，认为他们就读预科教育是没有选择的选择，因为这是政策的规定。并由于语言等原因，他们与周围的人交流不多。除了与全国班一样都不太满意课程设置、学校管理以外，新疆班的学生对教材、任课教师和生活也不满意。一位新疆班的学生是这样认为的：

维语说得好没什么用，只能用在小地方。我觉得还是新疆的预科①好，就上一年。我们读预科没有收获，应该让我们直接到要去的学校，和其他民族学习，多和汉族学生交往，我们汉语水平就能提高。这只是我的想法，我也不知道是否正确。

我们在预科没有学习的危机，也没有学习压力，我们也怕到本科跟不上。不过，我们是少数民族，毕业时候应该会照顾吧。至于学习不好是否会给找工作带来压力，没有想过。我们现在上课就是一系列教学方案，好像学好一本书就可以了。现在比以前好了，要求我们过 MHK 三级，这样就有学习动力，感觉过了那个级就有收获。

我们就是不想学习，那个词用汉语怎么说来着，对，没有学习动机。我们有时旷课、上课睡觉、早退；完全和高中时候不一样。我们男生晚上

①　指的是新疆高等院校承办的预科。

睡觉晚，第二天起不来就不去上课了，要不就上课睡觉，不过，我一般请假。学习好的是女生，她们晚上睡得早，上课不睡觉。学习好没什么大不了的，就是用功。其实我现在是不用功，不然我的成绩会很好。我们班有几个汉族同学，他们从小上的是民文学校，除去他们，我能排在第五。我以前初中的时候上的是双语班，虽没什么效果，但在新疆班我的汉语说得比较好，我就分在汉语三级班，其他班级的学生有的连汉语都说不好，更别说和你这样说话。

我们曾联名提议换老师，我们也不是说老师管我们严不好，我们觉得好的老师应该理解我们。我们和汉族同学学习的方法不一样。好多老师要求我们下课吃饭，然后就去自习。而我们应该是下课吃饭，然后聊天、休息一会儿再去上自习。老师让我们抄课文、背课文，我们不习惯。以前我们是用母语背（课文），现在要（用汉语）背，就得先用母语去理解（课文），但有些汉语的意思很难理解，一篇文章下来往往有80%不明白，理解难，背起来就比较难，后来就放弃了。汉语教材不好，都是80年代的。我们曾有个好老师，讲课集中，作业也是我们感兴趣的，我们能够完成的。

我平时去网吧，我们同学去网吧的多，有百分之七八十，一般是玩游戏、聊天；或者打打球。以前有的同学一个学期就上几节课，现在学校管得严了。也有的同学喜欢出去逛一逛，我有时也愿意逛。不过，公交车上的人一看到我们，就把包换到前面；我还好，我的（外貌）特征不明显。我们刚来的一年，有同学去逛商场，一个同学去上厕所了，留下的同学在门口等，他不太会说汉语。结果警察就来抓他，会汉语的同学从厕所出来说"我们是学生"，也都被带到派出所，后来警察道歉，把他们都放回来了（笑）。我刚来的时候喜欢逛街，也不知道怎么花钱，一个星期就把一个学期的钱花光了。我们有的同学也不是恶意欠学费，从家带钱来后，全花完了，没办法交学费。

我来之前，以为全国班的学生都是汉族，没想到也都是少数民族。全国班的不愿意和我们交流，有什么活动也不通知，比如奥运（知识）竞赛，他们看不起我们，觉得我们参加了也没有用。但我们觉得我们并不比他们差，我们会让他们知道。我们尽量在体育、晚会上表现（自己的长处），那都是我们（意思是"表现最好的是我们"）。我们和他们之间是有差距，但应该缩小这种差距。我们在老师眼里是爱出事的学生，一有什么事，就说是预科班，就说是新疆班。其实全国班也和我们一样有很多问题，但老师就说他们老实，我们事多。新疆班是两年，那些二年级的就当老大，其实他们也不怎么样，他们一般家庭条件好、有关系、汉语好，但不太守纪律，他们和全国班有冲突。我们班一有人打架，他们就跑过来说，"咱们民族的和别人打起来了，这是我们民族的事"。其实，打架和民族有什么关系。（笑）不过我每次都去。

我本科毕业了要回新疆，也没什么原因，就是想回去。

（E某，新疆，维吾尔族，访谈）

他们为我们讲述的是不同文化背景的预科生的生活及学习的经历、感受和行为表现。

不同时期的人、不同的文化背景、不同的感受和行为、不同的故事，为我们展现了不同时期预科生在预科生活中的感受和行为，面临的问题和困惑以及他们对自我和周围的认识。另外，通过对他们故事的对照和分析可知，预科教育选拔方式的变化是不同时期预科生的态度和行为变化的明显分界线及主要原因，因为它是衡量预科生水平的标准。不同时期预科教育政策的受益者，甚至同一时期出于不同考虑选择预科的受益者，他们对预科教育的认识是不同的，他们在后来接受预科教育的心态和情绪不同，对自己预科生的身份定位和感受也是不同的，他们在预科教育过程中的行为表现也有所差异。同时，它也使我们看到了影响预科生的地域文化差异和适应、预科教育政策文化的正面和负面作用等共同性的方面；也使我们看到了预科教育阶段教学管理存在的一些问题，其加剧了一些预科生在预科教育阶段学习与生活的茫然无措。访谈中大部分学生觉得"（预科教育阶段）学习没有目标，学习找不到重点，不知道从哪儿入手"，只是"混日子"，有些学生"跟不上，听不懂"，而有些学生觉得"没有难度，与高中难度差不多"，等等。然而，这不仅是出于对预科教育教学管理的不满而提出的疑问和责难，也不仅是单纯心理反差所引起的障碍，而是多种因素共同作用的结果。除此之外，预科教育政策实施中形成的主导型文化中还渗透了很多复杂的因素，如地域、文化、民族关系、民族情绪等等。

第三节　学校的中介作用：影响目标群体选择 和受益群体行为的原因分析

　　学校是实施预科教育政策的重要组织机构，具有不可忽视的作用，它也是传递预科教育政策文化的重要中介。因为，一方面，人们获知预科教育政策规定和相关信息主要通过学校这个中介，虽然地方招生办将高等院校相关预科招生信息传递给中学，但很少向社会公开发布相关信息，主要还是通过各中学来传递。另一方面，学校是落实预科教育政策的具体机构。前一个学校不仅是指具有承办预科教育资格的高等院校，还包括中学①，而后者指的是承办预科教育的高等院校。因此，学校的所作所为成为一定程度上直接影响目标群体的重要因素。

一、学校对目标群体选择和行为的影响

　　前面已经提到，目标群体对预科教育政策信息的获得主要来自中学。预科教育政策的相关信息到达目标群体主要经过两个环节，先是具有承办预科教育资格的高等院校通过招生简章的形式将预科教育政策相关规定以及信息传达到各中学，中学再将相关信息传达给学生。在这样的链条中，预科教育政策内容以及相关信息传达到目标群体时会出现缺损，因为这些学校会依据自己的需要对预科教育政策进行有重点的传达。就高等院校而言，虽然随着高等院校对招生工作的重视和自我宣传意识的增强，对招生简章尤其是关于优惠招生方面会加强介绍，但倾向于录取分数和招生对象的介绍，而不会呈现完整的相关信息，如预科教育的性质、内容等。同时，预科教育政策相关信息被传达到中学后，中学再将相关信息传达给目

---

　　① 指高中阶段。

标群体。当它将相关内容传达给目标群体时，也会把它对预科教育政策、预科教育的理解同时传递给目标群体。中学对预科教育政策的解读主要看它是否有利于提高学校的绩效和声望，而每年的高考升学率状况是评定学校绩效和声望的主要标准之一。当预科教育政策利于中学提高升学率，中学领导、教师只是把预科视为上大学的途径，并不会关注预科教育的目的和意义。因以高考成绩和学校录取分数线为评判的杠杆，社会上仍把预科生定位为不合格的学生，甚至个别文章中也公开宣称预科生是中学的"差生""高考落榜者"等。而有些地方在评定高考绩效的时候只纳入考上重点大学预科班的人数，并不将地方院校所录取的预科生包括在内，这在一定程度上加深了社会上对预科生的刻板认识。然而，对于目标群体而言，他们在通过学校获知预科教育政策相关规定的同时也在接受它们对预科教育的阐释。

预科教育政策信息传达的渠道相对单一，会出现信息不畅通或传达过程中信息缺损等现象，这容易导致以下情况：一是影响目标群体获得该资源的机会。由于预科教育政策主要通过学校向社会传播，而学校作为传达的辐射面的范围相对有限，信息传达的渠道单一，这不仅会影响目标群体对预科教育政策相关信息的获得、了解和选择，而且便于目标群体中的一些人凭借职业、社会地位等有利条件更早获得完备的信息，从而更容易获得机会，或通过所拥有的社会资源积极争取，甚至进行违规操作来获得。二是影响目标群体对预科教育政策实施的监督。目前，有些地方的中学为了提高升学率，允许一些家长或学生利用户籍管理的松动，通过高考移民或篡改民族成分等形式抢取这一机会；也有些高等院校会利用预科教育违规操作以获得经济利益。目标群体不了解预科教育政策，自然会影响他们的选择，而且即使采用录取预科生公示等方式，也很难对其实施进行监督，只能按照学校的解释来理解。同时，由于预科教育政策实施中的权力构置，虽然学校在传达预科教育政策时会渗透进它的理解，但它无法解释预科教育政策的变化，因此，通过学校获知相关信息的目标群体无法对预科教育政策实施过程予以监督。而且，预科教育政策一般被视为一项优惠政策，是一项照顾、一种给予，这就容易导致相关执行机构和组织认为没有必要向目标群体解释或报告该项政策的实施状况以及条文规定的变化。对于目标群体而言，他们大多是被动地接受它，被动地接受它的变化，很少对它的相关规定以及变化提出质疑。以第六章中 K 区对预科教育政策的置换式解释事件为例，抗议这种行为的是高等院校而不是目标群体。

由此可知，预科教育政策信息的传达主要依赖学校，这影响了目标群体成员对预科教育政策的了解程度和对其实施的监督，从而在一定程度上影响了目标群体成员的选择和行为。

二、学校对受益者个体行为的影响

标签（Labeling）是人们对自我形象的界定和生产。自我形象是透过与他人互动而产生的，而他人的标签是一个重要的因素。它是标签理论的核心概念，原是用来研究社会越轨行为，后被用来作为学校教育中学生学业成败的分析视角。该理论认为标签不是个体天生的，而是社会中具有权威的社会群体或个人赋予个体的，以把他和其他的群体、个体区分开来。个体从被贴上标签后，他的生理特点、心理特性以及社会特性都要受到影响，他会从心理上去接受、认可，并通过行为去践行，将自己变为标定的个体，将自己归于标签所指向的群体。个体对标签的反应有两种，一种是前面提到的顺从，还有一种是抗拒，通过个体自己的努力，摆脱这一标签①。

对于预科生而言，预科教育政策界定符合条件学生时就已经无意中为这些学生贴上了标签——汉语水平低和文化基础差，而它所提供的教育形式——预科着重"补"和"预"，以及政策执行者、学校管理者和教师等按照政策规定分类和确定符合条件的学生等更是强化了学生的标签，导致预科教育政策的平等取向与实际运行中目标群体被标签相对立。同时，这种标签极大影响着预科生在预科教育过程中的行为表现，也使得学校成为

①　参见张人杰. 国外教育社会学基本文选 [M]. 上海：华东师范大学出版社，1989：539－555.

影响预科生行为表现的重要因素。因为，学校是举办预科教育并对预科学生进行一系列常规教学管理活动的实体；但作为具体落实预科教育政策的组织机构，它也是对预科教育政策文化即政策制定者以及执行者对政策目标群体的看法、定位和分类的延续。虽然日常教学管理对预科生的行为有直接的影响，但政策实施中社会所形成的关于目标群体的定位对预科生行为影响甚大，只不过它往往是借助学校管理者、教师的言行等形式发挥作用，往往隐于日常的教学管理中。标签对"被标定者"的影响，会经历"由态度转变为行为的过程"，并是"这一过程的后果"①。对预科生的标签往往先导致预科生在态度上的反应，最后表现为行动表现和立场选择。而预科生对这种标签身份的顺从或抗拒反应往往表现为对预科教育的教师、课程等的不满，从而使学校成为"靶子"，也使预科生自身产生"身份危机"。

在不同时期，预科生的标签是略有些差异的。在 80 年代以前，虽然预科生也被认为"汉语不好""文化基础差"，但这种情况存在于大多数少数民族学生中，并不使预科生与其他的少数民族学生区别开来，因此，预科生并不存在明显的"身份危机"感。但自从预科教育招生被纳入高考统考中按照高考分数由高而低选拔以来，这种情况发生了变化。预科招生是降分录取的，又是按照身份资格来界定是否被录取的，同时，因为预科教育政策的任务之一是语言教育，为此它会界定符合接受语言教育条件的实施对象。这些会不可避免地在学校中形成对该群体的标签，导致预科生的"身份危机"问题日益凸显。因为预科生被赋予的标签使得他们和大学生、别的少数民族学生区别开来而归于另类——差的群体。

预科生的行为表现与其自身身份的定位是分不开的，他们的自我认定模糊主要来自客观存在的尴尬身份：预科生既是合格的高中生（有些学生甚至说是优秀的高中毕业生），又是不合格的大学生（高考分数低于录取线）；不是高中生，又非本科生；在大学中就读，却又不是正式的大学生；

---

① 参见张人杰. 国外教育社会学基本文选［M］. 上海：华东师范大学出版社，1989：539 － 555.

希望自己被重视，却又处于学校边缘。并且，预科生来自不同地区、不同民族，他们的风俗习惯、爱好特长各异，文化基础不一，加之尴尬的身份，容易使他们心理失落，出现各种矛盾心理并存的状态，如颓废与奋发、自卑与自信，从而在预科教育过程中就会出现相互矛盾的行径，或违规行为如逃课等，这些使得他们成为教师和管理者眼中不易被管理、"惹事"的群体。因此，预科生中大部分认为他们是被忽视、受歧视、被看轻的一群人。同时，社会给予他们的标签更强化了他们自我的身份意识。调查发现，预科生在他人眼中一般是被带有贬义的词语来描述的，如"比较差的""思想落后、成绩差""'高四'的学生""没有正式考上的""高考中的弱类""学习差、家里有关系的""一群不会说汉语的、成绩又很差的""能力不够""二等公民"……他人眼中的这些评价影响着预科生对自我的正确认识和行为表现。被调查的预科生中，有20.6%的预科生不愿意让别人知道他们的身份，因为上预科毕竟是分数没有达到要求，是一件"羞于提及"的事情；虽然其中有79.4%的预科生表明不介意公开他的预科生身份，但他们中的大多数人还是很不愿意让别人知道他们这段经历。虽然全国班学生和新疆班学生面临同样的"身份危机"，但后者的"危机"更多的是来自文化、语言和思维方式等方面的差异。

不仅预科学生与其外部的大学生群体之间存在区隔，预科生群体内部也存在着一定的隔膜，如20世纪80年代之前的普通班与西藏班、80年代之后的全国班与新疆班之间的关系。但造成隔膜的具体原因却有所不同：前者主要是因为地域和文化差异等，而当时民族团结教育是排在任何日常工作之前的首要政治任务，这有益于淡化不同群体之间的差异和拉近他们之间的距离；后者主要是因为高考成绩与文化差异等，而按照成绩等级划分班级单位建制以及教育管理者与教师行为中存在的某些偏差如唯成绩论、学生类化等在某种程度上深化了这种隔膜。

这种无意中形成的学生分类，不仅在一定程度上会将预科生与其他群体区分开来，也会在某种程度上造成预科生群体内部的分化。这些使他们更容易寻求同伴（同族/老乡）① 的认同和接纳，更希望在其同伴（同族/老乡）群体中寻求一种认同感；因而，同族、老乡或同伴群体或团体对他们而言具有一种凝聚力，并对他们的一些观点甚至行为选择形成一定的影响力。这样，外在的很多复杂的因素很容易激发预科学生的消极或不良情绪，甚至影响他们对民族事务、民族关系和民族政策等的正确认识。

在这样境况下，有的预科生顺从这一标签，把自己归于标签所指向的群体；有些预科生会以学校纪律所不允许或不赞同的行为方式来抵制标签，其中有的是采用相对激烈的抵制方式，如逃学、打架等，但大多数实行消极抵制；而有些预科生在抗拒自身标签时，会利用、夸大或歪曲显现在学校各群体之间的关系。这些行为使得有些预科生忽视预科教育政策所带来的好处，而且，他们的行为会影响预科生的形象和人们的选择。当然，并不是所有的预科生都是按照这种方式抗拒或摆脱这一标签，这取决于预科教育中的教学和管理措施是否完善。在学校教育中，大多数预科生最后都能够正确认识这一标签，顺利完成预科教育阶段的学习。

其实，学校对预科生有两方面的作用：一方面它在延续预科教育政策对目标群体的定位时影响预科生的自我身份认识；一方面，它也正通过它的教学管理等一系列活动帮助学生树立良好的学习态度并使之不断进步。笔者试图利用预科生的"身份危机"事例说明学校如何成为预科教育政策文化中平等取向与目标群体被"污名"的集中地，从而如何成为影响预科教育过程中预科生行为的因素，并影响目标群体的生活。同时，也想以此为例说明，预科教育政策能否实现预期目标和发挥正向社会效应，更多取决于学校场域中预科教育实践是否取得预期的教育成效和产生良好的社会效应。

需要探讨的话题

前面已提到，预科教育政策的目的是为了改善目标群体的教育发展状

---

① 同伴、老乡、同族很多时候是重叠的，既是同伴，也可能是老乡和同族。

况，但由于预科信息传播途径狭窄，不仅影响目标群体了解和选择，也在一定程度上影响着目标群体中不同阶层的受益程度。相关信息的相对缺乏，再加上预科教育政策实施中形成的主导性文化的影响，社会上形成了对预科教育受益者的刻板印象，这些通过学校教育活动赋予预科生标签，影响着预科受益者的成长。这使得以平等为取向的预科教育政策在为受益者带来高等教育机会的同时，也为他们的生活带来了一定的困惑。但在预科教育过程中，教学者和管理者并没有意识到这一因素对预科生成长的影响，同样，也没有正视预科教育政策文化中影响预科生成长的有利因素。而且，笔者在调查中发现，预科教育中过于注重知识的传授，淡化或忽视了文化差异给预科生的学习和生活所带来的困扰，忽视了预科教育中的民族团结教育、生活教育和文化适应等。预科生来自不同地域、不同民族和不同阶层，他们有着不同的文化背景，这些差异的存在影响着预科生的学习和生活，这在新疆班表现得尤为明显。笔者对新疆班学生的访谈也证实了这点，他们大多认为，他们的学习方法与汉族学生是不同的，老师却是按照对汉族学生的方式要求他们。而预科教育的教学管理并没有考虑到这种情况，有些教师虽在教学实践中也意识到这一点，但大多把此简单地归于学生学习动机不明、不好管理等。这些不仅影响预科生行为表现，也影响学校、教室和课堂内师生之间的互动，从而影响预科教育的效果。有时候，以上提到的这些因素往往形成合力影响着预科教育目标的达成。

这些预科教育实践中存在的现象和问题也引发了一些现实思考：首先，如何看待教育机会平等与教育过程平等的关系？若是从学理上进行探究，很多人都能侃侃而谈；但在实践当中人们却更关注机会是否平等，而忽视过程和结果平等；如果过程平等无法保障，机会平等就容易变成一纸空文，无法保证结果的质量，更难论及结果平等。过程发生的种种必然影响到政策的社会效应，因为市场机制主导的社会体系更强调教育结果即产出是否达到了它们的标准。但是，如何保障教育过程的平等与成效，却是一个大的、复杂的命题。其次，如何看待政策的效应与成本问题？预科教育政策不仅直接为少数民族特别是边远地区少数民族提供了获得接受高等教育或优质高等教育的机会，还有助于提高教育水平及促进民族和谐。但有学者基于纯粹学理，认为这种方式会导致民族之间的利益冲突或产生政策代价，忽视了其存在的政治意义或象征意义；也没有看到，无论是从其实际招收数量还是其实施的途径而言，该项政策实施并没有亏待或剥夺其他人的利益；同时也没有正视少数民族学生享受政策并不是无成本的。再次，如何看待重点高等院校所招收的预科生阶层分化加剧现象？如何在保证选拔质量的前提下实现预科教育政策的宗旨？若只是看到部分预科生分数线超过重点分数线，人们就容易形成错觉，觉得少数民族教育已发展到不用给予一定的优惠政策支持。其实不然，边远民族地区个体仍因基础教育资源不平衡、家庭社会资本等而无法获得高等教育机会，更遑论获得享受优质高等教育资源机会。正如访谈中"老"预科生所言，他所生长的山寨至今为止除了他凭借预科教育政策获得接受高等教育机会之外，没有再出来一个大学生。随着高等院校层级化，获得重点大学的文凭，意味着更高收入和更大权力的工作机会，也是地位身份的标志。预科教育政策在某种程度上成为保障少数民族获得接受优质高等教育的机会，即进入重点高等院校的一座桥梁。最后，预科教育过程中如何处理知识、语言教育与生活教育的关系？当今预科教育倾向于强调知识与语言补偿性教育，容易忽视预科生的生活教育，如生活适应、文化理解、未来准备等；但其自身也存在选择哪些知识作为"补"和"预"、如何进行补偿以及如何评价等问题。

当前国家为进一步加强少数民族人才培养不断扩大预科招生规模，并在 2000 年的《国务院办公厅转发教育部等部门关于进一步加强少数民族地区人才培养工作意见的通知》中，提出预科办学重点是逐步提高办班的层次与质量。然而要提升预科教育办班的质量，不能只关注办学的规模、效益和层次，而要注重预科教育过程中具体的一些现象和问题；寻找产生这些现象和问题的原因，需要将这些具体问题与关于预科教育年限、降分范围和招生方式等制度性规定的反思纳入整体性思考的框架中进行探讨。

第九章 政策过程中的价值取向、行为选择与实施结果

预科教育政策是以平等为取向的，然而不同文化对平等的解释是不同的；即使是同一社会的不同群体和个体对它的认识也是有所不同的。为此，本研究在前几章的基础上，对预科教育政策平等取向的形成、实施以及变化和效果等进行进一步概括总结，并对完善预科教育及政策提出几点建议。

第一节　演绎中的预科教育政策平等取向

平等不仅是思想家们建构理想社会的基本价值取向和原则，也是社会改革者努力实现的方向，以平等为取向的政策就是这种努力的体现。然而，观念层面的平等要转化为现实中可具体落实的平等面临着很多挑战，其中，如何在现有的条件下保证最大限度地实现平等目标，是以平等为取向的政策需要考虑的问题。

政策是社会建构的，政策的平等取向也是不断被建构的，这种建构主要表现为：不同国家因其历史传统、社会文化等原因对政策的平等取向内涵的定位是不同的；虽然平等内涵被确定下来作为政策的取向，但在不同时期对它有不同的阐释，即使同一时期政策的平等取向在运行过程中也面临着不同的理解和解释。因此，若要考证政策平等取向是否实现，就要将其置于变迁的社会背景中，并把它看作是动态的，通过追寻它的演绎变化来探究影响平等目标实现的因素。而文化分析范式恰为这一探究提供了有力的工具。预科教育政策平等取向的形成与操作化的逻辑经历了在特定的

社会文化背景中成为政策的取向、实施过程中不断被阐释和最终落实到目标群体三个阶段。图9－1形象地说明了预科教育政策平等取向演绎变化过程。

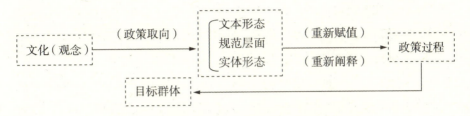

图9－1　预科教育政策平等取向的演绎变化过程

一、以平等取向为主导，多种职能并存

民族平等是预科教育政策根本价值取向，实现政治平等是其制定的起点。由前面叙述可知，马克思主义民族理论认为民族不分大小，应该完全平等地享有基本权利。各民族理应处于完全平等的地位和享有完全平等的基本权利。无产阶级掌握政权的国家，不但要为各民族提供获得权利的平等机会，还要尽力消除落后民族和先进民族之间的差距，追求各民族结果上的平等。

新中国成立后，中国共产党和中国政府以马克思主义民族理论为指导明确了制定民族政策和处理民族事务的基本原则，即民族平等、团结互助；并建立民族区域自治制度来实施，保障少数民族当家做主的权利①。通过建构处理民族事务的价值和制度基础及运行框架，确立多民族国家政治秩序和民族关系。民族事务处理被提升到意识形态层面，并运用与其密

----

① 见1949年的《共同纲领》："中华人民共和国境内各民族一律平等，实行团结互助，反对帝国主义和各民族内部的人民公敌，使中华人民共和国成为各民族友爱合作的大家庭。反对大民族主义和狭隘民族主义，禁止民族间的歧视、压迫和分裂民族团结的行为。""各少数民族聚居的地区，应实行民族的区域自治，按照民族聚居的人口多少和区域大小，分别建立各种民族自治机关。凡各民族杂居的地方及民族自治区内，各民族在当地政权机关中均应有相当名额的代表。"

切联系的政治化方式来对待和处理。预科教育初始源于实现各民族政治平等及培养少数民族干部的需要而采取的一种教育方式；之后制度化为面向少数民族群体的一种教育模式。"意识形态既可作为一套没有明确的政治涵义的想法被客观地定义，也可作为一种人们在特定的社会历史语境中用以塑造自己和他人，同时也使得某一集团大力提倡的观念被严格定义。"①因而，预科教育政策具有很强的政治意义和象征性。

以平等取向为主导，多种职能并存。预科教育政策虽以平等取向为主导，但由于其现实中被赋予其他意义，它不可避免地具有其他取向；因而同时具有其他的职能。主要为：首先，国家需要采取一系列社会整合措施来建构个体的国家认同并促使其社会化。其中，公共政策为全体国民提供生存安全保障、符合公平正义原则的法律制度和维护民族尊严的政治基础，以此构建个体归属感和国家认同。它让每个个体在履行义务的同时也能享受到所赋予的权利，坚持个体享受权利的平等性，这会构建和强化其在国家中的社会归属感与认同感。而预科教育政策通过补偿性方式为各民族提供教育的平等机会，从而强化各民族成员的归属感和认同感；而且，教育政策更为注重通过传递观念来实现个体社会化，采用教育实践来促进受教育者的社会化，预科教育政策也不例外。因而，它在一定时期被赋予一定的政治任务，具有"统战"的功能，为国家稳定统一、各民族团结和社会发展服务。其次，教育政策是对教育资源的一种宏观配置，它对个体是否具有教育均等机会具有重要的影响。"政治就是关于社会稀缺资源的权威性分配。"②因而，教育政策也是一种利益分配的方式，它要通过协调资源的配置调解各种利益关系。中国的民族既是一种被赋予的个人身份，也是一种法定的群体身份。中国确定了56个民族身份，并明确这些民族群体获得参与国家政治和事务的合法身份；即一个公民（少数民族）参与国家政治的时候，不仅是作为个人，也是他所属民族群体的代表。中

① 丹尼·卡瓦拉罗.文化理论关键词［M］.张卫东，张生，赵顺宏，译.南京：江苏人民出版社，2006：90.
② 戴维·伊斯顿.政治生活的系统分析［M］.王浦劬，等，译.北京：华夏出版社，1999：26.

国关于民族的法律和政策所指向的对象是群体，而非个体。大多涉及民族
的资源配置往往不是个体性的行为，而是个体背后的"民族"群体之间配
置问题①。民族政策实施前提是少数民族处于相对滞后的境况。在民族政
策的制度安排上，可以分为"结构上的"和"分配上的"两种优惠政策。
前者一般指扶持不发达民族的政治、经济与社会发展以缩小社会的结构性
差异以及维护特定族群的利益等，包括基于民族特性的治理制度（如自
治）、保留地制度、职业无歧视原则以及社会组织内的少数民族指定名额
制度。而后者就是国家在分配制度上给予少数民族特殊的安排。一般来
说，主要是民族优惠政策，大多涉及教育和就业、职业晋升、商业产权、
土地权益等②。预科教育政策属于后者。特别是优质教育资源竞争激烈时，
预科教育政策通过给予少数民族特殊的安排，有利于调整优质教育资源在
不同群体之间的配置，从而协调利益关系。再次，教育政策一定意义上是
对文化选择进行合法化的机制。教育首要功能是传递知识，人类创造和积
累的文化是一种知识体系，这种知识需要通过教育传递下去。教育是传承
文化的实体，但不同时期选择文化的内容导向是不同的。政府不能决定一
个民族的文化，但可以通过制定发展路径来引导。中国政府始终坚持对少
数民族传承和发展文化提供支持，并力求在主流文化与少数民族文化中寻
求平衡点和连接点。预科教育政策既为少数民族群体传承文化提供条件，
又是能让其接受主流文化提供衔接和过渡的机制。最后，教育作为人才培
养机制，实际上成为社会的一种筛选体制，具有选拔和分层的功能。预科
教育政策是要提高少数民族教育发展水平，使各个民族的个体成员能够很
快融入主流社会，并具有更高的社会竞争能力。预科教育政策兼具选拔、
培养少数民族精英和普通人才的功能，但在不同时期呈现出不同特点。新
中国成立初期，预科教育政策最初目的是培养少数民族干部和民族地区急
需的中、高级人才，倾向于培养精英；社会主义改造完成后则兼顾少数民
族精英培养和普通人才培养。但实行市场经济之后，少数民族基础教育发

---

① 参见周传斌. 论多民族国家的政治理念及其贡献 [J]. 广西民族研究，2006（2）.
② 关凯. 族群政治 [M]. 北京：中央民族大学出版社，2007：99.

展滞后以致少数民族成员通过技术选择进入重点院校概率低和人数少；民族教育既面临着要为各民族和民族地区培养精英人才的任务，还面临为市场提供所需要的合格劳动者和承担为市场经济中处于弱势的少数民族群体提供生存的谋生技能和文化适应力的挑战。预科教育政策不仅要保证选拔、培养少数民族精英，还要为提升少数民族成员的实际个人能力提供支持。随之，预科教育层级化。

预科教育政策始终坚持平等价值取向，但不同时期凸显不同的取向和职能，即使对同一价值取向也会有不同的阐释与注解。预科教育政策平等取向是在特定文化中形成的。"文化中的价值取向是通过相应的机制和政策主体被制度化为社会规范成为政策的导向，即使社会改革、创新和重新建构出现新的选择，它们会马上变为价值背景和历史关系中的一部分。"①因为经济发展会不断推动文化变化、新观念的构建，因而在社会的不同发展时期，社会上主导文化发生变化，人们对平等的理解和解释也会随之变化。人们就要赋予预科教育政策一些职能和取向，并通过政策具体条文内容的变化、招生形式变更等方式来实现，从而适应现实社会文化冲突及变迁所带来的需求和变化。这一过程中预科教育政策的平等取向虽没有变化，但已经被重新赋值，即被赋予新的内容和任务。

基于对社会转型的界定，中国社会发展分为两个时期，不同时期社会结构和社会关系发生变化，预科教育政策取向就呈现不同的特点：前一时期（1949—1978年）强调其政治性和统战功能，后一时期（1978年至今）更为强调其利益协调、竞争性选拔的作用。前一时期，因为国家教育诉求要求预科教育主要承担民族平等和民族团结的重责。这一时期可以分为三个阶段：第一阶段（1953—1955年）国家教育诉求要求预科教育承担实现民族平等和团结的重责，因为当时国家民族工作主要侧重于实现各民族的政治等各项权利，构建平等、团结、互助的民族关系②。因此，预

① 参见 Catherine Marshall, Douglas Mitchell, Frederick Wirt. Culture and education policy in the American states [M]. New York : Falmer Press, 1989：4 – 5.
② 参见《当代中国》丛书编辑委员会. 当代中国的民族工作：上 [M]. 北京：当代中国出版社，1993：299 – 310.

科教育政策规定，除了招收品学兼优、出身好①的少数民族学生，培养少数民族干部和专业人才之外，还招收一部分的少数民族上层人士的子女入学，主要是面向少数民族地区，以做好统战工作。第二阶段（1956—1965年），预科教育政策除了承担上一阶段所赋予的重责，还承担着招收培养少数民族人才的任务。随着少数民族地区社会主义改造的完成，发展成为主要议题，少数民族专业人才的培养问题提上日程，预科教育招生任务除了前面所提到的之外，对一部分学生开始实施考试选拔。第三阶段是"文化大革命"时期（1966—1976年），预科教育政策承担着国家稳定统一、民族团结和为边远地区培养急需人才的责任。在"文革"后期，预科教育招生面向新疆、西藏。由于当时这些地区民族问题的复杂性，如西藏分裂势力与维护国家统一的问题，而预科教育政策的实施既是利于民族团结又是实现平等的途径。"文革"结束后，为了补偿"文革"时期被迫害的少数民族农牧民、干部、知识分子，在预科阶段开设了特殊班以招收这些家庭的子女，主要面向东北、内蒙古地区。这一举措虽然有助于民族团结，但最后该班级的学生基本都是来自少数民族干部家庭。总而言之，这一时期的预科教育招生任务具有很强的政治性，具有维护国家统一、加强民族团结的意义，但这并不妨碍预科教育政策的平等取向，二者是和谐地结合在一起，并相互促进。因为新中国成立初期，统战②招生对象主要面向少数民族地区的少数民族上层人士的子女，同时也招收大批少数民族地区贫农等成分的少数民族学生。

在前一时期，预科教育政策的招生标准主要是按照民族－群体身份进行分类的，但由于维护国家统一稳定、促进民族团结和融合的要求以及新疆、西藏地区存在的语言等问题，它同时还以地区为实施标准进行。在"文化大革命"时期，由于否定了民族教育的意义，预科教育政策的招生

---

① 指的是阶级成分。
② "统战"指的是爱国统一战线。爱国统一战线成为由全体社会主义劳动者、拥护社会主义的爱国者和拥护祖国统一的爱国者组成的，包括台湾同胞、港澳同胞和海外侨胞在内的最广泛的联盟。它的任务主要是团结一切可以团结的力量，调动一切积极因素，为建设中国特色的社会主义、统一祖国、振兴中华服务。

标准转向按照地区分类。

在以 1978 年十一届三中全会为开端的后一时期，随着少数民族当家做主愿望的实现，各民族之间形成了平等、团结、互助的关系，发展成为国家民族工作的头等大事①。少数民族地区的发展需要培养少数民族干部和人才。这一时期，国家教育诉求要求预科教育承担民族平等、民族团结和发展的重责。这一时期发展是主题，发展是按照区域发展战略规划进行的。地区发展战略的实现，除了需要外部的支援，离不开少数民族地区自力更生，这就要开发少数民族地区人力资源，而人力资源的开发是面向个体。由于高等院校招生指标是按照地区划分来分配的，因此，预科教育招生对象由按照群体分类转向按照群体和地区分类并重的方式，并开始注重预科教育政策对开发少数民族地区人力资源的作用。同时，因预科教育政策的目标群体——少数民族呈现明显的阶层分化、地域差异，预科教育招生分类进一步细化，从地区上进一步区分少数民族杂居区、少数民族聚居区，在少数民族聚居区又按照发展水平、地域位置分为边远、贫困与城镇等；从民族划分为特少数民族②和非特少数民族。所以，这一时期后一阶段，虽然预科教育招生对象仍按照群体和地区分类，但分类标准进一步细化，从而形成新时期预科教育招生分类的多重性。

少数民族高等教育被纳入普通高等教育体系后，个体接受高等教育需要参加统一高考选拔。各高校是按照分数高低次序录取，不同层级高校预科录取分数线不同。然而，少数民族地区基础教育水平的相对低下导致少数民族学生在高考竞争中处于劣势。预科教育政策的目标转向为高等院校培养和输送合格的学生，它的任务是对少数民族学生进行文化补偿教育和汉语补习。高校扩招后，由于少数民族基础教育发展水平的牵制，少数民族高等院校在校生整体数量增加，但所占比例下降。而预科教育成为提高少数民族接受高等教育的直接的、成本相对最低的途径，为此，预科教育

---

① 参见《当代中国》丛书编辑委员会. 当代中国的民族工作：上 [M]. 北京：当代中国出版社，1993：239 – 257.

② 人口在 10 万以下的少数民族。

招生数量逐年增加，趋向于规模化发展模式。又因这一时期少数民族阶层分化比较明显，各少数民族之间发展差距较大，有明显的地域差异；同时，特少民族的教育发展水平相对滞后。因此，从 2000 年起，在预科教育政策招生任务规定中明确预科主要面向边远、贫困民族地区，并倾向于特少民族；但对于重点院校来讲，这种规定在具体实施中存在一定的困难，而在地方高等院校预科教育中却相对容易实现。预科教育承担民族团结要求的任务不再表现为固定招收一定数量的统战对象，而主要倾向于通过语言学习，以利于少数民族学生克服语言、文字障碍而继续求学之路，发展并更好地融入社会，从而加强各民族相互了解、国家稳定统一。这一时期预科教育招生工作已经没有专门招收统战对象的指标和任务，虽然会根据需要招收，如招收高山族学生在预科就学，但次数和数量控制得非常少。有时也会根据少数民族地区现实，开设或增加招收名额。这一时期因西藏内地班的开设，预科教育政策中语言学习的招生对象主要为新疆"民考民"的学生，还有内蒙古、吉林等省份"民考民"的少数民族学生。2008 年国家民委所属六所院校向四川、甘肃延考地区追加 80 名少数民族预科招生计划，主要录取北川羌族自治县、阿坝藏族羌族自治州、甘南藏族自治州等民族自治地方的少数民族考生①。2010 年，中央民族大学向青海玉树地区开设预科生招生计划②。可见，这一时期预科教育政策侧重于平等、团结和发展，三者相辅相成；但也不能否认，国家教育诉求不同时期的不同侧重，可能导致在某一时期、某一阶段的教育资源配置会倾向于某一地区、某一群体，可能出现一定程度的不平衡。

由以上可见，马克思主义民族理论和中国民族状况及现实需要确定了预科教育政策的平等取向，又因国家把一些诉求付诸预科教育政策，使其具有多种取向，进而使得预科教育政策在实施上具有多种职能。政策涉及复杂的社会利益关系格局的变化，必然需要根据社会结构以及民族或族群

---

① 国家民委所属民族院校向灾区追加少数民族预科招生计划 [EB/OL]. [2008 – 06 – 16]. http://news.xinhuanet.com/newscenter/2008 – 06/16/content_8381137.htm

② 中央民族大学开设"预科计划"招收玉树考生 [N]. 法制晚报, 2010 – 08 – 20.

实际情况的客观变化做出一定的调试，因而预科教育政策在不同时期具有不同偏重，相应的规范或规则不断发生变化。

二、政策过程中的多种行为选择

任何公共政策的决策和实施都依赖于政策环境的制约，没有人能确信某项具体政策可以实现它的预期目标，因为对于所有涉及的行动者来说，每个人都在掺杂他自己的想法和目的。预科教育政策实施中多种力量的参与，使得预科教育政策的平等取向在这一过程中经历了层层的被过滤和不断被重新阐释。

前面已提到，预科教育政策相关主体之间的关系是由国家制定的相关规则所建构形成的，这些规则规定、制约着相关主体的关系及其行为；但这些相关主体又有自己的立场和利益要求，一旦二者出现一定的抵触或冲突时，相关主体必然在其中寻找某种协调方式来平衡，即在遵循外在规则的同时也寻求满足自己的利益要求——往往会基于所拥有的权限，选择性地执行政策内容。然而，由于预科教育政策被纳入政治框架内，政策相关主体不能公开、直接抵制或更改相关规定，而是利用其所被赋予的权限、通过被认可的途径和方式表达或实现自己的利益诉求；主要表现为基于不同的利益需求，政策相关主体力图将预科教育政策取向阐释为与自己利益相一致的"说法"，使其具有合理性和合法性。具体行为路径表现为政策相关主体对预科教育政策的平等取向进行过滤，即用代表自己的立场和利益需求的取向来解释或替换主导价值取向。他们所处的社会地位、阶层以及利益关系中所处的位置使他们形成了自己的文化，即一套价值、观念体系。因此，对预科教育政策的平等取向的理解和接受必然要经过他们的判断和阐释，在这一阐释过程中，他们根据自己的利益需要采取某种行为模式，即按照自己的方式去不断理解和阐释平等取向，并试图使自己的阐释成为主导取向，这样会更有利于自身利益的实现和保障，并通过制度化和非制度化的行为来谋求实现，这些使得预科教育政策平等取向被过滤和再次赋值。与此相应，其利益博弈总是表现为相关部门之间、地方政府与相关部门之间、地方政府与群体之间、相关部门与群体之间的互动行为，而个别的"寻租"或"搭便车"行为往往以更为隐蔽的方式发生于其中。

市场经济制度改变了社会资源配置方式，随着经济关系规范的变化，社会规范也发生了一定的变化。而不同时期国家教育诉求发生变化，预科教育实施机制会相应发生变化，各相关主体所处的位置、获得的权限大小以及它们因规范制度所形成的关系也会发生变化，导致它们自身的利益诉求和对预科教育政策的认识也发生变化。在计划经济体制下，学校承担为少数民族和民族地区培养干部和人才的政治任务；因而，预科教育政策相关主体之间利益需求差异不大，利益关系相对简单，利益诉求相对单一。为适应市场经济体制改革而进行的教育改革改变了高等院校与政策其他相关主体的关系，使得政策相关主体之间的利益需求差异加大，利益诉求多元化，利益关系复杂化。

这种变化具体表现为：首先，1949—1978 年，预科教育并没有纳入普通教育体制中，预科教育主要由民族院校承担，民族院校直接归属于国家民委管理。当时预科教育招生没有引进考试竞争机制，即没有纳入高考统考中，而主要是采用选送制。这种招生形式的主导权主要在省（区、市）政府、民委以及招生部门。因为国家民委将招生条件、数量等下达给民族院校后，民族院校再将这些信息传达给省（区、市）政府以及招生部门并委托其代为选送，其中省（区、市）民委具有不可忽视的影响力。而学校在预科教育招生指标分配方面并没有多少权限，学校只可以根据国家民委以及省（区、市）政府、民委招生部门的要求，向上级提出申请增加招生名额。这一时期省（区、市）政府、民委以及招生部门在执行教育招生政策上基本没有违规行为，这与当时民族教育政策被视为一项政治任务、执行机构的性质、运行机制以及招生形式等相关。省（区、市）政府、民委以及招生部门是按照民族群体类别来分配预科教育招生指标，即使有些招生名额原是按照地区分配，但到了地方后一样按照群体分类配置。由以上可知，这一时期预科教育政策运行中政策相关主体对预科教育政策的理解、阐释与国家对预科教育政策的定位基本一致。

然而，在后一个时期，政策相关主体对预科教育政策平等取向的阐释明显呈现出多元化。1980 年预科教育被纳入正规教育，招生采用高考统考。这样，各政策相关主体在预科教育招生中的地位和行为发生变化，预科教育从主要由国家民委管理转向以教育部为主和国家民委协助，学校、省（区、市）政府以及招生部门两者的作用加强，而省（区、市）民委由执行者成为代言人和协助者。随着高等教育改革，学校自主性得到加强，学校自身的利益需求使它更多地关注所录取学生的成绩，它对预科教育招生的关注由原来的群体、地区转向个体。省（区、市）政府以及招生部门对预科教育政策的理解立足于地区、民族群体的利益，有些省（区、市）将预科教育视为保持和发展民族文化的途径。而学校和省区政府以及招生部门对预科教育招生的这种分类和理解，导致现实中二者之间的冲突。

由以上可知，预科教育政策在其运行过程中，由于各政策相关主体关系发生变化，它们基于各自立场选择不同行为取向，并对预科教育政策及其价值取向做出不同阐释，从而使其平等取向在不同时期被赋予不同的意义。

三、目标群体的多重认识和行为表现

预科教育政策面向特定群体——少数民族，其目的是为了改善目标群体的状况。它通过降低招收分数和进行补偿教育的方式来改善和提高少数民族教育发展水平，并以此来促进少数民族在经济、文化和社会等方面的发展；同时，通过教育引导和促进各民族平等、团结和融合，强化各民族成员的中华民族归属感和国家认同感。因此，目标群体的认识、选择和行为是达成预科教育目标的关键一环。但是，目标群体的认识、选择和行为在不同时期具有不同的表现。

预科教育政策是自上而下实施的一项政策，人们对它的了解需要一定的时间；但在预科教育政策实施与目标群体的互动中，目标群体并不是"弱"权力的、被动服从的一方；目标群体通过制度化的途径监督相关政策实施和表达他们的利益诉求与意愿，如行政途径、人大代表与政协机制。就预科教育政策而言，虽有极个别通过这种途径谋求自己利益的事例，但不能因此简单定论，民族精英通过作为民族利益的代言人寻求自身的利益回报，因而更为强调民族群体的利益诉求。因为，某种程度上，他们可能更为关注或熟悉少数民族教育境况和教育诉求。在一定资源配置与竞争中，如果少数民族群体首先求助于民族精英出面来维护权益，而非寻求向国家诉求，只能说明正常利益诉求和表达路径出现了不畅通的情况。

目标群体对预科教育政策的认识经历了从不了解到付诸一定期望的过程，相应的，在行为上经历了从"被动"选择到"主动"选择的过程。政策实施初期，目标群体对预科教育的选择是在国家和政府引导下进行的，是相对被动的。但新中国成立之前，少数民族没有被认可和获得平等的社会地位。因此，虽然他们对预科教育没有很多的了解，但他们对此是"感激"的、"珍惜"的——预科教育改变了他们的人生历程，使他们切实感受到了中国共产党的民族平等政策，增强了他们对国家的认同和归属感；因而他们在预科教育过程中的行为表现是"积极的""主动的"，践行各民族同学之间要平等相处与团结互助的倡导，力求达到学校的各项要求。

政策实施一段时间后，人们对该项政策的内容和意义有了更多的理解，人们始终感激国家和政府所给予的这一机会。但随着民族地区利益日趋分化、教育需求日益增长和选择的可能性增多，人们对预科教育的利益期许不断增加，主动寻求获得预科教育的途径，这些在某种程度上淡化了感恩情绪；而且，由于有些人获知政策信息有限，就有可能因期望值过高而容易导致失望情绪，或者对预科教育形成不恰当的、不符合现实的想法。后期预科教育招生形式的变化，要求目标群体通过填写高考志愿的形式进行选择，这使得预科教育选择与获得的信息是否充足、人们对教育期望值大小等更为相关。一般而言，学生和家庭是立足于自身的教育需求进行权衡选择和争取，但就预科教育而言，却存在着个体需求和群体利益交织的需要。既存在目标群体中的一些成员通过制度化途径为其所属群体争取预科教育资源的情况，也存有个别成员在以群体名义为自己和家庭获取资源的同时也为群体带来益处的现象。由此可见，目标群体基于自身的利益对预科教育政策的平等取向以及国家、政策相关主体所赋予的取向、职能进行解读，并据此采取相应的策略。

学校场域中的预科教育实践活动影响人们对预科教育的直观认知和政策实施效果。无论目标群体基于何种考虑选择了预科教育，预科教育政策的平等取向决定了它要对少数民族进行补偿教育，为此，人们将预科教育的目标群体定位为需要进行基础文化补习和语言学习的人群，这在无形中使目标群体戴上了诸如"落后"等标签。政策执行机构和政策参与者在阐释该政策时把对目标群体的这种定位传播到社会上，形成社会上关于该目标群体的定位以及根据政策提供服务的形式，并且，因政策决策者、执行者与目标群体存在着一定距离，他们对目标群体的定位与现实会有一定差异。这些通过学校的语言、课程、仪式等日常教学与管理形式，影响着目标群体中的受益者的生活和他们在预科教育过程中的行为表现。当预科教育招生被纳入高考统考后，高考成绩成为判断的标准，预科生因预科降分录取的规定而被认为是不合格的学生，这强化了社会对目标群体原有的汉语水平低、发展落后等刻板印象。因此，目标群体中的有些受益者在学校场域中对预科教育的反应是矛盾的——一方面感激预科教育政策给他们带来了机会，另一方面又以违规的行为顺从或抗拒预科教育政策对自己的标签化定位，这在一定程度上影响着预科教育目标的实现。

如果仅从个体行为来看，他们对预科教育政策的理解和接受，似乎只是基于个人、家庭利益得失的考虑，但其背后却蕴含着少数民族群体基于在历史和现实中形成的对民族关系、民族文化和民族认同等相关议题的一套价值、观念体系，对预科教育政策所做的判断和解释，以及由此采取的策略行为。这些外显为国家、相关利益群体、目标群体等主体对预科教育政策的平等取向的过滤和重新赋值，往往集中表现为预科教育招生实施标准在群体、地区和个体三者间更替、交织的局面。

第二节 完善预科教育政策的路径思考

由前面的分析与总结可知，预科教育政策执行当中存在一些问题，基于此，本节就如何改进进行思考与探讨，主要聚焦于完善政策和促进预科教育实践的方面。

一、强调政策定位：阐释预科教育政策的特殊性以发挥其多种效能

预科教育政策不仅是教育领域实现各民族教育机会平等和过程平等的举措，它更是通过这种制度化的举措确立民族国家政治秩序和民族关系，具有很强的政治性和象征性。但当前过于强调预科教育的竞争性选拔和学生的学业成就，在宣传政策、执行政策和将政策转化为学校的学习生活实践活动时，容易忽视其多种职能，从而削弱甚至淡化预科教育所具有的职能作用。其实，在一定条件设置下，二者并不是相悖的，而是能够相辅相成。因此，在新时期，需要再次强调预科教育政策平等取向为主导及多种职能并存，提高政策执行人员关于预科教育政策特殊性的认识。

二、完善政策内容：增加办学资格、评估与监督等方面的规定

预科教育政策内容日益完备，但更多关注教学与管理，缺乏办学主体资格、预科教育成效的评估机制和监督反馈平台，不能很好地服务于预科教育政策实现"预"和"补"的目的。这些方面内容的不完善使对各办学单位实施预科教育成效进行良好评估和监督无法实现，也无法判断是否达到了预期效果和实现了过程平等，从而无法有力保障教育效果，不利于提高预科教育质量和办学水平，也不利于对预科教育实践出现的不规范行为

（如乱收费①）的监管。

三、改进招生机制：协调精英式选拔与教育机会平等之间的关系

预科教育政策在培养人才方面既承担着选拔、培养少数民族精英的任务，又承担着提升少数民族成员能力的任务。因此，它的选拔始终要面临如何协调技术性选拔与社会性选拔的问题。不能用"冲突"这个词来形容二者之间的关系，应当说它们是一对矛盾，因为二者之间在某种条件会形成对立，但在另一种条件下又可以相互承转，这说明二者之间并非不可协调。当前，若过于强调技术性选拔，在各地区基础教育发展仍不平衡、城乡之间优质教育存在差距的情况下，必然导致选拔结果出现预科学生的城乡、阶层、民族等差异，从而加剧教育资源配置不平衡和教育发展不平衡地区的差距。这就需要在招生要求中设定相应的条件来协调二者，从而既能选拔良才，又能更好地为需要的群体或个体提供平等的教育机会。

四、关注过程平等：鼓励、支持预科教育教学改革和预科教育研究以提高教育质量

人们更多关注预科教育是否、如何为少数民族个体提供了进入高等教育的平等机会，而忽视其教育过程及效果；特别是在追求提高办学效益、规模化办学的模式中更为容易忽视预科教育"软件"建设。前面访谈材料中已提到，预科生学习中面临着"吃不饱"和"啃不动"以及"学习动

---

① "由于当年高考成绩没到录取分数线，张义最终选择填报'预科'，'听说川师预科不好进，家里还专门找了不少关系'。'关系走通了，没钱也不行'。报到时，学校要求张义交1万元，名义是建校费。同时他还交纳了与大一学生等同的学费、书本费。这之后，张义被告知，如果预科考试通过后要转入别的高校，需再交3万元。张义说，按照国家教育部的规定，定向生、特长生、预科生、专升本学生应与同等学历层次学生执行同样的收费项目和收费标准，除按规定收取学费、住宿费外，学校不得额外向他们收取其他任何费用。所以，当时钱也算是'偷偷摸摸'交上去的。"引自高柱，颜琨. 高校"预科生"有点变味［N］. 工人日报，2004－11－18.

机弱化"和"学习目标茫然"等问题，这些既是预科教育教学管理面临的问题，也是影响教育质量的一个重要原因。预科教育的"预"和"补"，要求它更为注重教育过程及其平等。为此，应以科学教育理论为指导，鼓励教学改革、加强教材编写、优化课程设置、强调教学方法创新、注重师资培训等工作。在思考如何定位"预什么"和"补什么"的基础上，进一步探索"如何预""如何补"和"如何激发学生学习积极性""如何加强与大学教育制度的衔接"等；并进一步鼓励和支持预科教育研究。

五、加强民族团结教育：开展好民族政策教育和文化理解教育

国家教育诉求要求预科教育承担促进民族平等、团结和发展的重责。在访谈中发现，预科生来自不同地区和不同民族，他们之间存在着因地域、城乡、民族等而产生的文化差异以及由此所带来的文化理解和文化适应问题。预科生通过了解彼此之间的文化差异，达成文化理解，利于加强相互之间的了解与沟通。因此，预科教育始终把开展民族团结教育放在首位，并取得了很大成效。然而，当前预科教育阶段的民族团结教育更倾向于作为一门课程来学习中国民族理论与政策相关知识，缺乏把政策规定转化为生活化、具体化内容来指导学生的思想及日常行为的举措和活动；同时，教师在教学管理中缺乏文化敏感性，忽视学生因文化适应所带来的学习与生活当中的困难和问题。如果这些困难和问题处理不好，不仅会强化预科生学习生活的问题，也会影响到不同民族学生之间平等团结互助关系的确立，还可能影响学生对各民族及文化的正确理解，甚至是对中国民族政策的正确认识。为此，应加强预科生民族团结教育，基于学生实际采取适当的教育方式，加快学生文化适应，开展好民族政策教育和文化理解教育。

总　　结

　　预科教育政策平等取向的实现经历了在特定的文化中成为政策的取向、实施过程中不断被阐释和最终落实到目标群体身上等三个阶段。历史、文化等塑造了平等取向的内涵，马克思主义民族理论是预科教育政策以平等为取向的基石，预科教育政策是由国家和政府主导实施的一项政策，它面向少数民族群体，以实现少数民族教育平等为宗旨，也是实现少数民族平等、团结和共同繁荣的途径。而理念和现实的冲撞会影响预科教育政策平等取向的坚持和落实。因为不同时期社会、经济等发展变化带来的种种需求，会使预科教育政策被赋予除平等取向以外的其他职能所带来的取向，其中，有的取向有利于甚至促进该政策的平等目标实现，而有的取向在一定程度上会弱化该政策的平等取向。而政策相关主体的行为是影响预科教育政策平等取向实现的最大因素。按照相关规定，它们拥有一定的权限来解释或重置政策内容，从而会使它发生偏离；同时，它们会在从预科教育政策制定到实施整个过程中，构建社会上对预科教育政策平等取向、预科教育政策目标群体等的看法和定位。以平等为取向的预科教育政策虽主观上要为目标群体获得平等的权益，客观上却会带给目标群体一定的负面作用，影响平等取向的落实。因而预科教育受益者既享受预科教育政策平等取向所带来的补偿教育、获得高等教育的机会，但同时要承担这些过滤和赋值所带来的其他影响，如被标上"标签"等。

　　若平等要落实到现实，最好的办法是将它纳入社会机制中，赋予其权威，使其合法化；但这一过程中它可能会被渲染上多种色彩，虽然它的宗旨始终坚持不变。预科教育政策的平等取向对少数民族教育的发展起到了极大的促进作用，为少数民族成员的社会流动提供了一个契机，我们对它平等取向演绎变化的追踪和反思，是为了更好地在现实中贯彻其平等取向。"构建和谐社会是从中国特色社会主义事业总体布局和全面建设小康社会全局出发提出的重大战略任务。关注弱势群体是构建和谐社会的重要内容。弱势群体的存在是影响社会和谐与稳定的重要因素。为了社会更加公平、有序，稳定发展，实现真正的和谐，我们必须解决弱势群体的问题。"①

　　民族教育政策以平等为取向，致力于扶持和促进少数民族教育发展。而预科教育政策是民族教育政策的重要组成部分，它也秉承了民族教育政策一贯坚持的平等取向，可以说，预科教育政策平等取向的演绎变化及其实现一定程度上也体现了民族教育政策平等目标实施过程中的轨迹。因此，对它的研究能够为民族教育政策减少种种阻碍因素，促进平等目标的实现提供一个启示。

---

① 王曼青．关注弱势群体　构建和谐社会 [J]．理论观察，2006（6）．

第三部分

第十章 延伸的探究——文化分析视野下的民族教育政策

正如前面所论证的，预科教育政策作为民族教育政策的重要构成内容，能够成为探究民族教育政策的典型个案。立足于文化分析框架逻辑，本研究基于预科教育政策研究来尝试探讨民族教育政策及其所面临的现实。

第一节 民族教育政策面临的现实挑战

基于民族预科教育政策研究结果，并结合以往笔者关于民族教育及民族教育政策的实践调查与思考，本研究主要从以下几个方面论述民族教育政策所面临的现实挑战。

一、关于政策平等取向合法性与合理性的争论

由预科教育政策研究可知，价值取向是民族教育政策的根本。民族教育政策价值取向分析是研究民族教育政策的逻辑起点和基本前提。马克思民族理论奠定了中国民族政策的平等价值取向，并通过建立民族区域自治制度确保民族政策基于群体身份实施，以实现各民族之间事实上平等的价值取向。首要是确定不同群体政治地位和权利平等，并将其延伸至社会、经济、文化等领域的社会权利，以期通过共同资格和实施这些资格的共同经验创造出一种共同的公民资格感；目的在于通过承认各民族的独特身份和需要，来建构与巩固共同的民族身份和民族文化感，消除较大社会群体

对较小群体权利的侵犯，缩小群体之间发展的差距，在满足各群体基本需要的同时，又能使各群体产生出共同的民族身份，最终建立平等、团结、互助与和谐的民族关系。

然而，现代社会对教育平等的概念阐释和理论论述都是基于个体的权利与选择，而非是群体或群体差异；很多人就以此来质疑和驳斥基于群体身份实施的民族教育政策。特别是当前随着市场经济机制的建立，个人本位与经济主义观念开始进入社会各个层面，并逐渐普遍。同时，新自由主义宣扬市场是完全自由的竞争，倡导个人主义等，它所提倡的交易的市场应扩展到国家自身的观念①开始影响政府的举措。"如果我们平等地对待每个人，其结果必然使每个人所处的实际地位是不平等的。并且，那种把每个人放在同一层次地位的方法，其结果也将是不平等地对待每个人。根据这一事实，我们可以看出，人与人之前是非常不同的。……法律面前的平等要导致物质上的不平等……使得每个人都处在他们适当地位的要求，在把有差别的强迫看成是正当理由的自由社会里是不能接受的。"②源于不同理论体系的平等观与基于不同立场的阐释，导致当前关于民族教育政策的平等取向形成多方面的质疑。

首先，关于平等含义的争论。有些人认为，平等权利只能是一种可能和一种机会，而不能是一种结果和事实；民族政策/民族教育政策追求结果平等是对个体机会平等的违背。那么，基于群体身份的平等必然导致个体平等的逆触？基于群体身份的事实平等追求是否是对机会平等的否定？是否会导致出现逆向平等？

其次，关于权利与身份资格的争辩。民族区域自治制度确定政治权利基于群体身份资格，如每个民族都有全国人大代表，以保障各民族行使当家做主的权利。与此相应，其他一些社会权利的建构如受教育机会也是基于群体身份资格。在现实中，政治几乎既与身份相关又与利益相关。那

---

① 参见凯特·纳什，阿兰·斯科特. 布莱克维尔政治社会学指南［M］. 李雪，吴玉鑫，赵蔚，译. 杭州：浙江人民出版社，2007：252.

② 凯特·纳什，阿兰·斯科特. 布莱克维尔政治社会学指南［M］. 李雪，吴玉鑫，赵蔚，译. 杭州：浙江人民出版社，2007：252.

么，这种基于群体身份的教育政策是否会影响个体教育平等？这种基于群体身份的权利要求而形成的社会结构是否会形成对立于基于公民身份的社会资格？它是否违背了基于个体权利与身份资格形成的宪法内容中的相关权利规定？

最后，关于"优惠"与特殊性的讨论。这实质上是关于群体权利内涵的探讨。在一些人看来，权利是人类与生俱来的，和他们所属的文化群体无关，因而提少数民族权利或者多数民族权利是错误的，并以此批评民族优惠政策是把历史错误及其补偿看作可以继承的，是让后代为祖先的罪行负责，因而是不可取的。有些民族教育政策往往被认为是针对少数民族教育发展相对滞后的一种优惠政策；但有学者认为，民族教育政策是为满足少数民族语言文字及文化方面的特殊性，而在其教育目标、价值、内容、方法、评价等问题上所采取的特殊政策[①]。如果是这样，民族教育政策并不是一种优惠而是一种权利的彰显。但如何界定特殊性边界呢？如何看待不同群体的权利内涵呢？文化发展权是不是属于该权利范围以内呢？如果是，这是否会导致一些人借由语言文字保持而拒绝把人们整合进"共同"民族文化中从而危及共同民族身份呢？如何联结个体一般性权利与群体特殊性权利、协调文化多元与一体？这些质疑在民族教育政策方面集中表现为：如何看待少数民族高考加分是社会选拔中对群体文化差异的考量和权利的保障？如何看待双语教育政策，它是一种优惠政策还是一种特殊政策？……这样的讨论甚至扩展至全国性教育政策是否应该、如何考虑少数民族教育特殊性以及可否以地区性或阶层性身份资格来替代群体身份资格等议题。

以上表明，在社会变迁中，民族教育政策平等价值取向的合法性和合理性面临一些质疑。关于平等、权利与身份资格等的重新讨论，使原来社会上形成的关于民族教育政策平等取向的社会价值共识及其正当性的价值判断必然受到一定的挑战。

---

① 王鉴. 试论我国少数民族教育政策重心的转移 [J]. 民族教育研究，2009 (3).

二、社会转型对政策及其实施提出了挑战

自 20 世纪 80 年代后，中国社会经历了一场剧烈的社会转型，社会转型不仅带来诸多的社会问题，也对民族教育政策及其实施带来极大的挑战。它不仅体现为关于政策平等取向的争论，还表现为政策及其实施方面遇到的挑战。主要表现在以下几个方面。

首先，社会结构的变化。随着社会变迁，经济结构的变化引起传统社会关系网络发生变化，导致社会结构发生剧烈变化。有研究表明，在这种结构性变化过程中出现"民族分层"① 和"民族内部分层"② 现象③。同时，由于存在户籍二元身份体制、城乡二元结构和利益结构差距，教育资源在不同地区、城乡、不同群体、不同家庭之间配置不平衡。这些在民族教育政策中表现为：随着社会竞争加剧，高考招生更为强调技术性选拔和竞争性，但由于基础教育资源配置不平衡、发展水平不同，不同少数民族群体享受民族教育政策程度不同，越是人口多、教育发展程度较好的少数民族群体享受优惠政策程度越高，同一民族成员因城乡差异、社会阶层差异享受民族教育政策的程度有所不同。这些对民族教育政策提出一系列挑战。例如，如何协调民族精英培养与普通人才培养？民族教育政策应是指向少数精英还是指向相对弱势群体？等等。

其次，政策相关主体关系的变化。社会变迁过程中，与经济结构、社会结构等的变化相适应，利益关系网络也发生变化，新的规范、规则不断被提出、重申或制度化，不同群体和个体的利益需要及行为选择也随之发

---

① 郑杭生教授认为，民族分层是指在多民族国家中的各个民族在社会地位、经济收入等方面存在的以民族为基本分野的社会阶层划分的现象。

② 民族内部分层是指单一民族群体内部的社会分层。

③ 参见马戎. 中国社会的另一类"二元结构"［J］. 北京大学学报，2010（3）；S. L. 梅尔斯，丁赛. 中国城镇地区民族间收入不平等的跨期变化［J］. 北京大学国家发展研究院简报，2010（19）；李静，王丽娟. 新疆各民族间的结构性差异现状分析［J］. 新疆社会科学，2006（6）；梁茂春. 广西各民族间的结构性差异［M］. 广西民族研究，2001（2）；马东平. 甘肃民族社会分层现状分析［M］. 甘肃社会科学，2007（5）.

生变化。

就民族教育政策而言，原来由国家规则建构的相关主体之间的关系也相应地发生了变化，其所被赋予的权责也有了变化，而原有的监管和制约相关主体关系及行为的机制在某些方面失去一定效应，而新的规范机制并没有相应形成。以高等院校为例，相对于其他相关主体，新时期高等院校招生自主权不断增加，它对于是否切实落实民族教育政策起着重要的作用，但缺乏有效的监管规范。以 2012 年 3 月颁布的"黑龙江省调整高考加分政策"为例，"省属高等院校招生时，对鄂伦春、赫哲、鄂温克、柯尔克孜、达斡尔、蒙古、锡伯、俄罗斯族考生或使用本民族文字答卷的少数民族考生，在考生统考成绩总分的基础上增加 10 分投档，由高校审查决定是否录取。其他少数民族考生，在所报黑龙江省属高校投档分数线下降低 5 分投档，由高校审查决定是否录取"①。这维持了原有的对人口较少民族学生高考加分规定，但是否被认可和录取要取决于高校。

最后，当前新形势下，民族教育政策实施机制面临来自新旧两方面的挑战。主要有：其一，原有成功的实施经验未得到总结，有效的实施模式未得到延续甚至被遗弃。民族教育政策实施至今取得了非常大的成就，各地基于当地实际形成了有效的实施模式；但由于教育制度改革和其他多种原因，很多成功经验没有得到总结提炼，一些有效的实施模式未得到延续。以双语教育师资培养机制为例，原有的师范学校教师培养注重双语能力，但随着师范学校的取消、双语教师培养模式中断，并没有其他培养模式来替代；导致当前一些少数民族地区双语教育缺乏双语教师、现有的教师双语培训又无法满足现实双语教育需要的困境。其二，新时期新问题出现，凸显民族教育政策实施机制原有的不足，要求调整并形成相应的规范制度。由于民族教育政策被定位为一项优惠规定，人们更多地关注相关政策的出台及文本内容，而相对忽视或缺乏相关执行监督、效果评价和反馈机制的建设，甚至漠视其解决问题或协调矛盾的功能。随着民族教育政策政治性被淡化、利益性被强化，原有的顾忌被模糊；条文规定缺乏根据实

---

① http：//www. chinabdh. com/bdhzx/ljxw/articleshow. aspx？id =447798.

际需要及时调整的灵活性，容易导致执行中的僵化；对教育资源特别是高等教育优质教育资源的争夺加剧，容易导致不规范行为的出现。民族教育政策文本又经常以"可以""根据情况""原则上"等词语为不同地区因地制宜灵活实施而设置政策执行空间，这易成为影响其实施权威性和力度的重要因素，也容易成为相关组织、群体或个体等利用政策谋取地方利益、某一组织利益、小团体利益或个体"寻租""搭便车"等的途径或工具。这些现象和问题的出现与存在严重影响政策效绩。其三，以往民族教育政策实施中某种程度上存在着强调入学机会平等、忽视教育过程平等与教育结果质量，重视硬件建设忽视软件建设等现象。前者表现为通过降分、配额等方式为少数民族学生提供平等入学机会，但对教育过程平等、补偿教育、教育结果质量评估等方面关注不够，无法确保为社会提供合格的毕业生。当今就业市场化，劳动力市场对就业者一视同仁。这种情况容易导致享受优惠政策的少数民族学生在教育期望与就业困境之间产生尴尬，从而既会加大政策成本，也会影响政策社会效应。后者表现为强调民族地区教育资源物质投入，但师资队伍等软件方面建设相对弱。另外，随着各民族教育发展水平的提高，他们之间教育差距相对缩小，民族教育政策越来越倾向于被纳入教育政策体系和运行机制内；但教育政策制定及实施中一定程度上也存在着强调政策普遍性而忽视民族地区特殊性及需要的现象，这主要表现在政策设计和教育实践两个层面。前者是指政策设计缺乏对民族地区特殊性及需要的考虑，如特岗教师计划设计中，没有考虑到民族地区对少数民族教师、双语教师的需要；除此之外，教育领域的其他改革如异地考高、高校自主招生等政策设计或一些政策如撤点并校等的推行对民族地区特殊性及需要考虑不足。后者是指学校管理者和教师养成与培训、教材设计、课程安排等缺乏语言、文化敏感性。

以上这些要求民族教育政策在进一步调整中，既要适应社会结构变迁所带来的变化，也能保证弱势群体平等的受教育机会。

三、关于政策效果评判的争议

任何政策都是针对一定的社会问题，并以解决问题为最终目标。"民族问题不能认为是什么独立自在的、一成不变的问题。民族问题只是改造现存制度总问题的一部分，它完全是由社会环境的条件、国家政权的性质并且总的来说是由社会发展的全部进程决定的。"① 按照不同分类标准，政策结果可分为直接和间接或显性和隐性、预期和非预期结果等，而政策效果是指对政策结果进行鉴定和评估。在这个意义上，政策实施效果成为评判政策的重要依据。就民族政策而言，"自从中国政府有系统地制定、实施民族优惠政策以来，这里的少数民族在社会发展和经济建设方面，都取得了有目共睹的进展"②。

然而，当前不断有人从不同视角对民族政策/民族教育政策提出新的观点或质疑，其中包括如何看待民族政策/民族教育政策效果以及由此引申出对民族政策/民族教育政策本身的质疑（主要是由对民族政策的质疑延伸到民族教育政策）。这些质疑主要集中表现在：基于苏联解体教训和美国经验，认为与民族身份相挂钩的中国民族政策如同苏联民族政策一样具有潜在风险，如民族政策易导致少数民族精英分化，即有的忠于中央政府并主张辖区自治，而有的则强化了对本民族的认同；基于民族政策价值取向分析认定中国民族政策为"民族主义"取向而非"国家主义"取向，并认为这种取向的民族政策会带来消极后果；基于一些特例评断民族教育"优惠"政策会导致少数民族学生的"懒惰"与"忘恩"，以及学业成就低下；基于公民社会理论框架认为国家应基于公民身份而非群体身份处理事务……但也有与此不同的声音："前苏联解体的原因并不尽在斯大林的民族定义本身，更在于前苏联民族话语所含有对少数民族既承认其现在又

---

① 斯大林选集：上卷［M］. 北京：人民出版社，1979：118.
② 纳日碧力格. 现代背景下的族群建构［M］. 昆明：云南大学出版社，2000：132.

否认其未来，非要用少数民族的遗体塑造苏联民族金身的理论悖谬。"①
"中国民族政策的价值取向是'国家主义'取向，即站在中华民族根本利
益的立场上来考量、制定、实施和评估民族政策的，而并非'民族主义'
价值取向。""不能将现行民族政策在执行中出现的偏差而引起的民族问题
或社会问题归咎于民族政策本身，甚至颠倒一般与特殊的关系，依据看到
的个别现象推论出民族政策是'民族主义'取向。"② "'第二代民族政
策'提出者所有的'国际借鉴'并没有在基本常识层面介入国内外学界
的这类研究，所以才会简单化地提出一系列'不允许'怎样、'一律'如
何之类的命令式'脱困对策'。其实也不奇怪，因为随着中国迅速的发展，
不少人都沉浸在数字增长、速度赶超的'大国崛起'心态中，甚至把个人
的'国际化'感受和经验作为评价与引领中国现状的标尺，而忽略了现代
化进程中美国、超国家联盟的欧洲、中国处于什么样的社会发展阶段，模
糊了前现代、现代、后现代社会特点的分野，用全球化的'高倍望远镜'
缩短了社会发展的过程，从而才会对解决民族问题这样的复杂事务产生了
简化和激进的冲动。"③ 以上只是对当前存在争论的叙述，并非评议；由
于这些论点摘引自其生成的整体话语体系，可能存在论述不完整或阐述不
清之处。

　　诚然，关于政策效果的多方位思考有助于突破以往民族政策研究框架
的束缚、拓展视野。然而，其中有些质疑更多的是由知识精英从其各自价
值立场、知识逻辑和话语体系出发，通过其在公共领域占据的话语权，以
自说自话的方式来试图建构民族政策及其意义甚至是民族政策目标群体，
而并非是立足于当前社会结构下民族问题实际。这是否会将民族问题"简
约化""单一化"？照搬西方民族理论来审视中国民族政策、理论及其实
践甚至是现实民族问题，是否会出现忽视中国民族问题的历史性、本土性
和复杂性的情形？是否会导致完全否定中国民族政策的意义及所取得的成

① 张海洋．汉语"民族"的语境中性与皮格马利翁效应 [J]．思想战线，2011 (4)．
② 王志立．也谈中国民族政策的价值取向 [J]．学术界，2011 (9)．
③ 郝时远．美国是中国解决民族问题的榜样吗？[J]．世界民族，2012 (2)．

就？在群体差异客观存在的情况下，基于公民身份处理事务是否会导致主导群体或主流文化将它的标准以法律上虚构的抽象公民的名义强加于人？①同时，这种知识精英所描绘的图式中缺失了政策目标群体及其声音，即少数民族的现实和话语。那么，这种缺失是否会出现他们被"代表"、被"物化"甚至被"污名"呢？这种缺失下的讨论是否会导致一种社会伤害呢？是否是对这些群体基本要求和权利的一种剥夺呢？而且，如何判断政策与"结果"之间是否存在着直接因果逻辑呢？如何分辨出社会结构变迁引起的矛盾与政策本身之间有无关联，又哪个是因，哪个是果呢？是否会将执行中出现的偏差归咎于民族政策本身？……

当前在民族问题上出现新情况和新动向，是多种因素综合所致，不能仅归咎于民族政策本身，或认为源于民族政策的价值取向。对政策及其实施效果评判不能采取简单、粗暴或激进或简约化的态度和做法。

第二节　关于完善民族教育政策的几点思考

"对于社会主义的中国来说，民族政策的意义不仅在于可以延缓社会分化的极端现象、维持社会结构，更是为了实现各民族事实上的平等和民族大家庭的共同发展和繁荣。"② 民族教育政策是在教育领域落实民族政策宗旨而采取的一系列措施，并取得了极大的成就。在 1950 年，全国仅有少数民族大学生 1285 人，占接受高等教育学生数的 0.93%③；而到 2010 年底，民族地区已基本实现"两基"，全国 55 个少数民族都有了自己的大学生，有些民族还有了硕士生、博士生④。

---

① 参见爱德华·莫迪默，罗伯特·法恩. 人民·国家·民族——族性与民族主义的含义 [M]. 刘泓，黄海慧，译. 北京：中央民族大学出版社，2009：79.
② 路宪民，杨建新. 正确认识民族优惠政策 [J]. 贵州民族研究，2007（3）.
③ 任中夏. 面向新世纪进一步办好民族院校的思考 [J]. 中央民族大学学报：哲学社会科学版，1999（1）.
④ 许鑫. 十年，民族教育谱新篇 [J]. 中国民族，2012（8）.

　　任何一项政策的功能都具有综合性。政策是为实现特定的目的而采取的政治行为，具有明确目标取向、价值导向、行为制约、资源分配、运行管理等特性；政策的多重功能关系到政策目的、价值标准和行为方式。民族政策不仅具有建构社会价值标准及建立平等、团结、互助与和谐群体关系的功能，其功用还在于协调和解决现实的利益分配、矛盾与问题，因而也呈现出一定的时间特性。因此，对民族政策的认识不能单一化或过于渲染某一方面的作用，而是要从历史的、整体的、发展的视角来认识它，还要根据不同时期的社会发展目标、群体客观实际等现实情况，与时俱进地进行调整和完善。同样，民族教育政策也不例外。"在分析任何一个社会的问题时，马克思主义理论的绝对要求，就是把问题提到一定的历史范围之内；此外，如果谈到某一个国家（例如，谈到这个国家的民族纲领），那就要考虑在同一历史时代这个国家不同于其他各国的具体特点。"①为此，本研究尝试着从民族教育政策所践行的政治信仰与社会价值观和所规定的内容与运行机制这两个层面进行探讨。

一、理念：澄清平等的迷思

　　前面已提到，实现各民族平等是民族教育政策所践行的核心政治信仰与社会价值观。这种价值取向是在中国共产党领导人民革命的过程中逐步形成并制度化，它是基于中国民族发展的历史性和现实性。社会历史发展表明，它符合马克思主义民族理论和各民族的根本利益；它不仅是过去制定实施民族教育政策的，也是当前调整民族教育政策的根本原则和核心价值，是不可动摇的。

　　然而，当前一些人对民族教育政策平等取向的认识存在一定程度的偏差。为此，需要厘清当前对平等的迷思，对民族教育政策平等价值取向形成正确认识。首先，正确认识形式平等与事实平等、机会平等与结果平等之间的辩证关系。马克思主义民族平等理论科学解释了形式平等与事实平

等、机会平等与结果平等之间的辩证关系，而民族教育政策是在马克思主义民族平等理论指导下形成的。民族教育政策平等并不是以赋予某些群体特权身份来凌驾于或侵害个体平等权利，也不是过于追求结果平等而损害机会平等、危及个体平等权利。它是基于应然与实然、终极价值与工具价值来论述机会与结果之间的关系；它是基于一些群体由于后天社会文化原因所导致缺乏机会平等的现实，通过制度化寻求保障不同个体的机会平等，从而追求实现结果平等的应然状态，而并非是僵化、绝对的结果均等。民族教育政策平等取向的真正内涵是追求各民族平等。同样，民族教育政策并没有凌驾于宪法所规定的个体平等，而是为了更好地保障每个个体的受教育权利；并不存在过于追求事实平等或过于强调群体权益而损害或侵害了个体权利的现象。当前，市场经济下教育所处的社会情境发生变化。教育不再被认为要致力于扩大教育机会，教育的兴趣更多在于提供人们认可的能够提高国际竞争力、利益和纪律性的教育设置；人们更为注重自由市场在教育领域内的扩展使用①。因而，市场经济所建构的话语体系中关于平等的解释必然体现这一要求。但是，只讲机会均等的平等意味着制造更大的机会不平等。"机会的平等仅意味着一种较为不利者在个人对实力和社会地位的追求中落伍的平等机会。"② 其次，客观认识民族平等与民族团结互助和谐关系、建构国家认同和中华民族共同身份归属感以及实现各民族共同繁荣之间的关系。民族平等是实现民族团结互助和谐关系和建构国家认同、中华民族共同身份归属感的政治基础，民族平等与民族团结互助和谐关系是实现各民族共同繁荣的前提条件，各民族共同繁荣是实现民族平等与民族团结互助和谐关系和国家稳定发展的物质保证。多民族国家建构首要的挑战来自如何维护国家统一及社会的和谐稳定，为此需要制定一系列措施来构建不同民族共同归属感、国家凝聚力以及族际关系。"中华民族"是在承认中国境内的 56 个"民族"的存在和多元性的

---

① 参见 W. 阿普尔. 教育与权力 [M]. 曲囡囡，刘明堂，译. 上海：华东师范大学出版社，2008：2-98.

② 罗尔斯. 正义论 [M]. 何怀宏，译. 北京：中国社会科学出版社，1988：101.

基础上，将其集合体称为"中华民族"。"中华民族"一词一经形成，就蕴含着爱国主义的意义①。新中国成立之前，各民族之间的猜疑、隔阂、矛盾非常突出。新中国成立之后，政府面对的不仅是需要废除历史上的民族不平等，实现各民族政治、文化和经济等各方面的权利平等，而且，也要消除各民族之间的隔阂，需要消除历史遗留的民族歧视的一切有形痕迹。在1949年9月通过的《共同纲领》，提出解决民族问题的基本原则，确立了民族平等、团结、互助的社会主义民族关系，实行民族区域自治，并随后进行了民族识别、少数民族社会历史调查等工作；通过自上而下的方式确立多民族国家政治秩序和中华民族认同感与归属感。可见，所谓的"补偿论"并非是民族政策实施的根本原因，它是为推动各民族平等政策、说明其实施合理性而进行的政治宣传与动员策略；从而通过政治社会化，就该议题逐渐在人民当中形成统一的观念和意识。对于民族教育政策，人们往往更多关注民族教育政策在教育机会平等与效率方面的效果问题；但忽略其在社会架构中所隐含的国家稳定、文化权利、社会多元一体等复杂的政治意涵。因而，民族教育政策并不能简单地理解为在教育领域为教育发展不平衡的少数民族提供教育机会。最后，客观看待民族教育政策关于其受益群体资格与范围边界的限定及其实施。由前面的民族预科教育政策分析可知，民族教育政策关于政策受益群体身份资格的限定并非完全立足于民族成分，还有地域限定。以少数民族高等教育招生政策规定及其实施为例，民族教育政策虽以群体身份给予特定群体一定的教育机会，但并没有突破基于个体平等权利确定的宪法框架，也谈不上是对汉族学生的不平等和不公正。新中国成立后至20世纪80年代，中国形成了普通高等教育与民族高等教育两个体系。其中，民族院校作为落实民族教育政策的重要机构，承担了少数民族高等教育任务。从80年代起，民族政策由立足于民族成分、民族地区转向较为注重立足于民族地区，以民族地区为单位实施。80年代之后，少数民族高等教育招生政策按照实施标准可分为民族

---

① 松本真澄. 中国民族政策之研究——以清末至1945年的"民族论"为中心［M］. 鲁忠慧，译. 北京：民族出版社，2003：18.

（面向特定民族成员）、地区（面向特定地区）和普遍优惠（面向所有少数民族成员）三种类型。人们在讨论少数民族高等教育招生政策是否公平的时候，容易忽视甚至漠视民族地区特别是少数民族聚居区、边远农牧区、山林地区基础教育资源不足、教育质量低下的现实。且实际上，随着少数民族群体社会、经济结构分化而呈现出多样性，当前这一类型政策的规定更为细化，并不单纯按照民族身份赋予优惠招生条件，而是将不同少数民族学生按照人口、教育发展水平、社会经济状况等进行分类，不同类群体高考加分数额不同，也有把同一民族学生按照其居住地区确定加分的等级等。如2012年黑龙江省普通高校招生加分政策、2010年宁夏回族自治区普通高校招生加分政策、2010年甘肃省普通高校招生加分政策中的规定等。同时，它也规定给居住在特定地区的汉族学生高考加分，如2010年宁夏回族自治区普通高校招生加分政策中规定："固原市（含原州区、西吉县、隆德县、泾源县、彭阳县）和海原县、盐池县、同心县、红寺堡开发区及行政区划调整后部分乡（镇）和原陶乐县（以下简称'山区'）的汉族可在高考文化课总分的基础上增加10分。"①

可以说，历来实施的民族教育"优惠"政策并非伤害个体权益，而是为了更好地保障个体平等接受教育的权利。"中国的民族政策以民族平等为基石，以维护各民族的团结和国家统一、实行民族区域自治、发展少数民族的经济文化事业、培养少数民族干部和各类人才、尊重少数民族的宗教信仰和风俗习惯为基本内容，以实现各民族共同繁荣为出发点和归宿。"② 民族教育政策平等价值取向是基于中华民族利益，而不仅仅是少数民族权益③。

二、实践：寻求"变"与"不变"的平衡

民族问题既包括民族自身的发展，又包括民族之间以及民族与阶级、

①　http://www.gaokao.com/e/20100720/4c45649225a8d.shtml.
②　http://www.xinhuanet.com/zhibo/20090721/zhibo.htm.
③　王志立．也谈中国民族政策的价值取向 [J]．学术界，2011（9）．

国家之间等方面的关系。因而民族教育问题并不是单一的教育问题，是集教育问题、民族问题、社会问题和政治问题于一身，具有复杂性、多元性、敏感性、长期性、艰巨性。因此，民族教育政策实施预期不仅考虑短期结果，如解决、协调当前具体问题等，还要考虑长期效应，如协调利益结构平衡、发展权利与权力的设置、保障社会弱势群体教育权益、构建平等和谐民族关系等。在新时期，民族教育政策如何应对新的挑战和旧的问题？若要调整，将不可避免地遇到哪些方面不能变、哪些方面要变、如何变，以及如何处理基本原则、根本宗旨与具体内容调整的关系等一系列问题，这些聚焦为"变"与"不变"的问题。所以，当前完善民族教育政策需把握好"变"与"不变"。基于当前民族教育所面临的问题和挑战，实践当中完善民族教育政策需要明确以下几点。

（一）"不变"——坚持民族教育政策平等价值取向

社会主义时期是各民族共同繁荣发展的时期，各民族间的共同因素在不断增多，但民族特点、民族差异和各民族在经济文化发展上的差距将长期存在。民族教育政策实施的现实根源在于少数民族因历史、地域、自然等后天因素造成教育发展水平低下；民族教育政策并不是永久性的，具有时间性。当前，新时期民族教育政策客体——少数民族群体情况发生变化：少数民族教育发展水平整体提高，不同民族之间的绝对差距缩小；但经济结构的变化导致少数民族群体之间或内部发生结构性变化，使得不同少数民族之间和同一少数民族内部的教育发展水平差异呈现出复杂性特征。同时，在现代化与市场化进程中，少数民族特别是聚居区少数民族"所熟悉的环境和已知世界都在发生变化甚至消失，人们寻找习惯了的事情，寻找其中有他们所熟悉的面孔、声音、气味、口味和地点的共同体，以抗衡现代化与市场化带来的混乱与失落，更倾向诉求于族性所带来的亲密感或安全感。因而在日益多元化社会中需要在为多元文化创造空间同时还要维持、强化共同体及其归属感的建构"①。以马克思主义民族平等理论为指导制定的一系列民族政策，是将少数民族政治身份纳入政治结构中，将少数民族包括在共同体的界定中。仅就少数民族群体教育发展水平差异的客观存在和民族教育政策的多重功能而言，若没有一个更好的替代机制和系统，有些根本性的东西是不能轻易发生变动的。在当前，平等作为民族教育政策所践行的核心政治信仰与社会价值观，在整合多民族国家中仍旧发挥着强大的社会象征性和导向性的作用。它不仅是过去制定实施民族教育政策的依据，也是当前调整民族教育政策的根本原则和核心价值，是不可动摇的。

（二）"变"——完善民族教育政策具体内容及运行机制

正如前面所提出的那样，社会转型期间，民族教育工作既面临着旧的问题，还遇到新的变化和问题。因此，需要在民族平等原则下确定一系列的准则及执行这些准则的策略来发展和完善民族教育政策，以规范或引导如何对待和处理民族教育事务及相关问题。民族教育问题是制定民族教育政策的起点和依据。民族教育问题具有复杂性，对民族教育问题的不同理解与界定，必然形成不同的政策思考。为此，需要在马克思主义民族理论指导下科学地、客观地认识和界定民族教育问题，坚持从实际出发、实事求是的原则。

基于前面所概述的民族教育工作面临的问题和挑战，为发挥民族教育政策多重功能，本研究就如何完善民族教育政策具体内容及运行机制提出几点看法。第一，面对单一化民族教育政策功能，注重发挥其多重效能。民族教育政策不仅承担实现教育平等的重责，还要通过教育领域的一些制度设置或活动安排来构建或强化国家认同和中华民族共同归属感，促进不同民族青少年社会化，为多元文化共存与发展提供空间等。第二，针对过于注重教育政策普适性的倾向，应提升政策实施人员对民族教育特殊性与

---

① 参见爱德华·莫迪默，罗伯特·法恩. 人民·国家·民族——族性与民族主义的含义[M]. 刘泓，黄海慧，译. 北京：中央民族大学出版社，2009：22.

现实情况的认识，树立"民族教育优先发展"的意识，从而使政策制定能够基于民族地区实际并采取适当的实施策略。第三，应对政策环境变化，加强政策衔接。这种政策衔接表现为两个方面：一是加强民族教育政策自身实践与经验的继承与发展。新中国成立以来，制定了一系列民族教育政策，在开展民族教育工作中积累了大量的实践经验和成功模式；新时期民族教育政策条文规定要与以往内容相衔接，总结和吸收实践经验与成功模式。二是要注重现行政策与其他政策如就业、资金等政策的衔接。民族教育问题非常复杂，民族教育政策的落实需要其他相关政策的配套支持，完善政策实施的环境和辅助性措施。然而，不同时期社会发展目的使得这些政策发生一定变化，若不能衔接或衔接不好，会影响民族教育政策的实施及效果。第四，基于新旧问题与挑战，加强规范制度建设。例如，民族教育政策实施中存在政策制定不严谨、缺乏监督与评估机制的现象，且新时期原有政策主体之间关系及利益发生分化，但缺乏相应条文规定规范和约束；原来过于注重入学或招生优惠规定而忽视教育过程及质量带来的问题在新时期凸显；少数民族教育发展水平差异呈现为群体之间或群体内部、地域性和阶层性差异，要求重新审视民族教育政策关于招生身份资格的规定；等等。这些要求完善民族教育政策具体条文内容和运行机制。第五，面对少数民族学生学业成就低下，在学校教育课程教学与检测评价中注重少数民族学生的文化、语言差异。认识到少数民族学生语言、文化的差异，有助于在教师培养、课程设置、教育内容选择与教学方法运用等方面形成文化敏感性和关照能力。

结　束　语

民族教育政策内容覆盖面广，从教学语言文字、优惠招生到培养模式等，呈现出丰富性、多层面、多维度的特点；不同内容规定所要求达到的具体目标不同，采取的具体方式、方法不同；其执行逻辑各有所不同，实施过程在不同场域中呈现出不同的现象和问题。而且民族教育问题也会随着时间的推移产生新的内涵。本研究依据少数民族预科教育政策及相关研究个案，尝试概括、阐释民族教育政策现实，并就民族教育政策如何完善提出几点建议。但是，这样的探讨并不能够完全揭示和阐释民族教育政策，民族教育政策的丰富性和复杂性还有待进一步揭示，对它的研究仍需要不断深入和延续。

参 考 文 献

E. R. 克鲁斯克. 公共政策辞典［M］. 唐理斌，等，译. 上海：上海远东出版社，1992.

H. K. 科尔巴齐. 政策［M］. 张毅，韩志明，译. 长春：吉林人民出版社，2005.

J. E. 拉索. 决策行为分析［M］. 安宝生，等，译. 北京：北京师范大学出版社，1998.

R. M. 克朗. 系统分析和政策科学［M］. 陈东威，译. 北京：商务印书馆，1987.

S. S. 那格尔. 政策研究百科全书［M］. 林明，等，译. 北京：科学技术文献出版社，1996.

V. 奥斯特罗姆，等. 制度分析与发展的反思［M］. 王诚，等，译. 北京：商务印书馆，1996.

埃文思－普里查德. 努尔人：对尼罗河畔一个人群的生活方式和政治制度的描述［M］. 褚建芳，等，译. 北京：华夏出版社，2002.

敖俊梅. 个体平等，抑或群体平等？[J]. 清华大学教育研究，2006（6）.

鲍家豪. 决策文化学［M］. 上海：上海三联书店，1997.

彼特·布劳. 不平等和异质性［M］. 王春光，谢圣赞，译. 北京：中国社会科学出版社，1990.

查尔斯·E. 林德布洛姆. 政策制定过程［M］. 朱国斌，译. 北京：华夏出版社，1988.

查尔斯·林德布洛姆. 政治与市场：世界的政治—经济制度［M］. 王逸舟，译. 上海：上海三联书店，1992.

查尔斯·沃尔夫. 市场或政府［M］. 谢旭，译. 北京：中国发展出版社，1994.

陈振明. 政策科学［M］. 北京：中国人民大学出版社，1999.

陈振明. 政治学：概念、理论和方法［M］. 北京：中国社会科学出版社，2004.

成有信. 教育政治学［M］. 南京：江苏教育出版社，1993.

大岳秀夫. 政策过程［M］. 傅禄永，译. 北京：经济日报出版社，1992.

戴维·波普诺. 社会学［M］. 10 版. 李强，等，译. 北京：中国人民大学出版社, 2001.

戴维·伊斯顿. 政治体系 [M]. 马清槐, 译. 北京: 商务印书馆, 1993.

丹尼尔·W. 布罗姆利. 经济利益与经济制度——公共政策的理论基础 [M]. 陈郁, 等, 译. 上海: 上海三联书店, 1996.

邓小平文选: 第1卷 [M]. 北京: 人民出版社, 1994.

刁田丁, 兰秉洁. 政策学 [M]. 北京: 中国统计出版社, 2000.

恩伯. 文化的变异: 现代文化人类学通论 [M]. 杜杉杉, 译. 沈阳: 辽宁人民出版社, 1988.

费孝通. 论人类学与文化自觉 [M]. 北京: 华夏出版社, 2004.

格林斯坦, 波尔斯比. 政治学手册精选 [M]. 储复耘, 译. 北京: 商务印书馆, 1996.

龚永辉. 民族概念: 话语权与学理性 [J]. 广西社会主义学院学报, 2006 (1).

郭福昌. 中国少数民族教育重大理论问题研究 [M]. 昆明: 云南人民出版社, 1997.

郭俊次. 国家政策学 [M]. 台北: 龙人文教公益基金会, 1991.

国家教委. 新的里程碑——全国教育工作会议文件选编 [M]. 北京: 教育科学出版社, 1994.

国家教委高教司. 中华人民共和国高等教育法 [M]. 北京: 法律出版社, 1998.

国家教委政策法规司. 中华人民共和国教育法规实用要览 [M]. 广州: 广东教育出版社, 1996.

国家民委政法司. 中澳少数民族问题研讨会 [M]. 北京: 中国社会出版社, 2000.

何波. 论中国古代对"夷狄"的教化观 [J]. 民族教育研究, 2000 (3).

何东昌. 中华人民共和国重要教育文献 [M]. 海口: 海南出版社, 1998.

亨利·A. 吉罗克斯. 跨越边界——文化工作者与教育政治学 [M]. 刘惠珍, 等, 译. 上海: 华东师范大学出版社, 2002.

洪泉湖, 等. 族群教育与族群关系 [M]. 台北: 时英出版社, 1997.

胡德海. 关于我国民族教育的几个问题 [J]. 西北师大学报: 社会科学版, 1990 (4).

怀特. 文化的科学——人类与文明研究 [M]. 黄玲伊, 译. 济南: 山东人民出版社, 1988.

加布里埃尔·A. 阿尔蒙德. 比较政治学 [M]. 曹沛霖, 等, 译. 上海: 上海译文出版社, 1987.

江泽民. 全面建设小康社会，开创中国特色社会主义事业新局面——在中国共产党第十六次全国代表大会上的报告［N］. 人民日报，2002－11－18.

教育部. 面向 21 世纪教育振兴行动计划学习参考资料［M］. 北京：北京师范大学出版社，1999.

教育部. 深化教育改革全面推进素质教育——第三次全国教育工作会议文件汇编［M］. 北京：高等教育出版社，1999.

卡尔·帕顿，大卫·沙维奇. 政策分析和规划的初步分析［M］. 2 版. 孙兰芝，等，译. 北京：华夏出版社，2001.

柯武刚，史漫飞. 制度经济学——社会秩序与公共政策［M］. 韩朝华，译. 北京：商务印书馆，2000.

科达克. 多样性的世界［M］. 格勒，等，译. 成都：四川民族出版社，1990.

李强. 转型时期的中国社会分层结构［M］. 哈尔滨：黑龙江人民出版社，2002.

林水波，张世贤. 公共政策［M］. 台北：五南图书出版股份有限公司，1995.

刘斌，王春福，等. 政策科学研究：第一卷［M］. 北京：人民出版社，2000.

刘复兴. 教育政策的价值分析［M］. 北京：教育科学出版社，2003.

刘家顺，王永青. 政策科学研究：第二卷［M］. 北京：人民出版社，2000.

陆学艺. 当代中国社会阶层研究报告［M］. 北京：社会科学文献出版社，2002.

罗伯特·C. 尤林. 理解文化：从人类学和社会理论视角［M］. 何国强，译. 北京：北京大学出版社，2005.

马凤岐. 教育政治学［M］. 北京：人民教育出版社，2003.

马克思恩格斯选集：第 1 卷［M］. 北京：人民出版社，1995.

马林诺夫斯基. 文化论［M］. 费孝通，译. 北京：中国民间文艺出版社，1987.

马尚云，李婧. 从利益集团理论看少数民族和少数民族地区利益的特殊性［J］. 内蒙古社会科学，2006（3）.

米切尔·黑尧. 现代国家的政策过程［M］. 赵成根，译. 北京：中国青年出版社，2004.

彭英明. 马克思主义民族理论与中国民族问题［M］. 成都：四川民族出版社，1988.

朴胜一，程方平. 民族教育史［M］. 海口：海南出版社，2001.

迁中丰. 利益集团［M］. 郝玉珍，译. 北京：经济日报出版社，1991.

钱民辉. 文化变迁与双语教育：在文化多样性中寻求教育意义［N］. 中国教育报，2001－09－27.

丘昌泰. 政策科学之理论与实际 [M]. 台北：五南图书出版股份有限公司，1998.

沈林，李志荣. 散杂居民族工作政策法规选编 [M]. 北京：民族出版社，2000.

史蒂文·凯尔曼. 制定公共政策 [M]. 商正，译. 北京：商务印书馆，1987.

斯图亚特·尼. 政策学 [M]. 周超，等，译. 北京：中国人事出版社，1991.

宋树涛. 中华人民共和国教育法 [M]. 北京：京华出版社，2001.

宋太成. 民族预科教育简述 [J]. 民族教育研究，2002（4）.

孙若穷. 中国少数民族教育学概论 [M]. 北京：中国劳动出版社，1990.

滕星，胡鞍钢. 西部开发与教育发展博士论坛 [M]. 北京：民族出版社，2001.

王柯. 民族与国家——中国多民族统一国家思想的系谱 [M]. 北京：中国社会科学出版社，2001.

王浦劬. 政治学原理 [M]. 北京：中央广播电视大学出版社，2004.

王铁志. 新时期民族政策的理论与实践 [M]. 北京：民族出版社，2001.

王锡宏. 中国民族教育本体理论研究 [M]. 北京：民族出版社，1998.

威尔·金里卡. 当代政治哲学 [M]. 刘莘，译. 上海：上海三联书店，2004.

威廉·F. 威斯特. 控制官僚 [M]. 张定淮，白锐，译. 重庆：重庆出版社，2001.

威廉·N. 邓恩. 公共政策分析导论 [M]. 2版. 谢明，等，译. 北京：中国人民大学出版社，2002.

韦森. 文化与制序 [M]. 上海：上海人民出版社，2003.

吴学燕，等. 大陆少数民族教育 [M]. 台北：师大书苑有限公司，1998.

伍启元. 公共政策 [M]. 北京：商务印书馆，1989.

武文. 文化学论纲：社会文化人类学的解读 [M]. 兰州：兰州大学出版社，2000.

夏建中. 文化人类学理论学派：文化研究的历史 [M]. 北京：中国人民大学出版社，1997.

萧俊明. 文化转向的由来 [M]. 北京：社会科学文献出版社，2004.

萧扬. 文化学导论 [M]. 石家庄：河北教育出版社，1989.

小林良彰. 公共选择 [M]. 杨永超，译. 北京：经济日报出版社，1989.

谢少华. 权力下放与课程政策变革——澳大利亚经验与启示 [M]. 广州：中山大学出版社，2002.

徐杰舜，吴政富. 试论新中国民族教育政策制定的理论依据和现实依据 [J]. 铜仁师范高等专科学校学报，2006（6）.

药师寺泰藏. 公共政策 [M]. 张丹，译. 北京：经济日报出版社，1991.

应春华. 预科困惑，期待破解政策［N］. 中国民族报，2006 – 06 – 09.

俞可平. 权利政治与公益政治［M］. 北京：社会科学文献出版社，2005.

袁振国. 教育政策学［M］. 南京：江苏教育出版社，2001.

约翰·R. 霍尔，玛丽·乔·尼茨. 文化：社会学的视野［M］. 周晓虹，徐彬，译.
北京：商务印书馆，2001.

詹姆斯·C. 斯科特. 国家的视角：那些试图改善人类状况的项目是如何失败的［M］.
王晓毅，译. 北京：社会科学文献出版社，2004.

詹姆斯·M. 布坎南. 自由、市场和国家［M］. 吴良健，等，译. 北京：北京经济学
院出版社，1988.

张芳全. 教育政策［M］. 台北：师大书苑有限公司，1999.

张金马. 政策科学导论［M］. 北京：中国人民大学出版社，1992.

张人杰. 国外教育社会学基本文选［M］. 上海：华东师范大学出版社，1989.

张世贤. 公共政策析论［M］. 台北：五南图书出版股份有限公司，1986.

郑新立. 现代公共政策全书［M］. 北京：中国经济出版社，1991.

郑新蓉. 现代教育改革理性批判［M］. 北京：人民教育出版社，2003.

郑新蓉. 美国的语言教育政策［J］. 西北师大学报：社会科学版，2005（1）.

中共中央宣传部. "三个代表"重要思想学习纲要［M］. 北京：学习出版社，2003.

中国社会科学院公共政策研究中心. 中国公共政策分析［M］. 北京：中国社会科学
出版社，2001.

中国社会科学杂志社. 社会科学与公共政策［M］. 北京：社会科学文献出版
社，2000.

周传斌. 论多民族国家的政治理念及其贡献［J］. 广西民族研究，2006（2）.

朱志宏. 公共政策［M］. 台北：三民书局，1995.

祖父江孝男. 文化人类学事典［M］. 乔继堂，等，译. 西安：陕西人民出版
社，1992.

Allan R. Odden, Education policy implementation［M］. Albany, N. Y. : State University of
New York Press, 1991.

Andy Hargreaves and David Reynolds. Education policies : Controversies and critiques［M］.
New York : Falmer, 1989.

Barker, Chris. Cultural studies : Theory and practice［M］. London : SAGE, 2000.

Bennett, Christine. Comprehensive multicultural education : Theory and practice [M]. Boston : Allyn and Bacon, 1990.

Bottery, Mike. Education, policy and ethics [M]. London : Continuum, 2000.

Bruce J. Biddle. Social class, poverty, and education: Policy and practice [M]. New York: Routledge Falmer, 2001.

Cameron McCarthy & Warren Crichlow. Race, identity, and representation in education [M]. New York : Routledge, 1993.

Carl A. Grant. Research and multicultural education : From the margins to the mainstream [M]. London ; Washington, D. C. : Falmer Press, 1992.

Catherine Marshall, Douglas Mitchell, Frederick Wirt. Culture and education policy in the American states [M]. New York : Falmer Press, 1989.

Colin Crouch, Klaus Eder, and Damian Tambini. Citizenship, markets, and the state [M]. Oxford ; New York : Oxford University Press, 2001.

Cosin, Ben. Education, policy and society : Theoretical perspectives [M]. London : Routledge & Kegan Paul, 1983.

Diane Ravitch. Brookings papers on education policy, 2001 [M]. Washington, D. C. : Brookings Institution Press, 2001.

Douglas Ray, Deo H. Poonwassie. Education and cultural differences : New perspectives [M]. New York : Garland Pub. , 1992.

Edward Hulmes. Education and cultural diversity [M]. London ; New York : Longman, 1989.

Felicity Armstrong, Derrick Armstrong and Len Barton. Inclusive education : Policy, contexts and comparative perspectives [M]. London: D. Fulton Publishers, 2000.

Gavin Kendall and Gary Wickham. Understanding culture : Cultural studies, order, ordering [M]. London ; Thousand Oaks, Calif. : SAGE, 2001.

Geoffrey Walford. Ethnography and education policy [M]. Amsterdam ; New York : JAI, 2001.

Gillborn, David. Rationing education : Policy, practice, reform, and equity [M]. Philadelphia : Open University Press, 2000.

Henry A. Giroux and Patrick Shannon. Education and cultural studies : Toward a performative practice [M]. New York : Routledge, 1997.

Jack Demaine. Education policy and contemporary politics [M]. Houndmills, Basingstoke, Hampshire : Macmillan, 1999.

James A. Banks, Cherry A. McGee Banks. Multicultural education : Issues and perspectives [M]. Boston : Allyn and Bacon, 1989.

James A. Banks. Handbook of research on multicultural education [M]. New York : Macmillan Pub. ; London : Prentice Hall International, 1995.

James Lynch. Multicultural education: Principles and practice [M]. London ; Boston : Routledge & Kegan Paul, 1986.

James Marshall and Michael Peters. Education policy [M]. Cheltenham, U. K. ; Northampton, M. A. : E. Elgar Pub. , 1999.

Jeffery Scott Mio, Gene I. Awakuni. Resistance to multiculturalism : Issues and interventions [M]. Philadelphia, P. A. : Brunner/Mazel, 2000.

Jere Paul Surber. Culture and critique : An introduction to the critical discourses of cultural studies [M]. Boulder, Colo. : Westview Press, 1998.

Jodi Dean. Cultural studies & political theory [M]. Ithaca, N. Y. : Cornell University Press, 2000.

John Ahier and Michael Flude. Contemporary education policy [M]. London : Croom Helm, 1983.

Judith Baker. Group rights [M]. Toronto ; Buffalo : University of Toronto Press, 1994.

Louise K. Comfort. Education policy and evaluation : A context for change [M]. New York: Pergamon Press, 1982.

Maurice Craft. Education and cultural pluralism [M]. London ; Philadelphia : Falmer Press, 1984.

Ogbu, John U. Minority education and caste : The American system in cross-cultural perspective [M]. New York : Academic Press, 1978.

R. K. Arora and C. G. Duncan. Multicultural education : Towards good practice [M]. London ; Boston : Routledge & Kegan Paul, 1986.

Raghunath Pani. Integral education : Thought and practice [M]. New Delhi : Ashish Pub. House, 1987.

Richard C. Monk. Taking sides : Clashing views on controversial issues in race and ethnicity [M]. Guilford, Conn. : Dushkin/McGraw-Hill, 2000.

Roger Dale. The state and education policy [M]. Philadelphia : Open University Press, 1989.

Sandra J. Stein. The culture of education policy [M]. New York : Teachers College Press, 2004.

Thomas J. La Belle and Christopher R. Ward. Multiculturalism and education : Diversity and its impact on schools and society [M]. Albany, N. Y. : State University of New York Press, 1994.

Toby Miller. A companion to cultural studies [M]. Malden, Mass. : Blackwell, 2001.

Weinberg, Meyer. The search for quality integrated education : Policy and research on minority students in school and college [M]. Westport, Conn. : Greenwood Press, 1983.

索　引

B

边疆　8，14，22，70，124，152，166，177

标签　57，181，196－200，214，218

补偿教育　12，24，26，82，112，149，208，212，214，218，228

D

德沃金　42，43

F

复合教育　34，35

福利母亲　60

G

个体平等　19，43，46－48，113，140，224，233－235

工具价值　46，129，233

工具理性　13，18

管理主义　13

观念组织　120

关系结构　51，120

规则组织　120

国家主义　140，229，230

H

哈耶克　42，43

合法性　4，9，17，32，53，140，165，210，223，225

合理性　4，9，15，17，19，21，57，62，129，140，141，165，210，223，225，234

基本政策　7，37，45，79

机会平等　24，42，43，46，129，200，215，216，224，228，232－234

技术选择　107，135，175，206

集中办学　116，117，134，139

阶层差异　11，28，82，226

阶层分化　18，140，201，208，209

阶层性贫困　4

结构性贫困　4

结果平等　24，46，129，200，224，232，233

精英文化　11

绝对平等　42，43

K

科尔巴齐　57，65

跨文化教育　34，35

L

利益组织　120，141

列宁　44－46，125，126，232

罗尔斯　42，43，48，233

M

马克思　15，24，27，44－46，125，126，128，140，223，232，233，237

马克思主义民族理论 29, 33, 37, 44 – 47, 57, 73, 118, 125 – 129, 139, 203, 209, 218, 232, 237

满蒙文高等学堂 22

毛泽东 91, 125, 127

蒙藏学堂 22

"民考汉" 84, 112, 113, 177, 178

"民考民" 84, 89, 110, 112 – 114, 177, 178, 184, 209

民族班 8, 14, 23, 66, 100, 108 – 111, 113 – 119, 128, 131, 146, 157, 159, 160, 165, 166, 168, 177, 178, 182, 189

民族分层 226

民族教育政策 3, 4, 6 – 9, 12, 13, 15 – 21, 23 – 31, 34 – 42, 44 – 49, 53, 56 – 60, 62, 65, 67 – 69, 81, 121, 126, 128, 132, 134, 143, 148, 151, 174, 175, 211, 219, 223 – 229, 231 – 239

民族精英 111, 172, 205, 206, 213, 216, 226, 229

民族平等 12, 15, 24, 28, 29, 37, 40, 44 – 47, 71, 125 – 131, 133, 170, 203, 206, 208, 212, 213, 217, 218, 232 – 235, 237

民族身份 72, 81, 85, 107, 173, 204, 223 – 225, 229, 235

民族优惠政策 129, 140, 205, 225, 229, 231

民族预科教育 13, 15, 18, 19, 21 – 23, 36, 116, 117, 119, 121, 140, 145, 147, 167, 183, 223, 234, 239

民族院校 24, 25, 38, 69 – 75, 80, 81, 103, 104, 107 – 109, 111 – 114, 116, 117, 134, 135, 139, 143, 147 – 149, 151, 152, 157, 159, 163, 166, 167, 175, 177, 209, 211, 231, 234

民族政策 6 – 8, 15 – 18, 20, 23, 31, 33 – 41, 44 – 46, 73, 81, 103, 122, 123, 125 – 130, 132, 133, 135, 148, 151, 159, 165, 182, 199, 203, 205, 217, 223, 224, 229 – 235, 237

民族主义 32, 33, 126, 130, 140, 203, 229 – 231, 237

目标群体 15, 26, 27, 59, 60, 64, 65, 67 – 69, 75, 79, 102, 112, 116, 119, 130, 139, 161, 168, 172, 173, 176, 178, 179, 181, 194 – 197, 199, 200, 203, 208, 212 – 214, 218, 230, 231

目的合理性 13

N

诺奇克 42

P

帕森斯 51, 55

平等 3, 4, 8 – 12, 15, 17, 18, 24, 26, 29, 30, 38, 42 – 48, 57 – 60, 63, 65, 68, 69, 79 – 81, 97, 101, 102, 119 – 122, 125 – 132, 138 – 140, 147, 162, 168, 171, 181, 196, 199,

200，202－204，206－219，223－226，
228，231－237

普适性政策 18

Q

区域流动 10，11

区域性贫困 4

去政治化 17，169

群体平等 3，19，43，46－48，
113，228

群体身份 11，13，17，22，41，45，
129，140，204，207，223－225，
229，234

R

弱势群体 12，16，48，131，218，
219，226，236

S

萨德拉·J.斯坦 60

三角互证 64

少数民族高等教育招生政策 5，8，19，
112，113，234，235

社会变迁 10，52，56，102，120，
121，129，139，225，226

社会分层 80，82，91，92，96，226

社会构成 80－85，98

社会过程 52，58

社会化 10，11，57，59，63，144，
204，234，237

社会阶层流动 10

社会结构 6，28，50，51，56，82，
139，206，209，225，226，228，

230，231

社会群体 32，60，82，121，131，
144，196，223

社会选择 107，174，178

社会资本 82，135，179，201

社会资源 9，10，28，130，159，179，
181，195，211

社群主义 42，43

身份危机 197－199

市场经济体制 6，7，10，14，129，
133，134，139，152，156，211

事实平等 46，47，124，129，140，
224，232，233

实证主义 62，64

实质平等 43

手段合理性 13

受益者 26，60，79－86，103，112，
130，144，165，181，193，196，200，
214，218

斯大林 32，33，45－47，229

W

文化表现 60

文化分析 49，53，59，202，223

文化化 10，17，33，169

文化价值取向 13

文化权利 234

文化适应 188，200，206，217

文化性 24，25，32，33，41，63

文化选择 11－13，53，63，205

文化资本 82，100，135

X

相对平等　43

新自由主义　42，43，224

性别平等　81

行动组织　107，119，120，135，173，175

形式平等　43，46，140，232

Y

"以和为贵，和而不同"　122，123

意识形态　13，35，37，44，53，54，56，101，120，121，124，125，128－130，162，203，204

意象结构　51

预科教育　15，19，21－27，36，66－69，73－76，79－86，89，96，98－102，104－113，115－121，126－135，138－151，156－186，188－191，193－219，223

元政策　37

Z

再次社会化　10

政策变迁　52

政策过程　27，36，49，50，52，59，62，65，101，124，125，141，142，149，202，210

政策效果　79，80，229，230

政策文化　56－60，181，193，194，197，199，200

政策文化分析　18，56，59－61

制度结构　51

终极价值　46，128，233

主导文化　11，61，206

族群识别　17

后　　记

本书主要基于我博士阶段的研究成文，虽然行文止于此，但思考和探索却没有停止，书中存在的问题也将在今后的研究中逐步完善。民族教育问题是中国教育发展中重要而复杂的问题；不同时期，这一问题也随之变化和产生新的内涵。关于民族教育问题所蕴含的丰富性和复杂性还有待于进一步揭示。

博士阶段的研究能够完成，要衷心感谢我的导师郑新蓉教授。您不仅在学术研究方面引导我，使我取得了学术上的进步，更是指引我领悟人生的深邃。能够以您为师，何其幸运！每每论文写作彷徨和困惑之际，您的支持和鼓励使我始终能够坚持下去。论文初稿上密密麻麻的蓝色笔迹（批注），不仅有您中肯的建议、肯定的支持和鼓励、积极的启发，也有您对我固执的包容，更是有您的辛劳和诲人不倦，从中我深深地感悟到了您的治学理念和为师之道。

感谢北京师范大学教育学部所有给予本书许多宝贵建议的老师们和师兄师姐们。

特别感谢中央民族大学教育学院苏德教授，参加您的课题让我获得拓展学术视野、深入反思自己研究的机会，得以丰富自己博士阶段的研究。

谨以此书献给我的母亲和亲人们，你们用爱护、关心、宽容、支持和鼓励为我筑就强固的后盾。

感谢所有帮助和关爱我的人，谢谢你们！

敖俊梅

2013 年 6 月 1 日

出 版 人　所广一
责任编辑　孔　军
版式设计　杨玲玲
责任校对　贾静芳
责任印制　曲凤玲

图书在版编目（CIP）数据

民族教育政策文化分析：以民族预科教育政策为线/
敖俊梅著 . —北京：教育科学出版社，2013.12
（中国少数民族教育政策研究丛书）
ISBN 978 - 7 - 5041 - 7962 - 3

Ⅰ.①民…　Ⅱ.①敖…　Ⅲ.①少数民族教育—教育政
策—研究—中国　Ⅳ.①G759.2

中国版本图书馆 CIP 数据核字（2013）第 212310 号

中国少数民族教育政策研究丛书
民族教育政策文化分析——以民族预科教育政策为线
MINZU JIAOYU ZHENGCE WENHUA FENXI——YI MINZU YUKE JIAOYU ZHENGCE WEI XIAN

出版发行	教育科学出版社		
社　址	北京·朝阳区安慧北里安园甲9号	市场部电话	010 - 64989009
邮　编	100101	编辑部电话	010 - 64981167
传　真	010 - 64891796	网　址	http://www.esph.com.cn
经　销	各地新华书店		
制　作	北京金奥都图文制作中心		
印　刷	保定市中画美凯印刷有限公司		
开　本	169毫米×239毫米　16开	版　次	2013 年 12 月第 1 版
印　张	16.5	印　次	2013 年 12 月第 1 次印刷
字　数	235 千	定　价	39.00 元

如有印装质量问题，请到所购图书销售部门联系调换。